电网企业资产
全寿命周期管理体系
建设与运行

Construction and Operation of Life-cycle Asset Management System of Electric Power Enterprises

国网江苏省电力有限公司 ◎ 组编

中国电力出版社

CHINA ELECTRIC POWER PRESS

内 容 提 要

电网企业是典型的资金密集型和技术密集型企业，资产规模总量大、寿命周期久、业务链条长，资产管理效率效益不仅直接影响企业的资产保值增值，还影响社会资源的高效利用以及社会公共服务的合理分配。传统资产管理重设备轻价值、重投入轻产出的模式，已难以适应现代大型企业"集约化发展、精益化管理"的要求，迫切需要以新的理念、新的技术和新的管理手段，推动资产管理与时俱进、创新发展。以整体资产为核心的资产全寿命周期管理成为大型企业，尤其是电网企业的现实选择。

本书是基于国网江苏省电力有限公司近年来资产全寿命周期管理的建设和运行实践编写而成，对电网企业的资产管理具有重要的理论指导意义与应用实践价值。本书可为从事资产全寿命周期管理的企业各级人员提供借鉴及参考，也可作为院校相关专业的辅助性教材。

图书在版编目（CIP）数据

电网企业资产全寿命周期管理体系建设与运行 / 国网江苏省电力有限公司组编. —北京：中国电力出版社，2018.9
　ISBN 978-7-5198-2407-5

　Ⅰ. ①电…　Ⅱ. ①国…　Ⅲ. ①电力工业–工业企业管理–资产管理–研究–中国　Ⅳ. ①F426.61

中国版本图书馆 CIP 数据核字（2018）第 212174 号

出版发行：中国电力出版社
地　　址：北京市东城区北京站西街 19 号（邮政编码 100005）
网　　址：http://www.cepp.sgcc.com.cn
责任编辑：罗翠兰
责任校对：朱丽芳
装帧设计：左　铭
责任印制：石　雷

印　　刷：三河市百盛印装有限公司
版　　次：2018 年 9 月第一版
印　　次：2018 年 9 月北京第一次印刷
开　　本：787 毫米×1092 毫米　16 开本
印　　张：18.75
字　　数：300 千字
印　　数：0001—5500 册
定　　价：90.00 元

《电网企业资产全寿命周期管理体系建设与运行》

编 委 会

主　　　编	陈　庆
副　主　编	孙大雁　田洪迅
编委会成员	程　亮　张　军　肖　树　郑建华
	卞康麟　朱永彦　尹晓东　仇新宇
	崔恒志　田小冬　吴灵成　游余根
	董勤伟　陆　晓　胡　宏　刘华伟
	张小涛　王建明　王铭民　卜　荣
	张兴辉　储　惠
编写组组长	孙大雁　田洪迅
编写组副组长	王铭民　卜　荣
编写组成员	张兴辉　储　惠　张　恒　韦永忠
	梁文彪　高佩明　方　刚　王　东
	吴海洋　袁　雄　陶　磊　姜小明
	叶玉栋　王　一　沙建平　孙维伟
	郭成功　陈　辉　郑金平　许栋栋
	施洪英　郭鹏宇　李　娜

前　言

　　资产全寿命周期管理是一种先进的资产管理理念。在电力系统方面，最先由瑞典电力公司在 20 世纪 80 年代结合可靠性研究，在发电厂工程、输变电工程及单个设备进行试点应用，随后国际一些先进企业围绕资产管理的各个环节逐渐建立起较为完备的分析评价流程与决策方法，在实践中建立系统化的管理标准与规范，有效降低了企业资产运营风险，提升了资产运营效益。进入 21 世纪以来，我国电网企业资产管理稳步向标准化建设迈进，秉承资产全寿命周期管理的理念，充分分析电网企业资产管理特点，借鉴 PAS 55、ISO 55000 族标准，以全局性、协同性的整体资产观为核心，在实践中积极探索、总结，形成一套符合自身特色的实施方法，建成系统、可持续的资产全寿命周期管理体系。

　　国家电网有限公司总结提炼资产全寿命周期管理研究成果，近年来先后出版了《电网企业资产全寿命周期管理理论、方法及应用》《企业资产全寿命周期管理》《电力企业资产全寿命周期管理体系建设与评价》等系列专著，系统阐述了资产全寿命周期管理的理论思想和概念方法，以及体系建设与评价的思路、标准和要点，为电网企业开展资产全寿命周期管理体系建设与运行提供了重要的理论指导和实践方向。作为上述专著实践性应用的承接，本书注重介绍资产全寿命周期管理体系在电网企业的具体实践方法及过程，为我国电网企业建设科学、高效并且持续改进的资产全寿命周期管理体系提供重要参考。

本书主题框架内容如下：

第一章概论，阐述资产全寿命周期管理及其体系的概念，分析电网企业的资产特点和管理要求，阐明资产全寿命周期管理体系建设的意义。

第二章资产全寿命周期管理体系构建，明确电网企业资产全寿命周期管理的总体目标和原则，介绍资产管理体系构建的总体流程、体系架构，阐述资产管理体系涉及的基础理论和方法，提出资产全寿命周期管理体系的实施路径。

第三章至第六章分别介绍了电网企业资产管理的规划计划、采购建设、运维检修、退役处置等四个重要阶段对全寿命周期管理的影响以及对策，论述了电网企业资产管理的业务流程、组织协同和风险控制等内容。

第七章管理保障与基础支撑，具体从人力资源与培训、数据管理与信息技术、全寿命周期成本管理、标准化工作、企业文化建设等五个方面，详细说明管理保障及基础支撑为电网企业资产全寿命周期管理体系建设与运行提供的作用和相关要求。

第八章评价改进与管理提升，介绍运用过程性监测与结果性评价相结合的方法，对资产管理进行全过程全时段全方位的监测、分析与评价，以及资产管理工作的持续改进与提升要求。

第九章典型实践，以国网江苏省电力有限公司具体实践为案例，系统介绍资产全寿命周期管理体系建设与运行的相关研究及应用实例，具有一定的参考作用。

本书的编著，凝聚着国网江苏省电力有限公司从事资产全寿命周期管理体系建设与运行的广大干部员工的心血和汗水。希望本书能够给电网企业从事资产全寿命周期管理的决策层、管理层和执行层提供有益的参考，共同推进电网企业资产全寿命周期管理理论和实践的不断创新，共同提升我国电力行业资产全寿命周期管理水平。本书对于其他资产密集型企业以及大中院校开展资产全寿命周期管理研究及实践亦有借鉴参考价值。

本书的编著，得到了国家电网有限公司的大力支持，得到了东南大学成虎教授及宁延、陆彦等老师对本书系统性理论的大力协助，得到了南瑞集团有限公司在方法应用中的技术支持，得到了中国电力出版社的精心核对和校正，在此一并感谢！

由于时间仓促，书中难免有不当之处，敬请各位读者和同仁指正。

本书编写组

2018 年 7 月

目　录

第一章

概　　论

本章系统阐述资产管理、管理体系的基本概念，深入分析我国电网企业资产管理的特点，介绍了已有相关研究和应用过程，以及资产全寿命周期管理体系现状及建设意义。

第一节　基　本　概　念

企业资产管理经历了由单一设备管理到全面运营管理的发展过程，在探索前行中，借鉴欧美发达国家精益化管理和标准化管理的思维，逐步形成了以资产状态管理为核心的运营管理模式。

从资产管理到资产全寿命周期管理及其体系的形成，是一个复杂而漫长的发展过程。作为实物资产❶体量庞大、类型繁多的资产密集型企业❷，加强实物资产全过程、系统性的运营管理和价值管理，可以实现资产管理的综合最佳。

一、资产的定义

资产在不同的学科领域有着不同的定义。

（1）经济学中，资产是一种稀缺的资源，表现为一定时点的财富存量，由一定数量的物质资料和权利构成，着眼于资产的内在经济价值，强调资产为企业未来带来的经济利益。

---

❶ 实物资产一般指企业拥有的明确可量化的价值项，且具有物质形态。实物资产包括固定资产和低值耐久品、材料易耗品等。

❷ 资产密集型企业一般指单位劳动力占有资金量（或资产量、资本量）较多的企业，又称资本密集型企业。

（2）法学中，资产通常表述为财产权利，一般指权利人对有形物的所有权、对他人的债权和对无形资产拥有的知识产权等。因此，资产以所有权为核心。只有符合所有权要件，才能成为企业的资产，强调资产的法律形式。

（3）会计学中，资产的定义最早由美国会计学家坎宁在《会计经济学》一书中给出："资产是指处于货币形态的未来服务，或可转化为货币的未来服务，它的权益是属于某个人或某些人。属于某个人或某些人的权益是合法的，或应该得到的，这些服务之所以成为资产，仅仅是因为它对某个人或某些人有用"。这一定义强调了资产的权益性。会计学中的资产一般是指总资产，是由负债和所有者权益在企业中形成的价值表现。《企业会计准则》中资产的定义为"企业拥有或控制的能以货币计量的经济资源，包括各种财产、债权和其他权利。资产是指企业过去的交易或事项形成的，由企业拥有或控制的，预期会给企业带来经济利益的资源"。

（4）管理学中，对资产的一般性定义为"对组织有实际或潜在价值的项目、事物或实体"。此定义泛指任何类型的资产，包括实物资产、货币金融资产、具备技术能力的人力资源和企业拥有的数据资产（可开展数据分析并产生价值）等。所谓的价值，需要满足各个利益相关方的不同期望。价值的实现过程是在有限的资源投入及相关约束条件下，找到实现可能存在冲突的各利益相关方期望的最佳方式。

从国家统计局发布的数据来看，无论投资规模还是存量规模，以固定资产为主要形式的实物资产占据了整个社会资本的重要地位。现代大型企业一般存在多种类型资产，不同行业因企业业务的差异性，其资产结构往往不同，如金融行业的企业以金融资产为主；交通、电力、铁路等基础性服务行业的企业，以实物资产为主；互联网技术企业，则以信息资产为主。本书中的资产研究对象着眼于实物资产，并涉及与其相关的其他资产类型。

二、资产管理相关概念

资产管理一般是指系统地组织、协调活动与实践，对组织的资产及资产系统进行最优化和可持续的管理，在资产的整个寿命周期内管理它们的性能、风险和支出，达到组织战略规划的目标。

财务领域的资产管理是指资产管理者根据资产管理合同约定的方式、条件、要求及限制，对客户资产进行经营运作，为客户提供证券及其他金融产品的投资管理服务的行为。具体是指机构投资者所收集的资产被投资于资本市场的过程，即委托人将自己的资产交给受托人，由受托人为委托人提供理财服务的行为。这种资产管理类型的实质是投资管理，主要体现为金融机构代理客户资产在金融市场进行投资，提供针对证券及资产的金融服务，从投资者利益出发为客户获取投资收益。

实物资产管理是指一系列系统的、协调的活动和方法，相关组织通过这些活动，能够优化管理其实物资产，并实现实物资产管理的目标。该过程实质上是对企业实物资产的运营管理。不同类型的资产管理工作并非完全独立，而是表现为在一定程度上的相互包含。企业的实物资产管理工作对象主要聚焦实物资产，还涉及实物资产范畴之外的其他资产，如相关人力资产、信息资产、金融资产、无形资产等。

对于实物资产占比较高的资产密集型企业，实物资产的管理效率效益直接影响到企业的经营绩效。资产管理不仅要考虑设备本身的维修改造，还要依据企业的价值目标导向，关注设备能否给企业创造更大的价值。

三、资产全寿命周期管理相关概念

1. 资产全寿命周期的定义

资产全寿命周期是指资产的规划、设计、采购、建设、运行、检修、技改、报废的全过程。

资产全寿命周期关键环节可划分为规划计划、采购建设、运维检修、退役处置四大业务阶段，每个业务阶段均具有各自特点的工作内容，完整覆盖资产全寿命周期的全过程。资产全寿命周期业务阶段划分见表1-1。

表 1-1　　　　　　　　　资产全寿命周期业务阶段划分

阶段	业务活动	工 作 内 容
规划计划	电网规划	电网基建和技改等的规划编制、方案比选以及方案的动态修正
	项目立项	可行性研究、投资估算、方案编制、项目方案的比选等
	投资计划	综合平衡各类项目的资金需求，对基建、技改、大修等各类项目进行投资风险评价后，做出综合决策或项目整合

续表

阶段	业务活动	工 作 内 容
采购建设	初步设计	初步设计准备、编制项目初步设计文件（包括概算），对设备的布置方案及选型设计、初步设计评审与批复
	物资采购	上报物资采购计划、签订合同、质量监督、物资配送和抽检
	工程建设	土建施工、设备安装、设备调试及投运前的准备工作
	投运转资	设备核对、资产移交、创建设备台账、技术参数录入、资产卡片、编制竣工结、决算书，转增资产
运维检修	状态评价	开展设备监视，分析设备在线数据和历史数据，评估设备当前状态和未来状态发展趋势
	运行维护	设备巡视、检测维护、生产准备与缺陷管理和相应的信息录入（包括对输电设施、变电设备、配网、电缆及通道、相关附属设备、变电站所、厂区等维护）
	检修管理	设备清扫和消缺、例行或诊断性试验检修、故障抢修和相应的信息录入等（包括对输电设施、变电设备、配网、电缆及通道、相关附属设备等检修）
	技术改造	对现有电网生产设备、设施及相关辅助设施等资产进行更新、完善和配套等，包括大型技改、专项技改和科技类技改等
	备品备件	备品备件的采购、储备、维护、使用和管理以及信息维护
退役处置	报废审批	退役资产技术鉴定、分级审批等
	再利用	延长资产使用寿命，利旧
	后评估	资产全寿命周期单体成本分析

2. 资产全寿命周期管理的定义

资产全寿命周期管理（Life Cycle Asset Management，LCAM）是一种国际通行的先进资产管理理念，是指在企业总体战略目标指引下，以企业整体资产为研究对象，以企业经济发展情况为基础，针对企业各类资产，综合应用系统论❶、

---

❶ 系统论是研究系统的一般模式、结构和规律的学问，它研究各种系统的共同特征，用数学方法定量地描述其功能，寻求并确立适用于一切系统的原理、原则和数学模型，是具有逻辑和数学性质的一门科学。

协同论❶、信息论❷的思想与方法,对资产全寿命周期管理各个环节的管理活动进行统筹协调与优化,实现各个环节目标、流程、资源、制度、标准、方法的高效协同,控制运营风险,实现企业管理全局最优的管理目标。

资产全寿命周期管理是资产管理更为全面、系统性的现代化企业管理手段,是在全寿命周期成本（Life Cycle Cost，LCC）管理基础上发展产生的更为科学合理的管理办法,其本质是系统工程理论在资产管理上的应用。对于企业来说,资产全寿命周期管理是以整体资产为主要对象,以经济发展和市场前景为着力基础,对资产运用进行整体规划设计,统筹项目投资、设备采购、运维成本、技改大修和退役处置,确保资产的使用周期最长、使用成本最低,满足企业经济发展的需要。

四、资产全寿命周期管理体系相关概念

（一）管理体系的定义

一般意义上的管理体系,是指企业组织制度和管理制度的总称。目前,国际上通用的主要有质量、环境、职业安全卫生、社会责任等管理体系。管理体系是企业建立目标并实现该目标所需的相互联系或相关作用的一组管理"要素"。这组"要素"明确企业如何确定目标,实现这些目标需要做哪些事情,这些事情由谁来做,按照什么程序做,出现问题时如何处理,需要哪些资源、相关激励、保障措施,以及出现问题时进行处理和修正的过程。

国际标准把整个企业管理活动视为过程,强调策划（计划）和对策划的检验,以此建立自我改进、自我完善机制。具体措施是通过定期的内部审核和管理评审,对管理体系的成效进行测评;以"管理体系认证"的方式引入外部监督机制。下

---

❶ 协同论是研究不同事物共同特征及其协同机理的新兴学科,是近十几年来获得发展并被广泛应用的综合性学科。它着重探讨各种系统从无序变为有序时的相似性。协同论的创始人哈肯说过,他把这个学科称为"协同学",一方面是由于研究的对象是许多子系统的联合作用,以产生宏观尺度上的结构和功能;另一方面,它又是由许多不同的学科进行合作,来发现自组织系统的一般原理。

❷ 信息论是运用概率论与数理统计的方法研究信息、信息熵、通信系统、数据传输、密码学、数据压缩等问题的应用数学学科。

面介绍常见的国际管理体系 ISO❶9001 和 ISO 14001。

1. ISO 9001

ISO 9001 标准是在总结发达国家几十年成功企业管理经验的基础上，概括、提炼形成的现代企业管理模式，具有广泛的适用性和先进性，是国际上通用的管理法则和体系。其管理要素逻辑关系如图 1-1 所示。

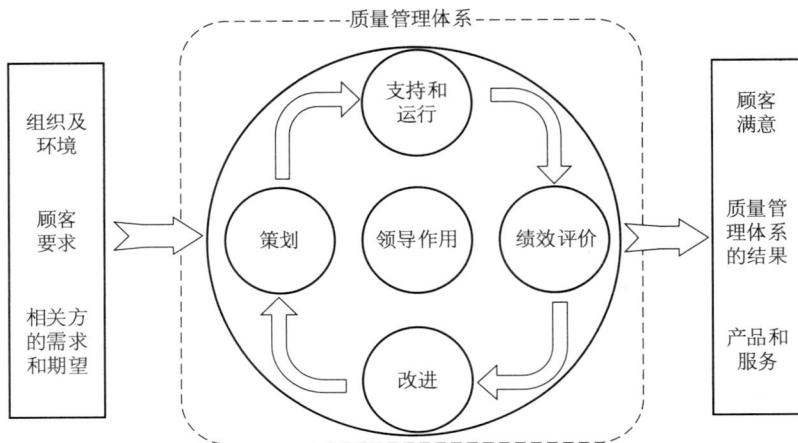

图 1-1 ISO 9001 管理要素逻辑关系图

建立、完善 ISO 9001 管理体系，一般要经历质量管理体系的策划与设计、文件编制、试运行、审核与评审四个阶段，如图 1-2 所示。

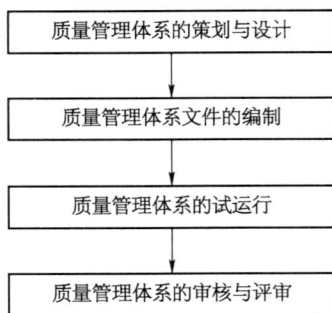

图 1-2 ISO 9001 管理体系建设过程图

❶ ISO（International Organization for Standardization，国际标准化组织）是一个全球性的非政府组织，是国际标准化领域中一个十分重要的组织。

2. ISO 14001

ISO 14000 是国际标准化组织继 ISO 9000 系列标准后推出的一套环境管理系列标准。ISO 14001 环境管理体系标准作为 ISO 14000 系列标准的核心，是企业建立环境管理体系并开展审核认证的根本准则。ISO 14001 标准由环境方针、策划、实施与运行、检查和纠正、管理评审等五个部分 17 个要素构成，各要素之间有机结合，紧密联系，形成 PDCA（Plan Do Check Action）循环❶的管理体系，确保企业的环境行为持续改善。ISO 14001 管理体系建设过程如图 1－3 所示。

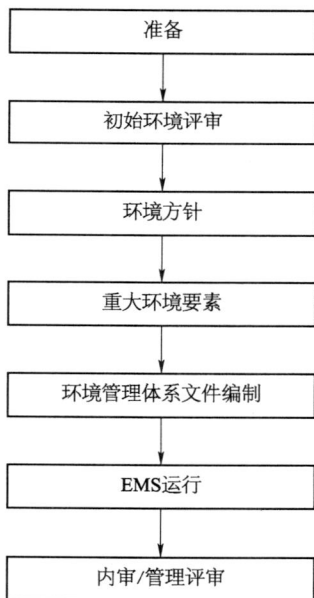

图 1－3 ISO 14001 管理体系建设过程图

综上所述，国际管理体系的建设过程，基本包含规划设计、文件编制、运行和评审几个阶段。国内管理体系的建设应考虑我国国情的特殊性，结合一般管理体系的建设过程，形成适宜我国企业的管理体系。

---

❶ PDCA 循环又叫戴明环，是美国质量管理专家戴明博士提出的，它是全面质量管理所应遵循的科学程序。PDCA 循环是英语单词 Plan（计划）、Do（执行）、Check（检查）和 Action（纠正）的第一个字母，PDCA 循环就是按照这样的顺序进行质量管理，并且循环不止地进行下去的科学程序。

（二）资产全寿命周期管理体系的定义

资产管理体系是诸多管理体系中的一种，其主要目的是帮助组织（企业）实施资产管理并有效地运行，实现其资产管理目标。目前，国际上通用的资产管理体系标准为 ISO 55000 族标准。在中国，国家标准化管理委员会组织相关机构及企业，采用翻译法，对 ISO 55000 族标准进行了等同转换，形成了支撑资产管理体系建立的系列国家标准 GB/T 33172、GB/T 33173 和 GB/T 33174。

1. PAS 55 族标准

20 世纪末，鉴于欧洲的一些资产密集型企业和组织对资产管理标准的实际需要和缺乏相应标准的现实情况，第一版"公共可用规范（Publicly Available Specification）"PAS 55 族标准由英国资产管理协会（Institute of Asset Management，IAM）和英国国家标准委员会（British Standard Institution，BSI）制订并于 2004 年首次发布，旨在指导有形实物资产的管理优化和可持续发展。经过大量实践后，PAS 55 族标准于 2008 年重新修订并再次发布，它的内容包括从全寿命策略到日常维修管理最佳实践的 28 个方面。企业可结合自身现状，识别与最佳实践间的差距，分析原因，提出解决方案，并持续改进。PAS 55 族标准至今已在 50 个政府与监管机构、10 个国家及 15 个区域的电力、煤气、水务、港口、铁路等众多企业进行应用并取得了显著效果。

PAS 55 族管理标准源自电网业务实践的标准，针对性、适用性更强，强调长期的战略目标要求，注重可持续发展，强调关键业务决策的优化模式及优先排序。PAS 55 族标准注重各职能部门的横向协同并提出明晰的要求，在保障体系中明确提出信息化的要求，对业务外包活动提出明确的管理要求，并特别强调风险管理。

2. ISO 55000 族标准

2009 年 7 月下旬，BSI 以 PAS 55 族标准为基础，邀请包括中国在内 31 个国家的专家、行业和学术团体参与，经过 3 年多的努力，于 2014 年 1 月 10 日正式发布实施 ISO 55000 族标准。该族标准共包括三个标准，即《资产管理——概述、原则和术语》（ISO 55000）、《资产管理——管理体系要求》（ISO 55001）和《资产管理——管理体系要求应用指南》（ISO 55002）。任何组织，只要其资产是实现业务目标的重要关键因素，都适用于此族标准。

ISO 55000 族标准充分借鉴了 PAS 55 族标准中成功的关键主题，包括组织目标的一致性明确地纳入资产管理的策略、目标、计划和日常工作中；通过资产全寿命周期管理计划和多学科协作，以实现最具价值的成果；风险管理与基于风险的决策支持；实现一体化和可持续性的推动力，尤其是领导力、协商、沟通、能力开发和信息管理。

通过资产管理体系的建立和运行，ISO 55000 族标准可以帮助企业建立优化资产的管理体系及完整的资产管理治理机制，从而降低资产管理风险，持续改善绩效和提高竞争优势，有利于提高企业形象和声誉并被利益相关方所认可。

第二节　资产特点和管理要求

一、资产特点

（一）资产分类

按照资产的经济用途和使用情况，可把电网企业的资产分为八大类：

（1）生产经营用资产，指直接参加生产、经营过程或直接服务于生产、经营过程的各种固定资产。包括输电线路、配电线路与设备、变电设备、用电计量设备、通信线路与设备、自动化控制设备与仪器仪表、检修与维护设备、生产管理用工器具、运输设备、生产与管理用房屋、生产用建筑物等。

（2）非生产经营用资产，指不直接服务于生产、经营过程的各种固定资产。如职工宿舍、食堂、文体活动室等使用的房屋、设备和其他固定资产等。

（3）租出资产，指在经营租赁方式下出租给外单位使用的固定资产。

（4）待处置资产，指不再为生产经营所需要、待批准处理的固定资产。

（5）未使用资产，指尚未使用的新增固定资产，即购入尚待安装的固定资产以及经批准停止使用的固定资产。由于季节性等原因停用的固定资产和在车间内替换使用的修试设备应视为在用的固定资产。进行改造、扩建的固定资产应转入在建工程核算。

（6）土地，指过去已经估价单独入账的土地。因征地而支付的补偿费，应计入与土地有关的房屋、建筑物价值内，不单独作为土地价值入账。企业取得的土地使用权不能作为固定资产管理。

（7）融资租入资产，指企业以融资租赁方式租入的固定资产，在租赁期内，应视同自有固定资产进行管理。

（8）基建用资产，指在基建项目筹建和建设期间，为保证基建管理和施工的正常进行，用基建资金购置的各种固定资产。

（二）资产特征

电网资产作为国民经济发展最重要的基础保障设施，具有公共性质，其最终目的是满足社会发展的需要。电网企业作为典型的资金密集型和技术密集型企业，资产比重大、分布广、寿命长、网络化特征明显，需综合其资产安全性、经济性、及时性以及社会目标定位。电网资产具有如下鲜明的特征。

1. 资产种类多、规模庞大

电网企业的资产使用专业多，覆盖范围广，结构分类复杂，在八个基础类别下，又可以细分为十几大类、千余小类。随着电网企业进入特高压、交直流混联、大电网、高负荷时代，新技术、新产品得以大量应用，将会衍生出更多的资产分类。

2. 资产分布广、变动频繁

电网企业具有典型的普遍服务性特征，固定资产随着电网延伸分布到各处。近年来，大型电网企业实施国际化战略，资产更是遍布全球。

随着电力体制改革，电网企业资产多次整合，资产划拨与变动密集而频繁。伴随着城市化进程的加快和社会主义新农村建设的推进，国家不断加大民生服务和基础建设的投入，加大电力建设投入和更新改造力度，架空线路电缆化改造、杆线迁移、增量售电网建设等，电网资产变动相对频繁。

3. 资产寿命长、管理链条长

电网企业资产的寿命普遍较长，如输变电构筑物寿命达到 60 年以上，电网一次设备，如主变压器、输电线路等实际寿命在 40 年以上，二次设备寿命达到 15 年以上。在资产从规划计划、采购建设、运维检修至退役处置的全寿命周期内，资产管理全过程涉及规划、设计、采购、建设、运行、技改、检修、报废等多个环节，每个环节都可能涉及物资、建设、生产、财务等多个专业部门。不同阶段的管理行为会对资产的整个寿命周期产生不同的影响，在管理上表现为环节多、层次多，涉及物质、建设、生产、营销、信息、通信等不同专业，点多面广，横向广泛，纵向链条长。

4. 资产投入比重大

电网企业资产投入包括资产构建投入及运行期费用。构建投入作为资本性支出，主要包含资产采购及其他交付使用前的投入费用，通常由规划、设计、采购、建设等费用构成，还包括规划期电网投资估算、工程造价总额、流动负债、非流动负债等，占电网企业销售收入的比重已经超过五分之一。运行期费用作为损益性支出，包含固定资产折旧费用、修理费用、材料费用等。在电网企业成本费用总额中，固定资产运行期费用位居第二，占成本性费用总额的比重超过 50%，仅次于购电费用支出。按照"准许成本加合理收益"的核定模式，电网企业资产投入准许成本主要由购电费用和资产投入费用两部分组成，因购电费用刚性较强，电网企业收益主要取决于控制和压降资产投入的费用。

二、资产管理要求

资产全寿命周期管理作为全面、系统的资产管理手段，是从电网企业的长期经济效益出发，通过一系列的技术经济组织措施，对设备的寿命周期进行全过程管理，在保证电网企业安全效能的同时，对全过程发生的费用进行控制，使全寿命周期成本最小的一种管理理念。其核心内容是在资产全寿命周期内协调一致地制订和执行最有价值的使用和维护决策。电网企业推进资产全寿命周期管理要关注以下五个方面：

（1）追求全寿命周期费用最经济；

（2）从技术、经济、管理三方面进行综合管理和研究；

（3）应用可靠性工程和维修性工程技术；

（4）管理范围扩展到资产的全寿命周期；

（5）注重各种信息的反馈管理。

电网企业资产管理要求如下：

1. 系统性

系统性体现在充分把握事物的内在联系及规律，用全局的视野分析解决问题。传统的资产管理模式更强调阶段的划分和顺序性，承担各阶段工作的部门和下属单位只关注自己的领域，对整个系统考虑不够。而电网企业资产全寿命周期管理是一种全过程的管理，其管理思想贯穿于电网企业资产管理的各个阶段，从决策阶段开始就考虑资产的整个寿命周期，从全局最优出发对资产整个管理过程进行系统管理和监督。

2. 集成性

集成是构造系统的一种理念，也是解决复杂系统问题、提升系统整体功能的综合方法。电网企业资产全寿命周期管理模式的集成强调用更高更宽广的视野建立一个更大范围的有机整体，提高管理效率与效果，具体包括信息集成和管理过程集成。信息集成是指不同管理过程需要进行大量的信息传递和反馈，利用信息化手段实现不同管理过程之间的信息集成。管理过程集成是指以信息集成为基础，实现资产整个寿命周期内的集成管理。

3. 协调性

协调性是指人才的综合集成，强调管理人员之间协调和沟通的重要性。由于全寿命周期管理模式是对资产寿命周期内各个阶段管理的有机集成，因此电网企业资产全寿命周期管理要使不同阶段的管理人员服务于整体目标，注重分布在环境中的群体活动实现信息交换和共享，并对电网企业资产全寿命周期内的管理进行动态调整和监督。

4. 科学性

电网企业资产全寿命周期管理是先进管理方法在实践中的应用，具有较强的科学性。它综合考虑寿命周期成本，注重寿命周期成本评价方法及其应用，对介于最高层次决策和最低层次决策之间的中间层次问题做出决策，在可供选择的方案和预定的系统之间进行定量测算，提高决策的科学性和合理性，有效地降低寿命周期成本。

三、资产全寿命周期管理研究和应用过程

资产全寿命周期管理在继承了传统设备管理成功经验的基础之上，通过吸取现代管理理论（系统论、控制论、信息论、决策论等）的精华，综合应用现代新技术（故障学、可靠性工程、维修性工程、设备诊断技术）的实践经验，不断地丰富和发展管理和技术方法，构建了电力行业的资产管理体系。

我国电网企业资产全寿命周期管理，在吸取国外先进电网企业资产管理先进成果的基础上，充分结合国情企情，历经了理念引入、试点推广到体系建设的发展过程。

1. 初步发展阶段

20 世纪后期，为应对资产老龄化、运维成本增加等问题，全球知名电网企业纷纷引入全寿命周期成本管理（Life Cycle Cost Management，LCCM）理念和方法，实现经济、安全和稳定的资产运行，促进企业持续健康发展。随着世界各国电力监管力度的加强，企业由提升资产运营效率效益的内在动力，促使国内外部分知名电网企业研究资产全寿命周期管理的理论及方法，资产管理职责以及技术方法逐步完善，并在物资采购、工程建设等环节开展了资产管理试点应用，推动资产管理体系萌芽发展。

在此期间，国网江苏省电力有限公司开展了 LCCM 理念、方法的初步应用。如江阴东输变电工程建设中，将以往控制一次性建设成本开支，改变为从资产全寿命周期角度加强成本控制，对设备的可靠性、安全性以及运行维护、日后扩建等展开综合分析，把建设、运行综合成本降到最低，比建设常规同类型变电站节省开支近 30%。工程投入运行后，减少检修、维护费用达3%。

2. 成长阶段

21 世纪初期，国内外部分电网企业已经将资产在规划计划、采购建设、运维检修、退役处置四大业务阶段形成的最佳实践经验，通过制度标准，固化到资产管理实际工作中。该阶段，资产管理体系主要体现为形成相互关联及作用的制度标准，电网企业依据这些制度标准，高效开展各项资产管理工作。

2005 年开始，国网江苏省电力有限公司为固化成果，开展了以设备 LCCM 为核心的资产全寿命周期"双维模型分析法"研究，从全口径项目管理和全过程管理两个维度，建立了统一的资产全寿命周期管理数据模型和基于全项目口径的资产信息收集管理平台，从资产全口径、全过程和全价值三个方面，推进资产全过程的精益化管理。

3. 成熟阶段

随着 PAS 55 族、ISO 55000 族标准陆续发布，电网企业在资产管理目标、流程、资源、制度、标准、方法等各环节高效协同的基础上，持续完善资产管理体系，推进体系常态运行。

近年来，英国、法国、加拿大、丹麦、澳大利亚等国家的数十家电网企业遵循国际资产管理标准实施并运行资产管理体系，通过取得权威机构资产管理标准认证，向政府监管机构证明其拥有成熟的资产管理能力，保证电力生产输送的安全、质量和效率。

2012 年底，国家电网有限公司组织开展了资产全寿命周期管理体系设计研究，编制了资产全寿命周期管理规定、体系规范、评价办法、评价细则等一系列标准制度，开展资产管理体系试点建设工作，并在 2014 年全面推广实施，逐渐形成了横向协同、纵向贯通、目标统一、运转流畅的资产全寿命周期管理体系。

国网江苏省电力有限公司自 2008 年以来，全面开展了资产全寿命周期管理体系研究及应用，构建横向到边、纵向到底的资产核心业务流程，推进资产管理组织机构健全完善，落实 LCC 分析、风险评价、状态评价等技术方法在资产各环节应用，完成了电网规划方案比选等 16 项关键课题研究及推广实施，实现了资产全寿命周期管理全面应用，建成了国内领先的资产全寿命周期管理体系。

第三节　资产全寿命周期管理体系现状和建设意义

随着我国电力体制改革的不断深入，电力市场日臻完善，竞争日趋激烈。电网企业需要通过转变观念，引入先进的管理理念，积极开展资产全寿命周期管理体系建设，实现资产的保值增值，提升资产的效率效益。

一、资产管理体系现状

我国从 20 世纪 80 年代开始就进行了 ISO 9001、ISO 14001 等管理体系建设，但成效不佳，主要原因是管理体系建设过程忽视了组织和管理流程的优化，全员参与不足，职能流程调整不充分，导致出现管理体系与实际业务"两张皮"现象。因此，电网企业资产全寿命周期管理体系建设要在顶层设计实施和评估改进，在现状诊断基础上，将体系理念充分融入业务实际中，实现体系的落地应用及持续提升。

2012 年，国家电网有限公司将 PAS 55 族标准与其多年资产管理实践相结合，制订发布国内首个资产管理相关的企业标准《国家电网公司资产全寿命周期管理体系规范》（Q/GDW 683—2012）。2015 年，国家电网有限公司结合 ISO 55000 族标准的最新要求以及三年以来资产管理体系建设及运行经验，对 2012 版《国家电网公司资产全寿命周期管理体系规范》（Q/GDW　683—2012）进行修订完善，重新发布了 2015 版《国家电网公司资产全寿命周期管理体系规范》（Q/GDW 1683—2015）。该规范适用于电网实物资产以及与实物资产相关的人力、信息、金融、无形资产等，并规范针对资产的规划计划、采购建设、运维检修、退役处置四大业务阶段所有管理活动，在组织、资源配置、基础管理、流程、标准与制度、协同和考核等方面提出一系列管理要求。资产管理体系规范管理要素逻辑关系如图 1-4 所示。

资产全寿命周期管理对所有资产管理业务和各种管理职能具有统领性，需要处理好资产全寿命周期管理工作与企业部门业务管理工作的关系，需要重新审视现有各个管理职能体系，处理好资产全寿命周期阶段性管理工作和职能性管理工作之间的关系。资产全寿命周期管理不是各阶段职能性管理工作的集合，也不是完全打破现有的企业部门业务流程和管理工作过程，将企业的资产业务和管理工作推倒进行重新设计和建设，而是对现有业务和管理工作基础上进行集成、优化、协同。要做好资产全寿命周期管理，需要做如下工作：

（1）需要具备资产全寿命周期管理和一体化视野。有些内容和过程虽然比较成熟，但还应赋予资产全寿命周期管理的内涵和整体观念。

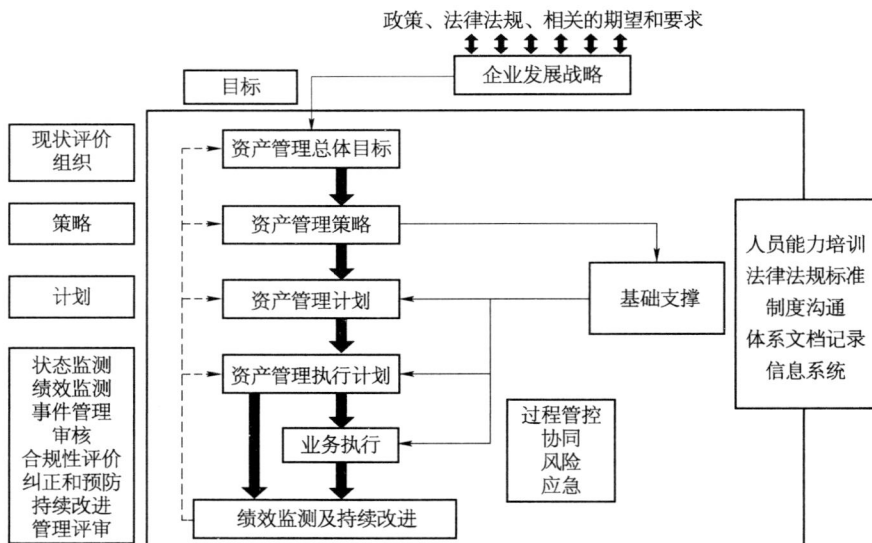

图 1-4　资产管理体系规范管理要素逻辑关系图

（2）需要按照资产全寿命周期管理要求，修正业务过程管理。进行整合（集成化）、提升，增加一些中间接口，改造现有业务流程及要求，使运行过程、管理过程及组织机构设置形成一体化结构。

（3）需要构建新型业务或职能，如 LCCM、企业级资产数据库等建设。

二、资产管理体系建设的意义

随着电网企业的发展壮大，资产规模庞杂多元，专业分工协作细化，政府及行业监管日益深化，如何实现系统性、全局性的资产管理，提升资产运营的效率和效益，成为我国电网企业当前面临的主要难题。

电网企业开展资产全寿命周期管理体系建设，可全面促进资产管理协同和精益化的提升，提高企业的整体资产管理水平，从而满足电网企业保值增值的要求，树立良好品牌形象，提升企业软实力❶。

---

❶ 企业软实力是相对硬实力而言的非物化要素。硬实力是以物化形式存在的要素，是衡量企业做大做强的客观标准，例如：企业设施、资本、人员、经济规模等。而软实力是整合和使用硬实力的能力，是企业发展不可或缺的支撑要素，是最终实现企业运营效能最大化的关键能力。

1. 满足企业履行经济和社会责任的要求

电网企业作为国民经济实现营收和利润持续增长的重要骨干，为国家社会稳定和财政增收做出应有贡献，是增强综合国力、促进经济发展、保障和改善民生的重要力量。电网企业构建资产管理体系，以全局视角统筹协调资产管理目标，"用好增量，盘活存量"，降低资产运营成本，提高资产利用效率，实现各类资产的保值增值，更好适应国家层面的经济和社会责任等多方面的监管与考核要求。

2. 适应电力改革、能源变革与发展要求

电力改革和能源变革对电网企业资产管理提出越来越高的要求。新一轮电力改革，"准许成本加合理收益"的监管模式将对电网企业的盈利模式产生巨大影响。电网企业构建资产管理体系，既可促进企业快速适应外部环境，尤其是政府政策规制、电力市场改革、能源变革等外部市场环境要求的影响，又有利于企业统筹协调内部资源，促进清洁能源消纳，主动适应能源发展及改革的需要。

3. 提升资产管理效率和安全生产水平

科学高效运营电网企业资产，需要在资产管理效率效益和保障电网安全生产之间找到最佳平衡点。安全、效能和成本如何平衡优化，是贯穿电网企业资产管理体系建设的永恒话题。电网企业构建资产管理体系，将管理要素体系化融入业务过程中，使资产管理各环节、各流程运转更加顺畅，从而促进整体资产运行安全水平的提高和电网安全生产管理能力的提升。一方面，电网企业实现了资产管理各业务环节的闭环管控，相关工作人员管理能力与水平得到有效提升；另一方面，资产管理体现了系统安全观，通过对资产的规划计划、采购建设、运维检修、退役处置四大业务阶段进行全过程的精益化、系统化管理，可逐步消除设备和系统的不安全状态。

4. 树立良好的企业品牌形象

电网企业作为承担公共服务职能的企业，需要加强与政府、公众的沟通，赢得信任与支持，创造良好的外部环境。电网企业构建资产管理体系，可以提升企业服务水平，满足客户多元化需求，提高客户满意度，从而建立良好的企业品牌形象。同时固化为制度标准的优秀资产管理经验，可进一步规范员工行为，保障客户服务的持续性。

5. 增强企业软实力与国际竞争力

随着国际化战略和全球能源互联建设的逐步推进，能源生产、配置和贸易全球化，将会对未来世界能源格局产生巨大影响。我国电网企业需要积极提高自身竞争力和话语权，参与乃至引领发展潮流。电网企业构建资产管理体系，不仅可促进企业资产管理与企业发展战略保持一致，动态适应企业发展要求，提高各类资产的运营效率，提升企业整体运营水平；还有助于企业搭建统一的国际交流平台，实现技术、装备、管理的全面输出，在管理方面树立一流资产管理的国际形象，提高国际话语权。

第二章

资产全寿命周期管理体系构建

本章明确了电网企业资产全寿命周期管理的总体目标和原则，介绍了资产全寿命周期管理体系的总体流程、体系架构，阐述了资产全寿命周期管理相关的基础理论和技术方法，提出了资产全寿命周期管理体系的实施路径。

第一节 总体目标和原则

一、总体目标

电网企业资产全寿命周期管理目标应该是多维的，它应符合如下基本要求：

（1）反映电网企业资产全寿命周期管理的特殊性；

（2）反映电网企业资产全寿命周期管理的要求，规划计划和采购建设的目标是为了达到更好的资产运维检修效果；

（3）反映利益相关方需求，不仅注重电网企业和用户的需求，还应考虑政府、供货方、周边群体等需求，能为资产相关者所接受，并达成共识；

（4）反映环境对资产的要求；

（5）反映新的资产管理理念，体现总体指导思想。

按照上述要求，电网企业资产全寿命周期管理总体目标结构如图 2-1 所示。

（一）功能和质量目标

1. 符合预定的功能安全性目标

功能安全性目标一般由资产管理决策层考虑，通过管理层和执行层来实现，如输变电系统可用系数、容载比、$N-1$ 通过率、重载变压器比例等。同时，应保

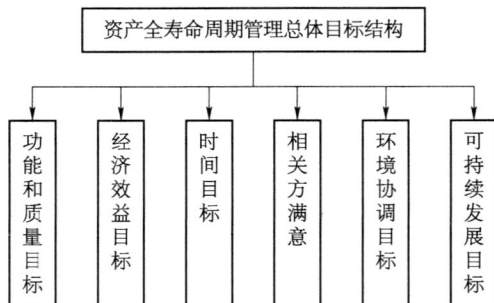

图 2-1　电网企业资产全寿命周期管理总体目标结构图

障企业的安全稳定，避免发生人身、电网、设备等安全事故，以及造成财产损失等问题，如责任质量事件率、误操作安全事件次数、变电事故率、输电事故率等。

2. 符合一定要求的质量目标

质量目标是指组织在质量方面所追求的目的。质量目标一般依据组织的质量方针制订，通常是对组织的相关职能和层次分别规定质量目标。电网企业通过构建资产管理体系使电网资产满足经济社会发展需要，如供电可靠率、电压合格率、单位资产售电量、资产负债率、客户满意度等。

3. 具有可维修性

资产维修是指保持资产处于正常运行状态的行为，如添加润滑油、清洗设备、更换小部件、喷漆等。可维修性是指能够方便、迅速、低成本地进行维修，使维修可达、可视、经济，维修时间短、维修安全、检测诊断准确，有较好的维修保障。

（二）经济效益目标

企业资产管理是一系列极为复杂的管理活动组合。管理者必须以经济效益为立足点，在保障充足供应的前提下对现有的资产进行合理的安排和利用，明确资产全寿命周期管理的目标以及相关要求，充分发挥资产管理的作用和价值。电网企业按照"准许成本加合理收益"的核定模式，经济效益水平取决于有效的资产规模、电网运营成本和准许收益，经营业绩主要依赖于有效的资产增长和运营效率的提升。

1. 全寿命周期成本的节约

全寿命周期成本主要由资产构建投入和运行期费用组成。

（1）资产构建投入。资产构建投入是指电网企业为固定资产所承担的一次性支出。任何资产都存在与之相关的（或者说相匹配的）费用或成本。电网企业资产全寿命周期管理的目标之一就是在保障实现功能和质量目标的前提下，通过各种方法（如规划、设计方案的比选，设备全寿命周期成本比选等），确定资产构建的一次性投入。

（2）运行期费用。通常对一个企业而言，如果提高企业资产的采购质量（或技术标准），增加初始投资，则在使用过程中运行期费用（如维修费、能耗、材料消耗、劳动力消耗）就会降低。反之，减少初始投资，降低资产质量标准，就会增加运行过程中的费用。因此，电网企业资产管理要综合考虑多项费用，达到全寿命周期成本的综合最低。

2. 取得高的运营收益

电网企业通过电力供应取得运营收益。运营收益可用多方面指标来反映，如单位资产售电量、净资产收益率、全员劳动生产率、计量装置运行可靠性、单位电网投资增售电量等。

（三）时间目标

任何资产管理体系的建设和运行都是在一定的历史阶段进行的，都有一定的时间限制。它不仅确定了资产的寿命期限，而且构成了资产管理的一个重要目标。在现代市场经济条件下，资产全寿命周期管理的时间要求也是多方面的。

一般在电网企业资产采购建设前，资产构建的建设期就已经确定了，并作为工程的总体目标之一，相关指标包括投产计划完成率、建造计划完成率等。资产构建的建设期有如下两个重要方面。

1. 资产构建的持续时间目标

电网企业应理性地确定企业资产构建时间期限。一般来说，企业资产构建的期限越短，资产的功能和质量缺陷就会越多。近几十年来，我国企业资产普遍存在构建时间较短的现象，许多构建时间期限已经违背了其自身的客观规律性要求，造成规划、设计、建设质量的缺陷。

2. 延长资产的使用寿命

设计寿命是企业资产设计过程中，预计不失去资产使用功能及有效使用的时间，由资产预定功能、构成材质、设备、地域气候等确定的寿命；使用寿命又称物理服务寿命，即设备资产的各个组成部分在满足预订服务需求前提下的实际物理寿命，它与设计寿命有直接关系；经济寿命由两个因素决定，在企业资产的各个部分满足预定服务功能需求的前提下，其维修价值小于重建价值的时点，经济寿命应会随着资产的更新改造、国家要求的变化、用户需求的变化而变化。电网企业资产在经济寿命期限内，其使用寿命应尽可能达到设计寿命。

（四）相关方各方满意

资产全寿命周期管理的总体目标包含各相关方的目标和期望，体现各方面团结协作、利益的均衡与最大化，有助于企业实现整体利益，达到"多赢"的结果。

电网企业按照"亲近性、依赖性、代表性、影响力、责任、策略需求"六项元素识别利益相关方，通过拜访、走访、公告、公文、通知、会议、座谈、邮件、电话等形式开展沟通交流，寻求协作、支持和理解，讨论、解决相关问题，营造平等、信任的合作氛围，夯实企业资产管理成功的基础。资产全寿命周期管理相关方按政府机关、电力监管部门、上级单位及部门、新闻媒体、承包商和供应商、系统外同业部门、客户及社会团体等七大类别进行分类，其目标或期望见表 2 - 1。

表 2 - 1　　　　　　　　资产全寿命周期管理相关者的目标或期望

工程相关者	目标或期望
政府机关	繁荣和发展经济，增加地方财力，改善地方形象，政绩显赫，解决就业和其他社会问题
电力监管部门	简化程序，主动服务
上级单位及部门	资产设备运行安全，符合行业及集团规划发展战略要求
新闻媒体	良好的企业文化宣传，传递企业正能量，消除非正常渠道不利舆情影响，保障社会安稳和企业健康发展
承包商和供应商	资产设备价格满足利益诉求，资产构建、安装工期满足进度要求，树立良好的企业形象和诚信形象

工程相关者	目标或期望
系统外同业部门	跨行业协同运转，业务精准配合，保障账户管理和资金运作的持续平稳，保障社会安全与民生安稳，消除不利因素，保障各相关方利益、成果共享
客户及社会团体	电力供应稳定，价格合适，电力设施铺设人性化，社会稳定，绿色环保要求

（五）环境协调目标

电网企业资产全寿命周期管理应将环保的思想纳入管理全过程、全企业的理念中，体现为企业资产全寿命周期管理活动对环境的贡献，包括环境治理状况、生态指标、环保投资。企业资产与环境协调目标的主要内容如下。

1. 与生态环境相协调

生态环境是人们最重视也是最重要的内容。电网企业资产的建设作为人们改造自然的行为和成果，它的过程和最终结果应与自然融为一体，互相适应，和谐共处，达到"天人合一"。

（1）在建设、运行、使用、退役过程中不产生或尽量减少环境污染，例如影响环境的"三废"（废渣、废气、废水）排放、噪声污染等应控制在法律规定的范围内。因此，需要污水处理、固体垃圾回收和处理、减排降噪等设施的建设。

（2）资产设备的建设与运行过程应健康和安全，尽量不产生或减少对植被、海洋、气候的破坏，尽量避免水土流失、动植物灭绝、土壤被毒化、水源污染等，保障健康的生态环境，保护生物多样性。

（3）采用生态工法，减少施工过程的污染。在建设和运行过程中使用环保材料等，不仅能够在建设中避免非环保材料对人的健康造成威胁，而且在运行时可以减少维护保养。

（4）项目方案要尽量减少对土地的占用，节约能源、水和不可再生的矿物资源等，尽可能保证资源的可持续利用和循环使用。

2. 避免负面社会影响

项目建设活动，不破坏当地的社会文化、风俗习惯、宗教信仰和风气，不引起社会动荡等。在电网资产的建设和运行过程中应符合法律法规要求，避免产生不良法律责任后果的行为等，并且在能源供应、销售等方面与当地的环境能力相匹配。

（六）可持续发展目标

1. 对地区和城市发展有持续贡献的能力

电网资产建设必须符合城市和地区可持续发展的总体要求，推动该城市、地区的可持续发展，体现项目的社会价值。可持续发展的相关指标包括：

（1）社会发展指标。要求电网企业资产全寿命周期管理活动能够为社会发展做出贡献，该指标包括人口、就业结构、教育、基础设施、社会服务和保障五个方面。

（2）经济发展指标。与电网企业资产全寿命周期管理经济效益不同，经济发展的可持续目标不仅要关注资产本身的价值，更要注重企业发展对社会经济的贡献。经济发展指标包括国内生产总值（Gross Domestic Product，GDP）、工业化程度等。

（3）资源指标。主要分为资源存量指标和资源消耗指标。资源存量指标包括电网企业资源储量及变化率、资源的开发利用程度、资源破坏或退化程度等；资源消耗指标包括人均资源的占有量及消耗量、能源消耗增长率、资源的保证程度等。

2. 资产自身健康

（1）电网企业资产运行功能是持续稳定的，资产能在技术寿命周期内可靠使用，能长期地适应社会需求。

（2）电网企业资产运行系统有耐久性。耐久性是抵抗自身和自然环境双重因素长期破坏作用的能力，即保证结构在正常维护条件下，随时间变化仍能满足预定功能要求的能力。耐久性越好，使用寿命越长。

（3）电网企业资产有良好的可维护性，能低成本运行。

3. 资产被拆除后仍然有可持续能力

（1）在资产被拆除后应能够进行土地复原，便利、低成本地复原到可以进行新资产建设的状态，或者还原成具有生态活力的土地。

（2）资产被拆除后废弃物的可循环利用。

二、管理原则

（一）整体最优原则

企业资产管理是将企业视为一个有机整体，通过制订企业的宗旨、目标协调各部门、各单位的活动，使其形成合力，实现企业全局利益。

企业资产全寿命周期管理强调规划计划、采购建设、运维检修和退役处置四个阶段的整体最优，而不是某一阶段局部最优。科学的规划计划与后续的采购建设和运维检修有直接而密切的关系，规划思维要符合实际，有超前性，又不能过度闲置浪费。

整体最优还包括对整个上层系统（如国家、地区、企业）的考虑。城市的基本布局和功能定位，如城市结构调整、产业布局、土地开发、交通运输系统建设等，将对电网企业的资产规划计划产生直接影响，电网资产规划需要紧密关注城市发展规划，超前谋划电网资产的配套设计及建设。

通过资产管理体系的建设和运行，围绕总体目标，协调各单位、各部门的活动，集合优势，关注各目标之间的联系和相关性，再从部分到整体，实现整体目标。

（二）集成化管理原则

集成化管理要求围绕企业资产全寿命周期管理的总体目标，实施计划统筹和过程控制，形成良好的管理界面、组织协调和信息沟通渠道。资产全寿命周期管理运用系统的思维，建立全过程、全方位、全要素的管理体系。集成化管理包括如下三方面。

（1）过程集成。把资产管理的目标、各专业子系统、资源、信息、活动及组织整合起来，使之形成一个协调运行的综合体。

（2）职能集成。管理的各个职能的集成，将成本管理、进度管理、质量管理、HSSE❶管理、信息管理、组织管理等综合起来，形成一个有机的企业资产管理体系。注重管理的整体性，解决各职能管理之间的界面问题。

---

❶ HSSE 是 Health（健康）、Safety（安全）、Security（安保）、Environment（环境）管理体系的简称。

（3）信息集成。将资产的规划计划、采购建设、运维检修、退役处置四大业务阶段的信息进行有效的集成，进而实现资产全寿命周期管理信息的集成化管理，有助于各项职能活动开展。

（三）可持续发展原则

可持续发展是既满足当前需求，又不对未来满足其需求的能力构成危害的发展，是处理资产管理与社会、地区、国家关系的基础准则。

资产自身有可持续能力，能够长期、健康、稳定、高效率地运行，应充分考虑对环境产生的长期影响，在建设和运行过程中要经得住历史的检验，持续符合将来社会对它的要求，为后代留下进一步发展的自然资源、土地和空间，使企业本身能够实现可持续发展，又能促进国家、地区、社会经济的健康和可持续发展。

（四）技术和管理并重原则

企业资产全寿命周期管理体系的建设和运行需要发挥技术和管理方法的双重作用。

对于企业管理重点关注的内容，如组织机构健全完善、岗位职责明确清晰、业务流程梳理优化，可以通过管理方法（如 PDCA 循环法、逐级承接分解法等）去解决。同时，在资产全寿命周期管理体系中也应注重技术方法的应用，通过运用 LCC、风险评价、设备状态评估等技术方法，科学评估资产的成本、状态、风险和健康水平，促进管理措施更有针对性。

第二节　总体流程和体系架构

一、总体流程

电网企业资产全寿命周期管理工作流程以核心流程贯穿全过程管理工作，协调各具体业务流程之间的关系，特别强调流程中的跨部门协作，制订、完善跨部门的流程关键节点以及交接控制点，形成流程之间的密切配合和良好衔接，建立健全闭环管理机制。电网企业资产全寿命周期管理总体流程如图 2-2 所示。

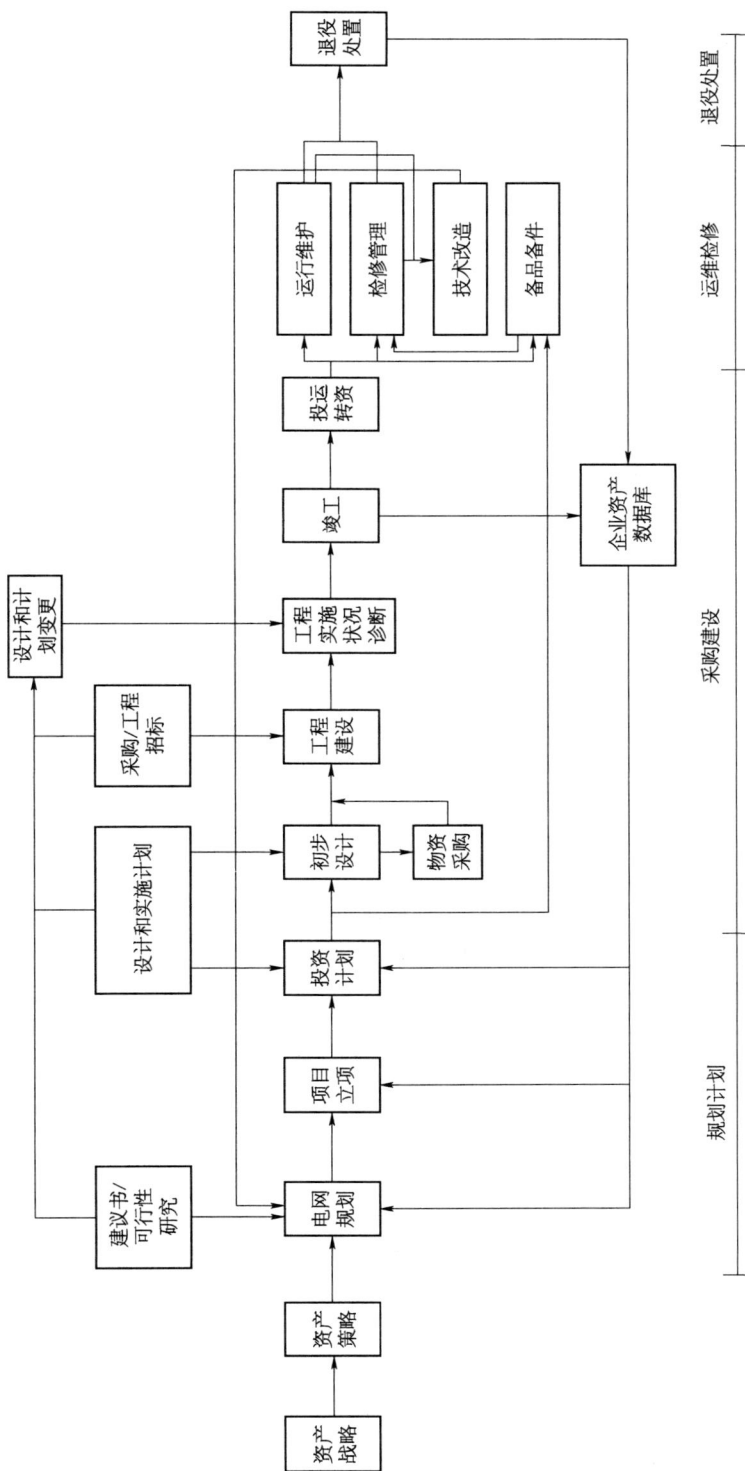

图 2-2　电网企业资产全寿命周期管理总体流程图

1. 资产战略研究

电网企业研究分析影响企业发展的政治、经济、社会环境，基于企业发展愿景，制订相应的企业资产战略，选择合适的资产管理策略。

2. 业务流程设计

电网企业一般把资产全寿命周期划分为规划计划、采购建设、运维检修、退役处置四个阶段。

（1）规划计划阶段。规划计划为电网企业资产管理的前期工作，主要业务有电网规划、项目立项、投资计划。电网规划基于资产策略，对规划方案进行技术经济和外部环境的综合分析。项目立项基于电网规划，对基建、技改、大修等工作进行可行性研究。投资计划以电网企业发展战略和规划为指导，确定投资的近、远期计划。

（2）采购建设阶段。采购建设是资产形成的初始阶段，主要业务有初步设计、物资采购、工程建设、投运转资。

（3）运维检修阶段。电网资产85%的寿命周期处于运维检修阶段，主要业务有资产的状态评价、运行维护、检修管理、技术改造、备品备件。

（4）退役处置阶段。退役处置位于资产全寿命周期管理的收尾阶段，主要业务有退役资产报废审批、退役资产再利用和资产后评估。

3. 资产数据库设计

电网企业依据资产全寿命周期信息流程设计，将资产全寿命周期管理过程记录转化为数据信息，利用信息管理软件系统，梳理企业资产相关基础数据，构建基础数据库，如企业定额数据库、劳动效率数据库、资产档案库、规章制度数据库、资产管理标准库等。

二、体系架构

推行资产全寿命周期管理，应在传统资产管理的基础上，建立一个更加科学的资产管理体系模型，融合资产管理的理论研究和实际应用需求，将资产管理提升到一个新的高度。

运用资产全寿命周期管理的理念，以全寿命目标为基础，应用系统工程原理，构建电网资产全寿命周期管理体系，关键的三方面要素集合如图2-3所示。

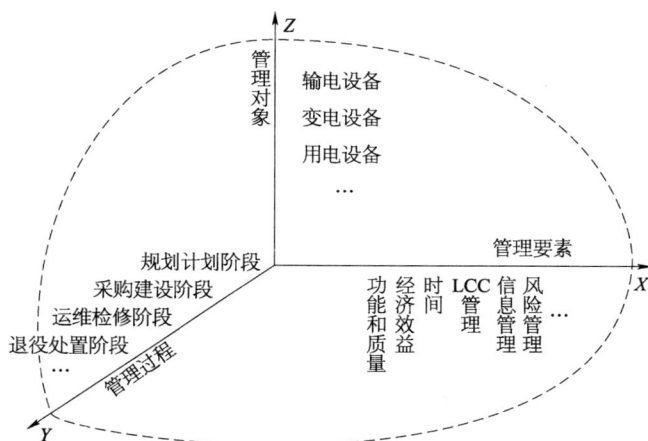

图 2-3　资产全寿命周期集成化管理体系架构图

X 维：管理要素，包括功能和质量、经济效益、时间、LCC 管理、信息管理、风险管理等。

Y 维：管理过程，包括规划计划阶段、采购建设阶段、运维检修阶段、退役处置阶段等。

Z 维：管理对象，包括电网企业所有电压等级的线路和设备，以及电力通信线路和采集设备等。

（1）管理过程与管理对象之间的联系，体现了各类资产从规划计划到退役处置的全过程管理，这些过程均遵循一定的设计、建设（购置、安装）、运维（运行、维护、改造）和报废的规律。

（2）管理对象和管理要素之间的联系，体现在电网企业应用各种管理要素进行综合管理各类资产，共同保障电网企业资产全寿命周期管理目标的实现。

（3）管理要素与管理过程之间的联系，反映了企业资产全寿命周期管理各阶段各管理要素的综合作用。资产管理要素的作用不仅体现在某一管理阶段，而且贯穿于规划计划至退役处置的全过程。如在规划计划阶段，将企业资产的功能、质量和经济效益纳入该阶段管理计划中；在采购建设阶段，要将规划计划环节的管理计划落到实处，并在运维检修阶段体现其功能质量。

综上所述，电网企业资产全寿命周期管理体系应包含管理要素、管理过程和管理对象三方面内容。这三方面内容相互联系，相互作用，实现电网企业资产全寿命周期管理体系的有序运行。

第三节 基础理论和方法

一、基础理论

（一）系统理论

一般系统论的创始人贝塔朗菲认为："系统可以定义为相互关联的元素的集合。"钱学森等学者对系统的定义是："系统是由相互作用和相互依赖的若干组成部分结合而成的、具有特定功能的有机整体。"

系统是要素的组合，但这种组合不是简单叠加和堆积，而是按照一定的方式或规则进行的，其目的是更大程度地提高整体功能，适应环境的要求，以更加有效地实现系统的总体目标。系统理论处理问题有如下基本特点。

（1）整体性。资产全寿命周期管理可遵循从整体到部分进行分析，再从部分到整体进行综合的途径。因此，要确定整体目标，并从整体目标出发，协调各组成部分的活动。

（2）综合性。在电网资产全寿命周期管理处理系统问题时，把对象各部分、各系统因素联系起来分析，从关联中找出系统的规律性，来揭示和推断系统整体特征，避免片面性和主观性。

（3）合理处理最优和满意的关系。系统分解方法在资产全寿命周期管理中的应用，包含结构化分解方法和系统相关性总体分析方法，均在资产全寿命周期管理体系建设中体现。

依据结构化分解方法，资产全寿命周期管理过程可以进行工作分解结构（Work Breakdown Structure，WBS）的编制，把资产全寿命周期管理科学地分为规划计划、采购建设、运维检修和退役处置四个业务阶段；组织分解结构（Organization Breakdown Structure，OBS）由投资者、业主、承包商、设计单位、供应单位等构成；总成本可以分解为各成本要素，形成成本分解结构（Cost Breakdown Structure，CBS）。

结构化分解的要素之间存在紧密相关性，其中资产分解结构（Assets

Breakdown Structure，ABS）是核心。在 ABS 基础上，更科学地确定其他结构分解规则，如 WBS 分解规则、工程量清单分解规则等，对资产全寿命周期管理各阶段和各种职能管理的集成化有重要作用。

1）分析 ABS 在项目各阶段需要完成的活动，归纳形成 WBS，并依据 WBS 确定工程项目的各个职能管理工作，如工程招标投标和组织策划、进度计划和控制、成本计划和控制、资源计划和控制、质量计划和控制等。

2）全寿命周期费用的核算和评价，必须按照标准化的 ABS 进行费用统计、分析和核算。同时，资产全寿命周期信息也应该在 ABS 上汇集。

这些相关性可以通过映射关系进行表达，最典型的有：ABS 与成本分解结构之间，ABS 与组织分解结构之间都存在映射关系。

（二）工程经济学理论

工程经济学研究工程中的经济问题、工程活动（方案）的经济效益（效果）。工程经济学处理问题有如下基本原理：

（1）工程经济学的基本原理，包括资金的时间价值理论，工程全寿命周期成本分析、边际成本分析、成本效益分析等工程经济性分析与评价的基本原理和多方案的比较与选择方法。

（2）工程经济分析研究与应用，包括工程项目投资估算与融资、财务评价与国民经济评价、不确定性分析与风险分析、工程设计与施工及运营中设备更新与选择的经济分析等。

（3）工程的财务（经济）评价，主要评价工程项目自身的经济效益。根据国家现行的财务制度、价格体系和工程评价的有关规定，分析计算工程直接效益和直接费用成本，编制财务报表和计算财务评价指标。电网企业通过对企业资产的基本运营能力、盈利能力、偿债能力和抗风险能力等财务状况进行分析和评估，判断电网项目的财务可行性，为投资决策提供科学依据。

（4）价值工程的分析和应用。推行工程全寿命周期管理的动力是对工程整体价值（效率和效益）的追求。价值工程在电网工程设计方案优化和评选方面发挥重要作用。

以上基本原理均在电网企业资产全寿命周期管理中得到应用。

（三）组织理论

按照现代组织理论，组织是包括组织目标、组织结构、组织社会心理、组织管理等子系统的综合系统。从宏观角度研究组织问题，基于对组织类型和运作规律性的认识，解决组织的构建、组织模式、组织的运作等问题。

1. 组织理论内涵

组织理论包括相互联系的两个方面：组织结构和组织行为。

（1）组织结构。组织结构是对组织的静态研究，以建立精干、合理、高效的组织结构为目的，服务于资产全寿命周期管理。组织结构由管理层次、管理跨度、管理部门和管理职责四个因素组成。这些因素相互联系、相互制约。在进行组织结构设计时，应考虑这些因素之间的平衡与衔接。组织结构设计过程中应充分考虑部门之间的协调及电网资产不同阶段任务之间的有效集成。

（2）组织行为。组织行为侧重于组织的动态研究，将组织作为人与人之间相互作用的系统，研究组织与组织、人与人之间的相互协作、组织激励、领导风格，以建立良好的人际关系，保证组织有效的沟通和高效运行。这与人的行为心理和社会文化有关。

2. 组织设计要点

电网企业资产全寿命周期管理涉及的组织设计具体包括：

（1）组织设计的依据分析，包括电网企业资产全寿命周期管理总体目标分析；

（2）组织流程（实施工作流程和管理流程）设置，组织流程充分考虑资产全寿命周期价值的实现；

（3）组织结构形式的选择、构建和优化，以资产全寿命周期管理为导向，避免出现部门间的职责交叉或断点情况；

（4）按照任务分配和任务关系确定组织成员在组织中的责任体系、权利关系和界限等，确保资产全寿命周期责任体系的连贯性和完整性，防止出现责任盲区和相互推诿；

（5）组织运作规则、规章制度、组织协调机制、决策责任、权力的分配、正式的指令和报告关系等，以资产全寿命周期管理为出发点设计组织的基本运作规

则和规章制度;

（6）各组织单元（项目部）的构建、组织控制、检查、绩效评价、考核和奖罚机制等，应贯彻资产全寿命周期管理目标的考核。

二、基础管理方法

资产全寿命周期管理基础方法主要包含 PDCA 循环法、企业管理体系层次分析法、逐级承接分解法等，针对不同资产对象的实际状态及决策决定因素，结合外部政策、监管要求、社会用户需求、企业战略规划目标、人财物现状等要求，通过纵向、横向、内外部以及实际资源（能力）的协同整合，识别资产管理业务，优化资产管理流程，指导资产全寿命周期管理活动开展。

（一）PDCA 循环法

工程控制是一个循环往复、持续改进的过程。美国管理专家戴明首先提出的 PDCA 循环法，正是这种管理理念的体现。

PDCA 循环法是做好工作的一般规律。它有以下三个特点:

（1）每一个循环系统过程包括"计划—执行—检查—总结"四个阶段，它靠工程管理组织系统推动，周而复始地运动，中途不得中断。一次循环解决不了的问题，必须转入下一轮循环解决，这样才能保证管理工作的系统性、全面性和完整性。电网企业资产管理业务模型❶以 PDCA 循环为原则，形成涵盖策略目标、规划计划、生产建设过程管控、物资采购、财务资产、人力资源、评价、持续改进及技术支撑等的资产管理体系，实现各专业、各业务的协同与贯通。

（2）电网企业资产全寿命周期管理体系也是一个 PDCA 大循环系统。内部的各阶段，或组织的各部门，甚至某一个职能管理工作都可以看作一个中循环系统；基层小组，或个人，或一项工程活动都可以看作一个小循环系统。这样，大循环套中循环，中循环套小循环，环环扣紧。把整个资产管理工作有机地联系起来，相互紧密配合，协调地共同发展，如图 2 - 4 所示。

---

❶ 业务模型是分别从业务过程和客户对应的业务状况和业务参与者的角度来描述企业业务过程的模型。

（3）PDCA 循环是螺旋式上升和发展的。每循环一次，都要有所前进和有所提升，不能停留在原有水平上。每一次总结，都要巩固成绩，克服缺点；每一次循环，都要有所创新，从而保证资产管理持续改进，管理水平不断得到提高（如图 2-5 所示）。电网企业资产全寿命周期管理正是应用 PDCA 思想，每一项资产管理循环结束，都会为下一轮的资产全寿命周期管理提供参考，并不断改进。

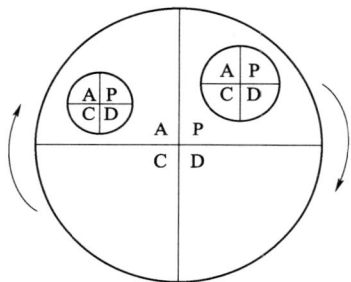

图 2-4　PDCA 循环过程嵌套图　　　　图 2-5　PDCA 循环过程的持续改进图

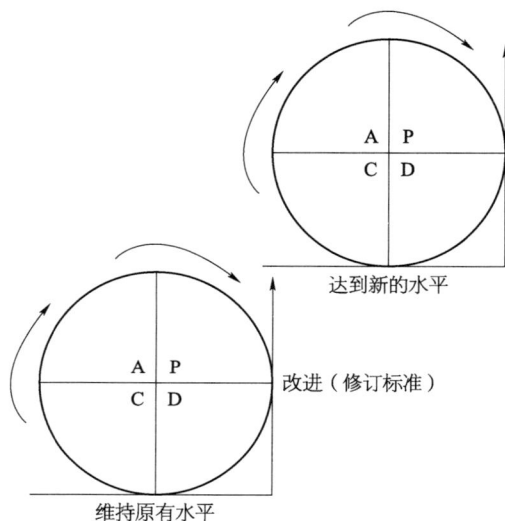

（二）企业管理体系层次分析法

企业管理体系层次分析法是建立资产管理体系的基础方法，主要过程如下：

（1）定义资产管理相关的业务范围，包括资产范围、组织范围、专业范围；

（2）基于电网企业组织架构，识别与资产管理相适应的业务能力；

（3）采用流程管理方式，将业务能力进行贯通，也可以形成资产管理端到端流程；

（4）将资产管理目标、策略、计划进行层层分解，直至具体执行岗位，形成上下一致、运转顺畅的业务流程。最终形成目标统一、要素完备、业务协同、资源统筹的资产管理体系。

企业管理体系层次分析法，如图 2-6 所示。

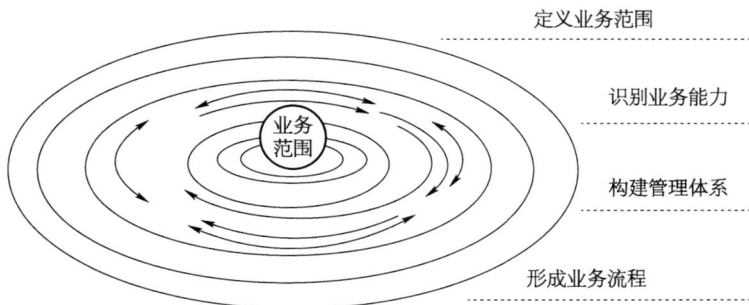

图 2-6 企业管理体系层次分析法示意图

（三）逐级承接分解法

逐级承接分解法用于开展资产管理目标分解、策略制订、计划安排、流程优化和指标考核等工作，其核心理念是逐级分解、上下承接，各层级之间充分沟通、确保共识，最终构建出统一、稳定、完整的工作结构。

逐级承接分解法，如图 2-7 所示。

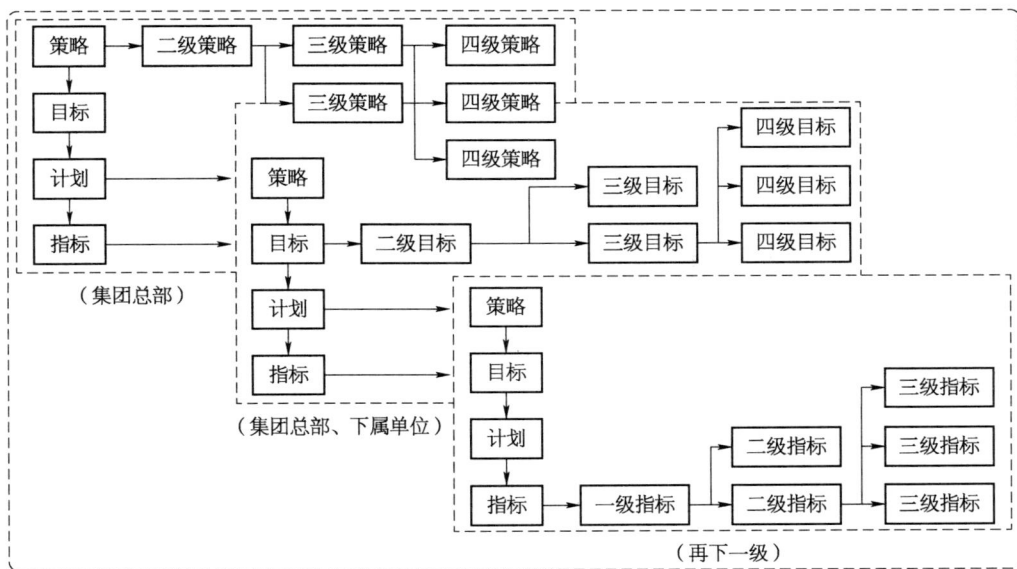

图 2-7 逐级承接分解法示意图

───────── 延伸阅读 ─────────

目　标　分　解　方　法

　　企业管理中的各项工作都可以归纳出一个核心要求，而此核心要求可由多个子要求支撑，这些子要求本身也可以由二级的多个要求支撑，如此延伸。对于每一层的子要求，彼此相互独立不重叠，形成目标分解结构树。资产管理目标分解，如图 2−8 所示。

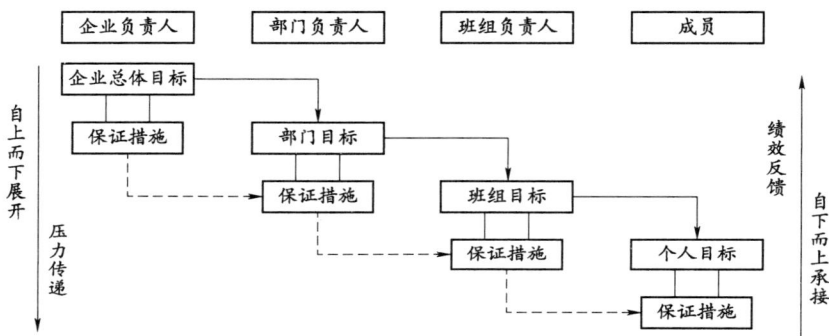

图 2−8　资产管理目标分解图

　　目标分解的形式主要有两种：

　　（1）按时间顺序分解。即制订目标实施进度，以便于实施中的检查和控制。这种分解形式构成目标的时间体系。

　　（2）按组织关系分解。其中又包括以下两种：

　　1）按管理层次的纵向分解，即将目标逐级分解到每一个管理层次，有些目标还可以一直分解到个人；

　　2）按职能部门的横向分解，即将目标项目分解到有关职能部门，这种分解方式构成目标的空间体系。

三、基础技术方法

技术方法主要是指综合运用全寿命周期成本、资产状态评估、风险评价等三大基础技术方法，以及资产墙模型，支撑资产管理各环节资产决策及全过程业务执行评价工作。

（一）全寿命周期成本方法

全寿命周期成本方法是以 LCC 计算为基础，全面考虑资产规划、设计、采购、建设、运行、技改、检修、报废等全过程，使资产全寿命周期内 LCC 值最低。LCC 理论引入国内以来，已被逐步应用于电网规划、采购招标、运维检修、技改大修的经济性评价、设备选型和电力系统规划等。LCC 计算公式为

$$LCC = C_1 + C_2 + C_3 + C_4 + C_5 \qquad (2-1)$$
$$C_2 = C_{21} + C_{22}$$
$$C_4 = C_{41} + C_{42}$$
$$C_5 = C_{51} + C_{52} - C_{53}$$

式中　C_1——资本性投入成本，主要包括设备的购置费、安装调试费和其他费用；

　　　C_2——资产运维成本；

　　　C_{21}——设备日常运维费用，包括日常巡视检查的巡视设备、材料和人工费用；

　　　C_{22}——设备损耗；

　　　C_3——资产检修成本，主要包括周期性解体检修费用、周期性检修维护费用，每项检修和维护项目的费用包括针对该项活动，供货方提供的设备材料费用以及服务费，还包括在该项活动中业主方设备材料费用以及人工费用；

　　　C_4——资产故障处置成本；

　　　C_{41}——故障抢修检修费用，包括故障抢修人工、材料、台班成本，故障现场检修费用和返厂修理引起的其他费用；

　　　C_{42}——设备故障损失费用，包括停电损失费用、设备性能及寿命损失费用以及间接损失费（可能会发生的赔偿费用，造成的不良社会影响以及电网企业信誉受损等）；

C_5——资产报废处置成本；

C_{51}——资产提前退役成本；

C_{52}——资产报废处置过程成本；

C_{53}——报废资产处置收入。

（二）设备状态评估方法

资产管理状态评估方法，综合考虑设备状态评估模型，以电网设备故障浴盆曲线❶为基础，计算、分析各类电网资产在不同运行阶段可能发生故障的概率，并依此确定电网资产的基本技术状态。

设备故障浴盆曲线是指产品从投入到报废为止的整个寿命周期内，其可靠性的变化呈现一定的规律。失效率（故障率）随时间的变化分为早期失效期、偶然失效期和耗损失效期三个阶段。设备故障浴盆曲线如图 2-9 所示。

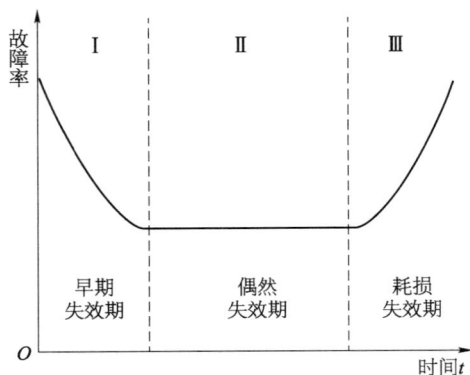

图 2-9　设备故障浴盆曲线

1. 早期失效期

早期失效期表明产品在开始使用时，失效率很高，但随着产品工作时间的增加，失效率迅速降低，这一阶段的失效大多是由于设计、原材料和制造过程中的缺陷造成的。

早期失效期对应的资产管理阶段为规划计划和采购建设阶段。经过电力设备的故障原因统计分析，早期失效主要是在设计、制造、材料、运输、保管、安装、调试和试运行等环节形成的，而通常业主单位对设备的管理是从试运行结束后才正式开始，前期统一管理的缺失是造成早期失效的主要原因。因而，资产管理的重心应前移到设备还没有制造前，从生产厂家评估、招投标的 LCC 计算、设计制造阶段的 LCC 验证、运输保管和安装、调试和特性验收试验等进行全过程管理，各个环节步步把关，把早期失效率降到最低。

---

❶ 浴盆曲线（Bathtubcurve，也称失效率曲线）：实践证明大多数设备的故障率是时间的函数，典型故障曲线称之为浴盆曲线。

2. 偶然失效期

这一阶段的特点是失效率较低且较稳定，往往可近似看作常数，产品可靠性指标所描述的就是这个时期。这一时期是产品的良好使用阶段，进入偶发故障期。在此期间，故障发生是随机的，其故障率最低，是设备的正常工作期或最佳状态期。偶然失效期对应的资产管理阶段为运维检修阶段，此阶段资产管理的任务是检修策略的研究，包括定期检修、状态检修❶、故障抢修等多种方式，以资产的效能和 LCC 作为判断依据。

3. 耗损失效期

该阶段的失效率随时间的延长而逐步增加，主要由磨损、疲劳、老化和耗损等引起，故障率不断上升。因此，如果在耗损失效期开始时进行大修，可经济有效地降低故障率。

耗损失效期对应的资产管理阶段为退役处置阶段。该阶段涉及设备使用寿命的研究，判断依据是技术寿命、物理寿命和经济寿命等因素的综合考虑，据此来决定设备是大修、更换或扩容，还是继续使用。

单个资产失效率通过设备状态评价分值健康指数体现。故障概率计算公式为

$$P = Ke^{-CI} \tag{2-2}$$

式中　P——被评价设备每一评价周期的故障概率（取值范围 0～1，评价周期一般为 1 年），次/（台·年）；

　　　K——比例系数；

　　　C——曲率系数；

　　　I——设备状态评价分值。

（三）风险评价方法

风险评价方法，比较通用的包括蒙特卡洛模型、风险综合评价法、专家调查法、风险概率估计、风险解析法、概率树分析、层次分析法。资产管理风险评价模型借鉴以上方法，在资产 LCC 评价、技术评价、可靠性评价基础上，考虑安全、成本、环境等多方面因素，将潜在的风险对社会、经济等方面的影响进行量化，

---

❶ 状态检修是以企业安全、环境、成本为基础，通过设备状态评价、风险评估、检修决策等手段开展设备检修工作，达到设备运行安全可靠、检修成本合理的一种检修策略。

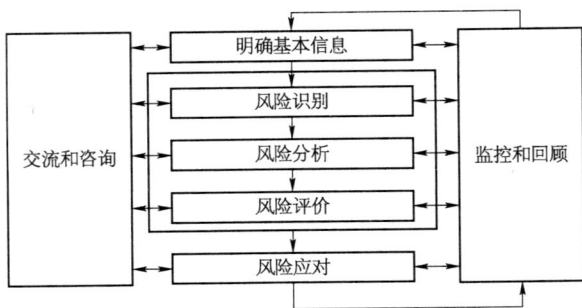

图 2-10　风险评价框架图

用于评估不同重要等级资产发生的故障在电网可靠性、人身安全、维护资金以及对环境影响等方面的后果，定义风险评价模型为风险（ R ）＝风险发生概率（ P ）×风险影响后果（ C ）。风险评价分为风险识别、风险分析、风险评价三个阶段。风险评价框架如图 2-10 所示。

风险识别过程包括识别那些可能对目标产生重大影响的风险源、影响范围、事件及其原因。定性方法包括德尔菲法、结构化/半结构化访谈法等。定量方法包括失效模式和效应分析法等。

风险分析通常涉及对风险事件潜在后果及相关概率的计算，以便确定风险等级。定性方法包括德尔菲法、事件树分析的方式。定量方法包括危险分析与关键控制点法、历史数据统计方法。

风险评价是将风险分析的结果与预先设定的风险准则相比较，或者在各种风险的分析结果之间进行比较，确定风险的等级。定性方法包括头脑风暴法、风险矩阵。定量方法包括一般值风险指数等。

设备风险评价以风险值为指标，综合考虑资产、资产损失程度（风险后果）、设备发生故障概率三者的作用，风险值的计算公式为

$$R(t) = A(t) \times F(t) \times P(t) \qquad (2-3)$$

式中　A——资产重要性等级，考虑设备价值、用户等级和设备所处的地位三个因素；

　　　F——设备风险后果，包括设备、电网、社会（人身、环境）；

　　　P——设备故障率。

（四）"资产墙"综合模型

"资产墙"模型集成电网企业现有企业资源计划管理（Enterprise Resource Planning，ERP）、生产管理（Production Management System，PMS）等信息系统中电网实物资产的技术、成本、绩效等综合信息，对电网企业后续中长期资产改造、运检规模进行预测，并结合电网企业经营内外部要求、制约因素，提出缓解

电网企业未来资产管理面临压力的管理举措。

"资产墙"模型充分考虑存量资产的效能效益，提前预测未来技改投资需求，可以避免投资冲动和盲目投资，促使资产管理策略从定性决策向定量决策转化。

电网企业以电网安全、资产效能和 LCC 的平衡优化为原则，通过比较"资产墙"模型测算技改投资需求与电网企业未来资金供给，提前确定科学、合理的投资规模，进一步优化投资规模、结构和时序，为资产管理持续深化奠定基础。电网企业整体"资产墙"现状示例如图 2－11 所示。

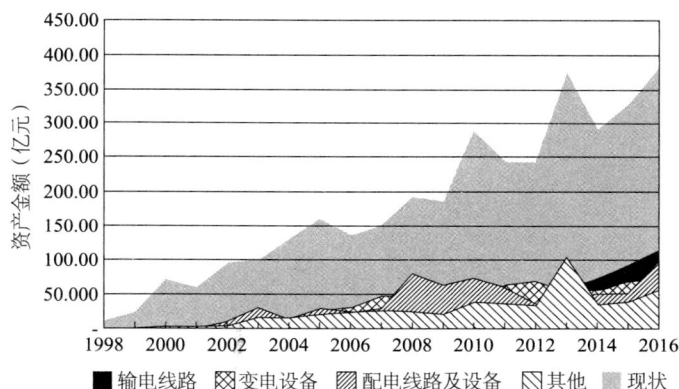

图 2－11　电网企业整体"资产墙"现状示例图

"资产墙"分析的具体做法是：对不同类型资产，按照相对应的各类寿命进行平移。对于电网企业整体资产的预测，将各类资产的"资产墙"进行平移后再叠加。

类似于"资产墙"分析方法中的价值规模，电网企业也可建立设备数量规模的"资产墙"，并结合单类资产缺陷率，对运维工作量进行预测。

四、方法应用思路

电网企业综合运用基础管理和技术方法，针对不同资产对象的实际状态及决定因素，通过定性分析评价和量化计算，形成涵盖目标策略管理、业务过程管理、基础支撑管理等三大方面的方法集合，如图 2－12 所示。

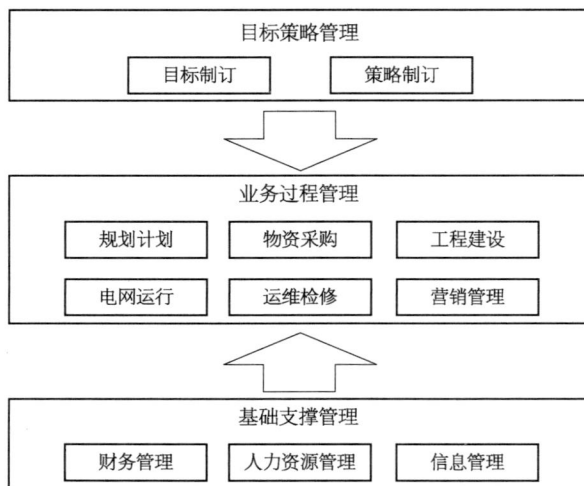

图 2 - 12　体系方法应用思路图

（一）目标策略管理

1. 目标制订

电网企业基于现状评价结果，应用逐级分解法，将绩效目标指标按照组织架构职能，逐级分解形成执行目标，横向落实至各部门（专业），纵向落实至各单位（班组），依据实际管理需求进行持续改进。

2. 策略制订

资产管理策略是以企业战略和资产全寿命周期管理目标为基础，针对资产全寿命周期管理活动制订的一系列的管理原则、技术策略、配置标准和规范等纲领性文件。资产策略向上承接资产战略和资产全寿命周期管理目标，向下指导资产全寿命周期管理计划的制订，在资产全寿命周期管理中起到承上启下的重要作用。

资产管理策略制订过程如图 2 - 13 所示，形成电网规划策略、设计选型策略、采购招标策略、运维检修策略等一系列策略。

（二）业务过程管理

1. 规划计划

（1）规划方案比选。通过风险识别，发现电网网架薄弱点，进而分析供电能力，寻求多种满足技术条件的解决方案。在开展规划方案比选时，可以采用规划

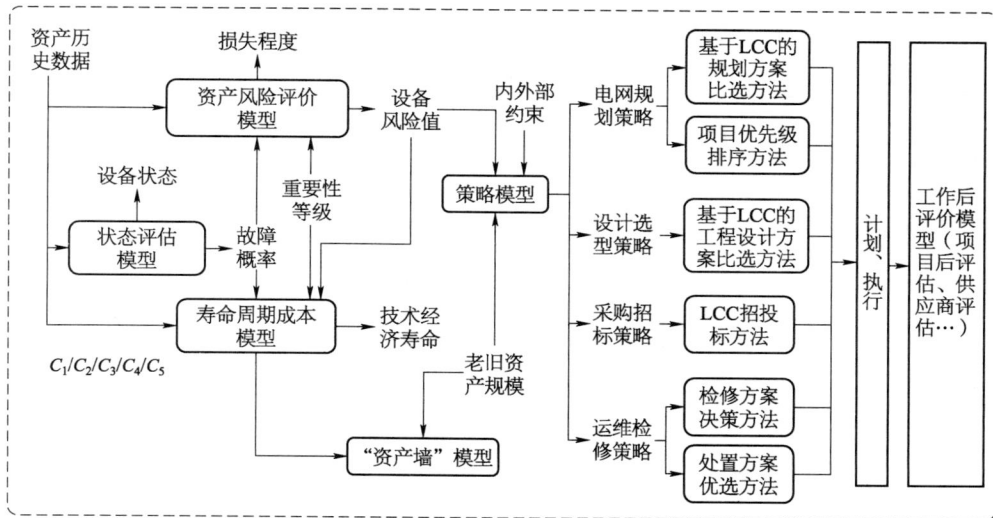

图 2 – 13 资产管理策略制订过程图

综合成本法（IPC 法）。IPC 法是一种借鉴资产管理理论和方法，综合考虑经济和社会因素，根据电网风险指标和土地价值指标确定方案比选计算期内的总支出，并折算为规划综合成本作为方案比选依据的动态规划方法。

（2）投资项目优先级排序。按项目在经济、技术与社会价值方面的投资重要性量化打分。引入权重、概率因素，充分考虑不同电压等级、不同设备的影响因素。以电网企业投资额度、项目得分及项目投资金额为输入，对项目进行投资优先级排序，投资金额界限内项目作为次年投资项目初选。由电网企业管理层和技术专家组成专家小组，通过统一的原则与标准，对投资额度线上下的排序结果进行最终平衡。

（3）项目后评估。包括项目建设运行、项目实施过程、项目的技术经济评价、项目环境影响和社会效益评价、项目目标实现程度和持续性评价。采用逻辑框架法和对比法进行分析评价，采用定量分析和定性分析相结合的方法，开展项目后评价工作。在具体评价工作中，可采用权重打分、模糊层次分析、对比和逻辑框架、综合评价等方法。

2. 物资采购

（1）LCC 招投标。建立 LCC 招标模型，细化在设备制造、安装、调试、投产、运行、成本核算等环节可作为招标采购参考依据的 LCC 评价因素。将 LCC

评价方法引入招标采购环节，确定适用 LCC 评价的物资选择方法及其 LCC 计算模型构建方法，修订相关的招标文件。建立基于资产表现的供应商关系管理体系，确定供应商后评估五大环节（生产监造、发货/收货、安装/调试、运行、抽检）中在质量、成本、服务、进度四个方面的评判指标，从而建立供应商关系管理量化后评估指标系统。

（2）备品储备定额预测。通过对备品备件的科学管理，实现用最少的备品备件资金、合理的库存储备，保证电网生产的需要，不断提高电网的可靠性、经济性和保障性。综合设备总量、障碍率、订货周期、使用寿命、地区差异等因素，储备定额计算公式为

$$N = A\,KaT/P \qquad\qquad (2-4)$$

式中，N——储备定额，件；

　　　A——同类设备件数，件；

　　　K——百台设备障碍率，%；

　　　a——差异系数（取值范围为 0.8～1.5，由电网企业根据设备实际装运、运行情况确定）；

　　　T——备品订货周期，月；

　　　P——备品使用寿命，年。

（3）供应商绩效评估。建立供应商资质业绩评估和供应商绩效评估模型，从供应商的注册资金、资信等级、供货业绩、生产设备、试验设备、履约能力等多方面考核供应商资质。从供应商签约履约、制造监督、运输交付、安装调试、运行质量等多个阶段对供应商进行后评估。

3. 工程建设

（1）设计方案比选。电网企业从一次、二次等方面开展设计方案比选，如建筑物设计方案主要考虑初始投资、日常维护成本、大修维护成本、报废及净值成本分析 LCC。在具体实施过程中，可以采用价值工程法。价值工程法是将技术问题和经济问题结合起来进行研究，通过对产品的功能和成本进行分析，使产品的成本与功能实现完美匹配的管理方法，是设计阶段优化设计方案、进行造价控制的科学方法之一，是全寿命周期成本模型的良好补充。在价值工程中，价值＝总功能/总成本，其中总成本即 LCC。电网工程设计阶段应用价值工程，可以确定最

优化的建设方案，为电网工程 LCCM 打下坚实的基础。

（2）基建项目管控。从项目管理策划、进度管理、招标配合、合同管理、建设协调、信息与档案管理、资信管理七个维度制订项目管理方法，编制工程物资供货协调表，确保物资供货时间与工程施工时间匹配。

（3）现场安全管控。从项目安全策划管理、安全风险管理、安全文明施工管理、分包安全管理、应急安全管理等维度进行现场安全管控。开工前，组织开展危险源分析，监督检查监理和施工项目部危险点辨识及控制措施的具体落实情况，并根据不同风险级别采取不同层级的管控措施。

4. 电网运行

（1）电网风险预控。建立电网风险预控机制，掌握电网运行的薄弱环节，针对因设备检修等不同运行方式造成的风险，及时制订、落实相应的风险防范措施。各相关部门横向联动、各专业条线纵向联动，提高电网风险防范水平，有效避免事故风险，实现电网企业安全生产目标。在进行电网安全稳定运行分析和风险辨识时，充分考虑影响电网安全性、稳定性和可靠性的各种因素。

（2）电网运行评价。从装备状况统计分析、装置动作统计分析、改造及反措情况等维度进行二次设备（继保、自动化）年度分析与评价。开展电网运行方式、电网设备投产情况及系统规模、电网生产运行情况、电网安全运行状况、电网总体运行特点等评价，提出下一年电网安全运行的改进措施。

5. 运维检修

（1）技改大修辅助决策。技改大修辅助决策以电网设备状态评价结果为基础，综合利用状态评价、需求评价和技术经济评价等手段，从针对性、合理性和科学性几个角度，采用量化的方法对设备"技术改造"还是"大修"做出判断。将设备性能、技术性和经济性简化成是否满足报废的几个判断条件，并将"浴盆曲线"转折点作为设备寿命使用情况的判断，对改造拆除设备做出"再利用"或"报废"处置意见。通过综合计算确定项目优先级顺序，对储备阶段的技改项目进行定量评估。

（2）设备退役处置优化。电网企业明确再利用设备范围，包括系统内技改、基建及其他工程拆除且经研判可再利用的 10 千伏及以上变压器和 110kV 及以上断路器、隔离开关及通信设备实物资产。设备运维期间的状态评价、故障、缺陷、检修、试验、技改等情况，采用资产风险评价分数进行定量，根据其得分值确定其再利用等级。

（3）运维检修预测。分析电网企业资产管理相关的内外部环境，掌握未来相关政策、考核及自身发展要求；建立电网企业固定资产评价方法，通过资产历史数据分析电网企业所有固定资产结构、绩效、状态特征；采用"资产墙"模型，分析电网企业资产经营未来的压力，提出未来资产管理建议举措。

（4）委托运维资产管理。针对委托运维实物与价值管理主体分离的实际情况，研究提出委托运维电网资产实物与价值联动的管理模式，进一步厘清职责界面，完善工作组织，优化业务流程，统一信息标准，加强系统建设，健全完善资产管理体系。

6. 营销管理

（1）业扩报装服务。采用专人受理、优质服务、量化业绩考核等手段，改善业扩管理机制，缩短业扩时间、提高客户满意度；从流程管控、工作质量考核（坏点与绩效挂钩）、部门审批制等，对业扩业务实施管控；采用事后评估等手段对业扩业务进行技术管理，确保业务执行不超过技术导则范围。

（2）营销稽核。促进营销业务管理规范，每次检查前制订稽查方案，明确本次检查业务的重点检查内容与检查方式（现场检查、系统数据检查），促使基层单位提前开展自查自纠；基层单位收到整改单后进行原因分析，落实整改，并将结果反馈到营销部门，营销部门定期编制营销稽核报告，对稽核工作进行点评。

（三）基础支撑管理

1. 财务管理

从电网企业自身发展要求出发，同时兼顾外部要求，通过编制资产的资本性预算，落实信息化等成本性支出，明晰现状和目标差距，设定全面预算管理目标、实施路径和阶段任务，完善全过程管理，支撑资产管理体系建设及运行。

2. 人力资源管理

依据岗位工作标准中对岗位任职资格的要求，确定员工能力评估要素，构建员工能力评估模型。员工能力评估模型由隐性能力和显性能力两部分组成，不同岗位人员的能力要素和具备的程度有所不同。

3. 信息管理

从完整性、正确性和及时性三个维度对数据进行检查，包含应用覆盖面和应用程度、系统基础数据和业务数据质量、系统配置信息、规章制度建立和执行、人员应用能力及培训考核等。

第四节　体 系 实 施 路 径

电网企业开展资产全寿命周期管理体系建设及运行，应遵循资产全寿命周期管理和技术方法，在充分诊断企业资产管理现状的基础上，推进组织、流程、制度、信息化的优化和重建，实现资产全寿命周期管理体系的有效落地，实施流程如图 2 - 14 所示。

一、启动和准备

（一）内外部环境分析

电网企业在开展资产全寿命周期管理体系建设初期，制订下阶段资产管理目标、策略时，应基于企业整体发展战略，充分考虑资产管理工作面临的内外部环境，针对资产及资产管理水平，运用一系列成熟的分析工具，进行全面的分析评价。

1. 外部环境分析

电网企业从经济环境、改革环境、市场环境、安全环境四方面开展资产管理的外部环境分析，明确企业面临的机会与威胁，为科学制订企业资产全寿命周期管理战略提供指导意见。

（1）经济环境分析。经济环境是指构成企业生存和发展的社会经济状况和国家经济政策。经济环境包括经济要素的性质、水平、结构、变动趋势等多方面的内容，涉及国家、社会、市场等多个领域，对企业经济环境有着重要的影

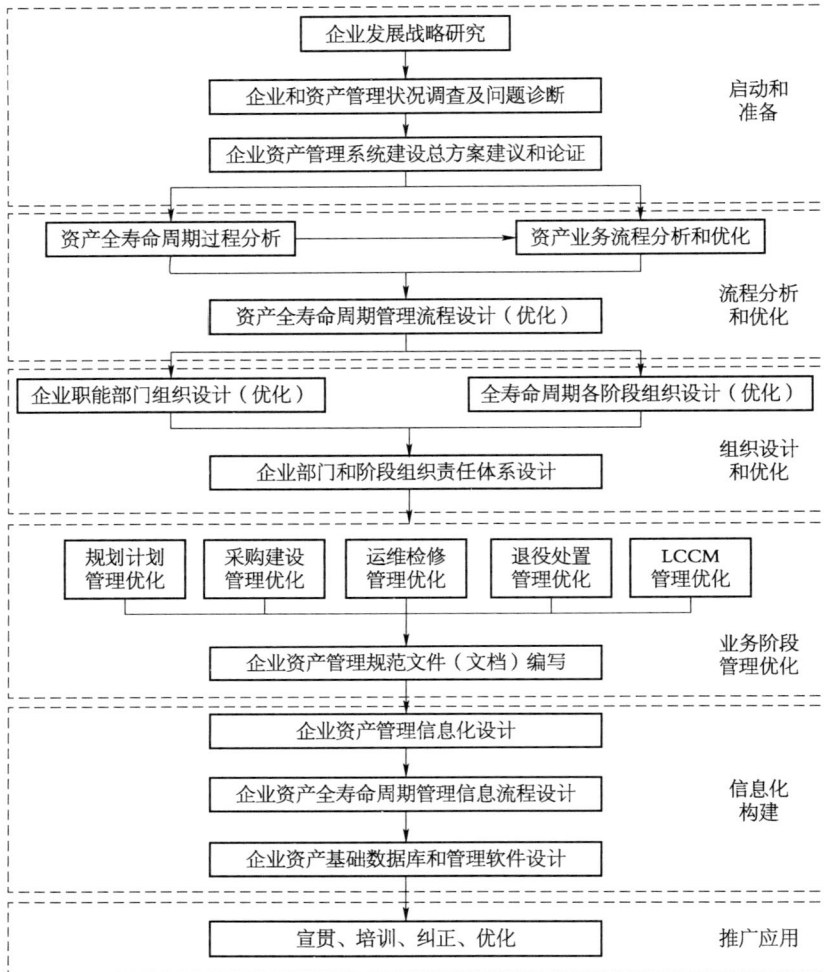

图 2-14 资产全寿命周期管理体系实施流程图

响。主要分析经济增长及结构变化情况，投资、消费、进出口增长情况；了解国家宏观调控政策，尤其是和能源、电力行业密切相关的政策动向；预判经济未来增长趋势。

经济环境可从定性和定量两方面进行分析：定性方面对宏观的经济形势、政府财政政策和货币政策进行分析，如利率政策、税率政策、准备金率等；定量方面以电力发展与经济发展的匹配程度为重点，统计分析主要国民经济指标，包括国内生产总值（GDP）、全国总人口水平、全社会固定资产投资总额、电力生产弹性系数、电力消费弹性系数等数据指标，如图 2-15 所示。

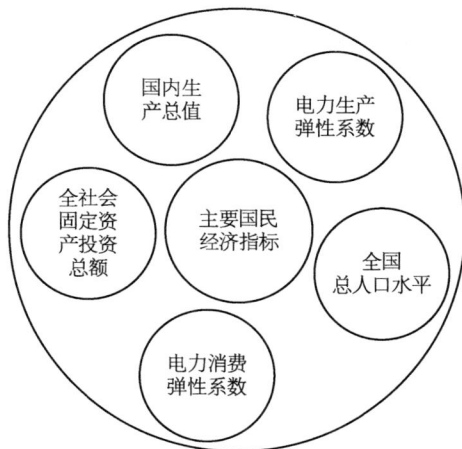

图 2-15　主要国民经济指标图

通过对经济环境的分析，判定其对电网企业收入、利润产生的直接影响，以及对电源和电网规划投资、建设运行产生的间接影响。

（2）国家电力体制分析。企业生产经营活动受国家的法律、法规、法令以及国家的监管机构等因素影响，国家政策方针调整直接影响着企业的经营状况。只有适应这些环境需要，使自身经营行为符合国家的政治路线、政策、法令、法规的要求，企业才能生存与发展。

电力体制改革对新一轮电力改革的方向、路径和任务提出具体要求。随着改革不断深入推进，售电侧和增量配电业务放开，大用户直供方式越来越多，电网调度、设备运维、优质服务面临新的挑战。"公开、公平、公正"的调度范围将延伸至消费侧等诸多主体，因此其利益诉求复杂多样，各级调度将面临多方挑战。输配电价政策出台，"准许成本加合理收益"成为电价核心，对电网企业的投资、运维成本管理造成影响，未来电网运行将更加注重效率效益。

随着全球能源互联网战略实施，特高压交直流电网逐步联网，给电网调频调压调峰带来巨大压力，能源互联网的发展将颠覆现有能源固有的格局和体系。调相机、统一潮流控制器等新技术、新设备大量使用，电网运行技术复杂化加剧，电网企业对交直流混联电网的驾驭管控能力有待提升。电能替代、清洁替代"两个替代"不断推进，清洁能源大规模接入，分布式电源、微网、储能技术快速发展，配网负荷端特性发生变化，有源电网为电能质量、潮流控制、检修作业等带来新环境。

（3）市场环境分析。市场环境分析包括电力消费增长及结构变化情况，重点行业用电及其增长情况，装机规模、发电设备利用小时数及其变化情况，电力供需平衡情况等的分析。

随着电力体制改革，输配电业务面临国家严格监管，准许收入受地方经济发展、电价降价预期等制约，具有不确定性。电网企业要在资产布局时充分考虑区域地方经济发展规划、国家重点行业发展及调整方向、国家能源中长期规划等，预测及分析电力发展需求，确定资产投资改造的方向。

（4）安全环境分析。能源安全和气候变化问题越来越引起国家及社会广泛的重视，煤电机组的建设将受到严格控制，风电、太阳能、天然气发电、核电、区外电力等新能源将加大开发力度，缺电地区积极引入区外清洁电力，改变燃煤火电单一发展的格局，优化能源结构。这些高渗透、弱可控的电源大规模接入，使得电网运行控制更加复杂，电网安全面临更大的新挑战。

台风、雨雪、冰冻等极端恶劣气候频发，对电网设备抗灾水平和应急能力提出更高要求。而政府、监管部门以及用户对电网可靠供电、优质服务的要求越来越高，很小的负面事件经微博、微信等新媒体传播、渲染、扩大，极易引起全社会的高度关注。

2. 内部环境分析

电网企业内部环境分析应以实物资产为核心，从资产和资产管理两个方面，分析企业拥有的资源及与资产管理相关的核心能力，从而掌握企业内部资产情况和资产管理水平。

（1）资产现状分析。电网企业从资产规模、资产结构、资产健康水平、资产效能、资产退出情况、"资产墙"、技改及运维七个方面对资产进行现状分析。

1）资产规模分析。对各类资产的价值规模和技术规模进行分析，资产类别包括输变电设备、配电设备、调控自动化及继电保护设备、通信及信息设备、计量设备等。

2）资产结构分析。对在运资产的投运年限进行分析，分析内容包括资产的年龄结构、最长在运时间、最短在运时间、平均在运时间等。

3）资产健康水平分析。对在运资产的状态进行分析，资产状态包括正常状态、注意状态、异常状态和严重状态。

4）资产效能分析。对在运资产的电网利用效率进行分析，分析内容包括供电可靠性、综合供电电压合格率等。

5）退役资产分析。对企业退役资产进行分析，分析内容包括报废资产原值、净值及成新率，退役资产的设备类型、使用年限及再利用情况等。

6）资产墙分析。对各类资产的投资周期进行分析，分析内容包括资产的投资规模、密集投运时间，按照各类资产的折旧年限、使用年限、设计年限三种场景对未来的投资情况进行预测。

7）技改及运维预测。基于上述六个方面的资产分析，对企业未来的技改及运维工作情况进行预测。

（2）资产管理现状分析。电网企业围绕资产管理关键业务、资产管理绩效、风险管理、制度标准、资源水平等方面，对资产管理现状进行分析，为制订资产管理目标、计划提供科学依据。

1）关键业务现状分析。分析资产的规划计划、采购建设、运维检修、退役处置四大业务阶段及其各业务环节的管理现状，工作流程是否衔接贯通。

2）资产管理绩效分析。分析是否建立指标监测、过程监控等运行监控及持续改进机制，对资产管理绩效监测、分析、协调控制的常态化运作进行评估。

3）风险管理分析。分析是否有效识别并全面整合电网、设备、人身和管理安全风险源，风险识别、评估、分析、应对机制是否落实到各项业务中并有效运行。

4）制度标准分析。分析各项制度标准是否覆盖资产管理全过程，分析企业员工对制度标准执行的规范程度。

5）资源水平分析。分析人力资源、财力资源、物力资源水平，分析现有的资源配置是否高效支撑企业生产运营。

（二）明确资产管理要素与业务的关系

电网企业资产全寿命周期管理体系建设是遵循资产管理要素，持续提升资产管理业务的过程。

1. 资产管理要素

电网企业在资产管理体系建设之初，基于企业自身的管理特点，明确包括组织模式、资源配置、基础管理、工作流程、标准制度、协同和考核等方面的一系列管理要素。借鉴国际通行资产管理体系标准，电网企业资产管理要素一般可分为 12 类，资产管理要素逻辑关系，如图 2-16、表 2-2 所示。

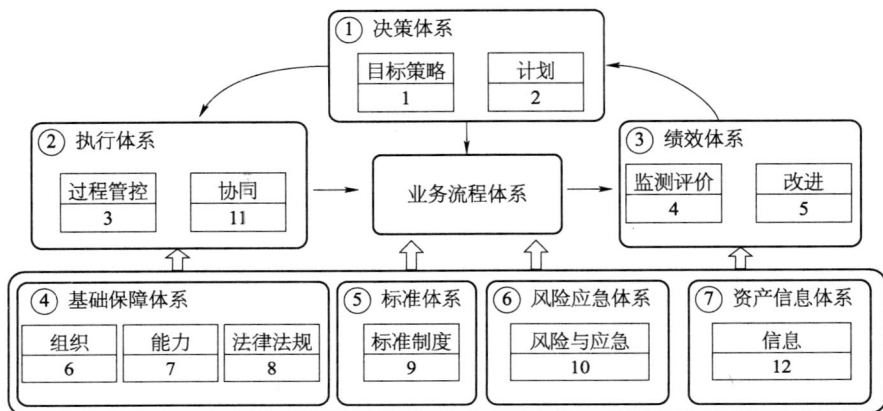

图 2-16　资产管理要素逻辑关系图

表 2-2　　　　　　　　　**电网企业资产管理要素内容**

序号	要素	内　　容
1	目标策略	建立现状评价机制并指导电网企业开展资产管理现状评价，编制资产管理策略，制订明确、可衡量的资产管理远期、近期目标
2	计划	制订资产管理相关工作计划，包括中长期及年度资产管理计划、资产管理体系改进计划、实施计划等
3	过程管控	严格管控资产管理相关活动，确保资产管理全过程的安全、效能、成本综合最优
4	监测评价	建立资产状态评价和绩效监测管理机制并开展全过程、全方位监测
5	改进	建立纠正和预防措施管理机制，开展资产管理活动纠正和预防；建立资产管理持续改进机制，识别改进机会，评估和优化实施措施；建立管理评审常态机制，定期开展资产管理体系评审
6	组织	建立包括决策层、管理层和执行层在内的资产管理组织架构并明确各自职责，支撑资产管理体系各项业务的有效运作

序号	要素	内 容
7	能力	建立资产管理培训机制,识别培训需求,制订培训计划;明确岗位职责、权利和义务;明确资产管理各岗位人员能力要求,定期开展员工能力评估
8	法律法规	识别适用于资产管理的法律法规、条例及其他要求,并确保法律法规的相关要求融入资产管理体系中
9	标准制度	建立与流程、岗位相配套、统一协调的规章制度和标准,确保各项工作有标准、有要求
10	风险与应急	制订、实施并维护风险管理的制度和流程,识别和评价与资产、资产集、资产管理活动相关的风险,落实资产管理和监控措施;制订、实施并维护应急预案、方法和具体流程,定期开展应急培训和演练,并对效果进行及时评价总结
11	协同	建立跨流程、跨业务、跨专业、跨单位、跨部门的协同工作机制,识别资产管理业务协同需求,明确协同职责及要求,并将其融入资产管理标准制度,确保工作协同开展并持续改进
12	信息	建立完整的资产管理体系文档,并及时更新,对资产管理活动过程进行记录、保存;设计、实施并维护资产管理信息系统

2. 资产管理业务

电网企业应结合资产管理业务现状和特点,紧紧围绕资产全寿命周期管理体系的目标管理、关键业务管理、评价管理、持续改进管理、基础管理五个方面,设计覆盖全面、目标统一、业务协同、资源统筹的资产全寿命周期管理业务模型,如图 2-17 所示。

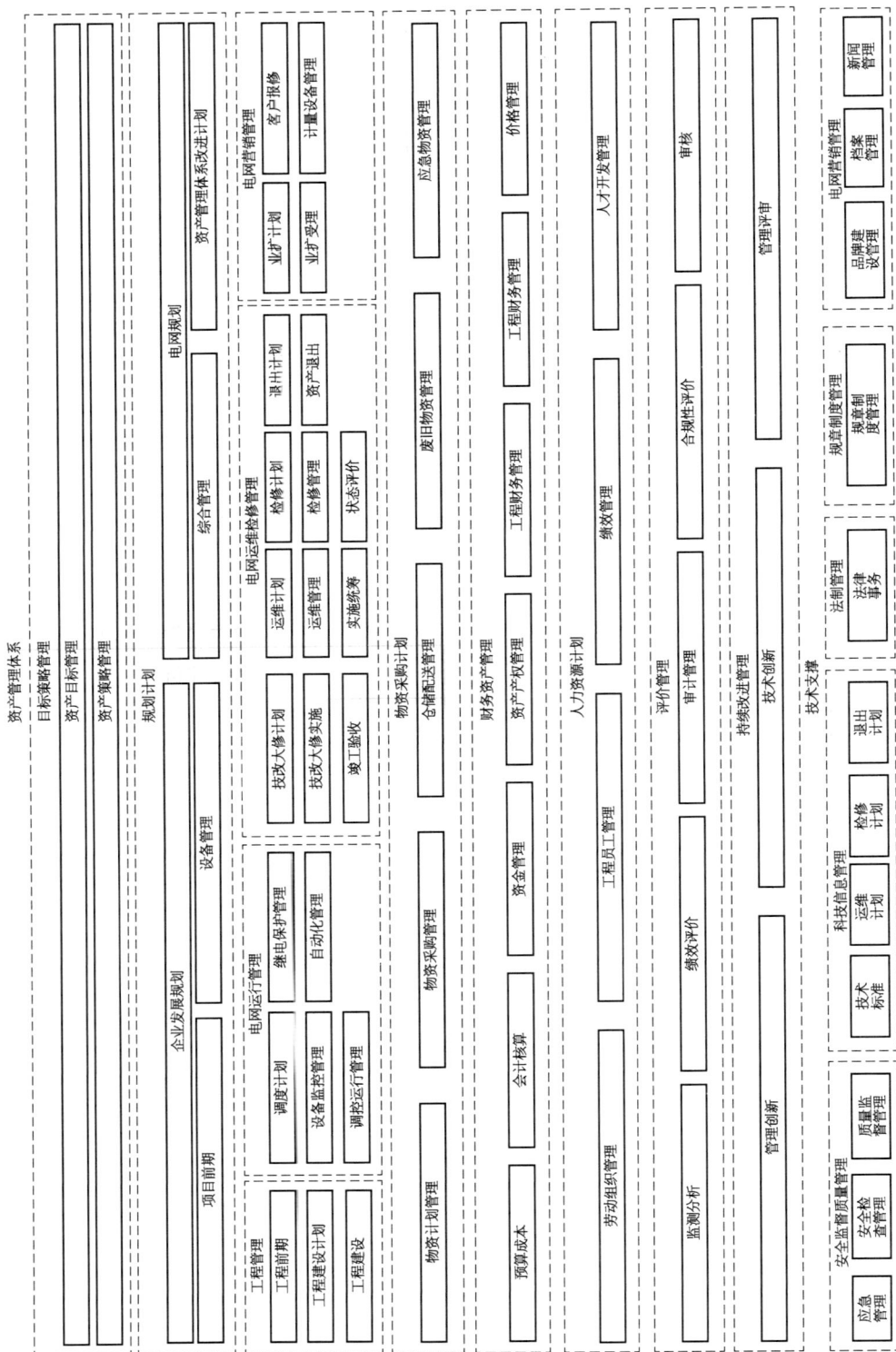

图2-17 资产全寿命周期管理业务模型图

电网企业构建资产管理业务模型，明确资产管理业务范围，定义与资产管理相适应的业务，如表 2-3 所示。

表 2-3 资产管理业务

序号	一级业务	二级业务
1	目标策略管理	资产目标管理
		资产策略管理
2	规划计划管理	电网规划
		项目立项
		投资计划
3	工程建设管理	初步设计
		工程建设
		投运转资
4	运维检修管理	状态评价
		运行维护
		检修管理
		技术改造
		备品备件
5	退役处置管理	退役处置
6	人财物管理	人力资源管理
		财务资产管理
		物资管理
7	职能管理	风险应急管理
		科技信息管理
		规章制度管理
		行政事务管理

续表

序号	一级业务	二级业务
8	监测评价管理	监测分析
		绩效评价
		审计管理
		审核
		合规性评价
9	持续改进管理	管理创新
		技术创新
		管理评审

延伸阅读

英国国家电网公司资产管理业务模型

英国国家电网公司（National Grid，NG）资产管理业务模型基于标准企业架构❶，包括资产架构管理，计划、管理、执行，客户管理，电网运行，电费收入与电价管理，表计管理、监管与绩效管理等七个相互关联的管理模块，以及一系列业务分类，NG公司资产管理的一级、二级业务模型，如图2-18所示。

---

❶ 企业架构（Enterprise Architecture，EA）是指对企业事业信息管理系统中具有体系的、普遍性的问题而提供的通用解决方案，更确切地说，是基于业务导向和驱动的架构来理解、分析、设计、构建、集成、扩展、运行和管理信息系统。复杂系统集成的关键，是基于架构（或体系）的集成，而不是基于部件（或组件）的集成。

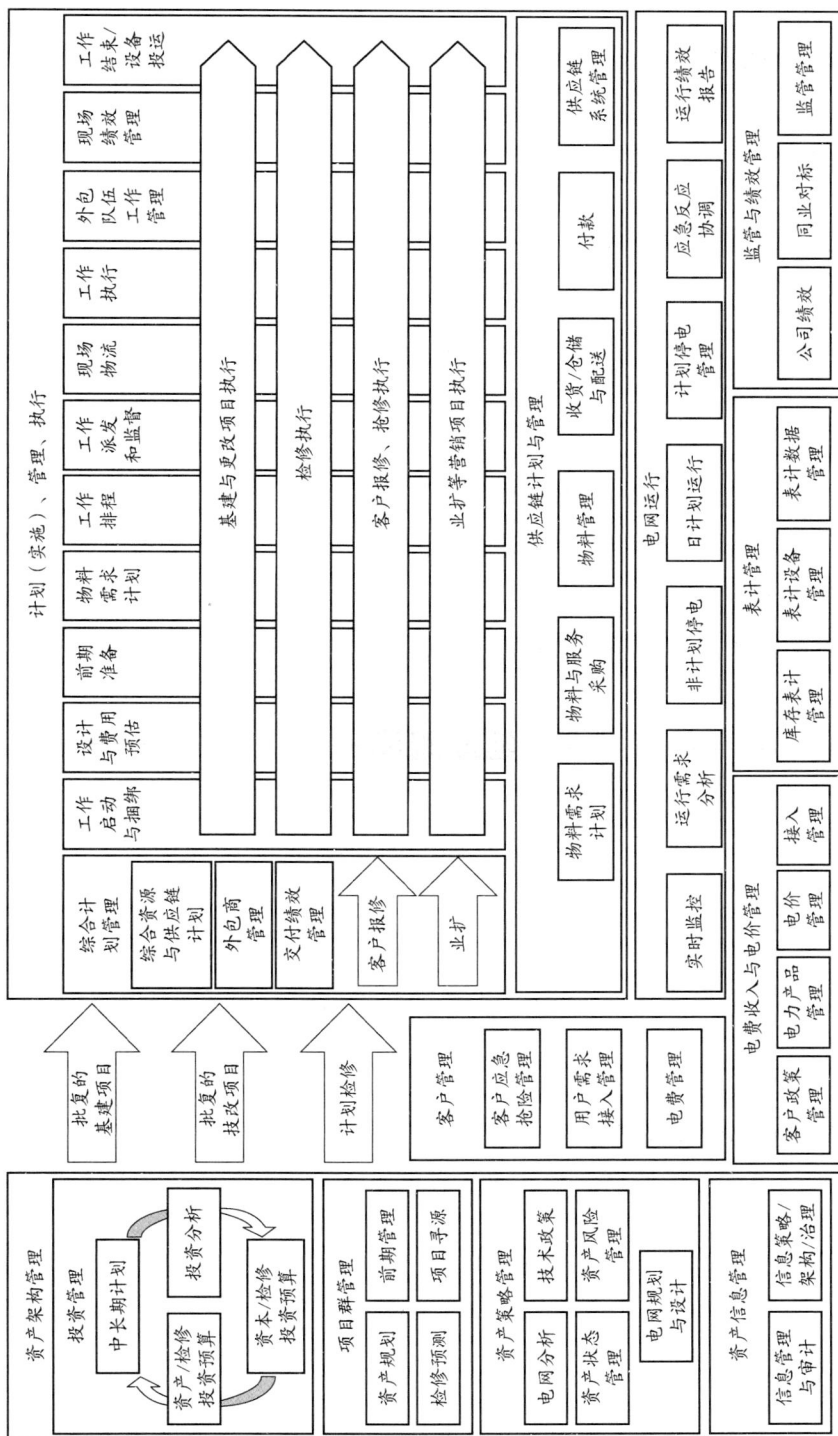

图 2-18　NG公司资产管理的一级、二级业务模型图

二、流程分析和优化

（一）资产管理流程分析

1. 资产管理流程结构分析

电网企业对资产的规划计划、采购建设、运维检修和退役处置阶段进行全过程的闭环协同管理，需要各个阶段以及各个业务流程的紧密衔接：第一，资产管理流程应涵盖全寿命周期的所有阶段和所有业务流程，不存在流程缺失的情况；第二，资产管理流程应具有无重复性，即现有流程在功能上不存在重复的情况；第三，资产管理流程应相互衔接，在业务流程的运转过程中不存在断点。

2. 资产管理流程运转分析

电网企业从流程衔接、业务提升、信息反馈等角度对资产管理的业务环节进行诊断和分析，判断资产管理总体流程是否基于安全、效能、成本综合最优的目标协调运转。

（1）流程衔接。根据资产管理理念的要求及资产管理相关各业务部门和单位的职责定义优化流程衔接，实现对资产全过程业务管理的闭环控制。

（2）业务提升。明确流程中各部门和单位在流程衔接和工作交接过程中的职责，定义流程中各项工作的管理要求，并通过规章制度及技术标准进行固化。

（3）信息反馈。准确记录并保存各业务环节产生的信息，定义各业务环节所需输入和应对外提供的信息、数据，并通过数据共享与业务融合的方式实现信息集成。

（二）资产管理流程优化

电网企业基于"三流合一❶"的理念，运用流程优化的方法，确定资产的决策、形成、运行、更新改造、退役的技术和业务工作范围，进行工作分解，列出WBS，梳理和完善业务流程间的端到端衔接关系，实现资产管理业务流程的优化。

---

❶ 三流是指实物流、价值流、信息流，"三流合一"反映企业资产全寿命周期管理业务流转、成本管控以及信息化落地的三个关键因素。

1. 流程优化的总体思路

流程优化过程实质上是管理流程再造或优化的实施过程，企业战略定位的变化和战略思路的改进最终都在流程中体现，可以利用流程优化的手段来规范和提升资产全寿命周期管理体系。

流程优化主要借鉴国内外先进企业经验，对企业现行经营和管理模式的定位进行研究，找出其存在的问题和差距，结合企业的业务特点和战略，对企业经营和管理模式进行重新定位，形成新的管理理念。

所谓新的管理理念是经过其他企业验证成功，同时适应本企业经营发展需求的理念。目前，常见的新管理理念是实现从传统的事后管理（静态管理）向实时管理（动态管控）转变，部门管理（职能管理）向岗位管理（流程管理）转变，定性管理（主观管理）向定量管理（客观管理）转变，分散管理向集中管理转变等。

以职能管理向流程管理转变为例，资产管理体系是将每一项工作责任落实到具体岗位，而往往一项具体工作是需要跨部门完成的。传统的职能管理中，每一项工作指定由某个部门负责，具体工作由该部门领导进行分配，而流程管理要求部门成员直接进行跨部门的协同运作，不必再通过各自部门的领导布置工作。

2. 流程优化的具体要求

资产管理是一项复杂的工作，具有业务范围广、管理层级多的特点，单一层级的流程无法系统全面地规范企业资产管理业务。因此，需要构建资产管理业务流程框架并进行层层分解，使得独立的业务之间建立线性的关联，保证企业内部运作的一致性和统一性。

电网企业使用流程诊断与分析工具，局部地、渐进性地针对现有资产管理流程进行小规模改善，减少环节、改变时序、畅通节点，将资产的规划计划、采购建设、运维检修、退役处置四大业务阶段纳入统一管理，对资产全寿命周期管理的目标、组织、方法和手段等进行有机集成，将各个阶段紧密衔接起来，实现对资产管理的全过程控制和整体优化，提升资产管理各项业务的管理水平。

"三流合一"是电网企业资产管理业务流转、成本管控以及信息收集落地的三个关键因素，做到"三流合一"，才能准确、高效地开展资产管理工作，及时反映资产运行状况，为实现企业资产管理安全、效能、成本综合最优奠定基础。

流程诊断与优化过程充分考虑企业环境和资源现状，深入开展企业实际情况调研和分析，结合人员能力、技术水平等因素，切入资产全寿命周期管理的技术方法，做到流程"接地气""易操作"，确保优化后的流程被切实应用、真正见效。

三、组织设计和优化

资产全寿命周期管理工作涉及业务链条长、业务范围广、参与部门多，电网企业应在明确资产全寿命周期管理的对象、内容和业务过程的基础上，对资产管理相关的组织职能进行科学设计，优化完善企业现有的组织机构、管理层次以及管理职责，支撑企业资产全寿命周期管理体系常态运行和持续改进。

（一）组织设计原则

（1）组织流程和职能设计应服务于资产全寿命周期管理总体目标，支撑远期、中期、短期目标的实现。

（2）建立集成化的组织团队。建立规划计划、采购建设、运维检修、退役处置阶段相互集成的组织团队。

（3）全寿命周期组织责任连贯。各部门、各单位（具体工作）之间权责应分明，部门人员和责任应连续和统一，并贯穿资产全寿命周期管理总体目标和各分项目标。

（4）各层级的职能部门和业务部门应实现高效协调，通过企业常设机构和非常设机构之间的集成，使各个部门的资源和能力优势发挥最大效益。同时，应保证企业内外良好的沟通协调。

（二）组织设计思路

组织设计包括组织结构设计和组织职能设计。

1. 组织结构设计

（1）临时性组织结构设计。在企业战略分析、企业问题诊断、国内同类企业调研基础上，优化企业部门和各临时性组织设置方案。要保持企业部门组织的稳定性，按照资产特性和资产全寿命周期管理各阶段的实施和管理工作的不同，动态设置临时性组织，合理协调企业部门组织和资产全寿命周期管理各阶段临时性组织的关系。

（2）责任中心制设置。责任中心可分为收入中心、成本中心（费用中心）、利润中心和投资中心。构建企业责任中心，明确企业各部门、各阶段组织的责任中心定位，确定各责任中心的管理责任和经济责任范围，以及相应的考评方式，构建完整的管理责任和经济责任的分解和考核。

2. 组织职能设计

围绕资产全寿命周期管理工作任务，电网企业资产管理组织流程和职能可做如下设计：

（1）规划计划阶段的职能设计。电网企业资产管理需在前期策划阶段对项目进行整体把握，结合项目的经济效益、社会效益和环境效益，从价值实现和战略角度分析全寿命周期过程中各层级组织的工作及人员的责任义务。运用电网规划、项目立项和投资计划中涉及的组织协同、风险管理、成本控制、可持续发展等方法，寻找项目机会，确定项目目标，对项目进行详细的技术经济论证和可行性研究，以满足企业的组织战略和相关参与者的需求。由于电力建设项目涵盖资金管理、专业技术等各方面，不能单独成立组织结构，一般由规划、建设、生产等部门的人员兼任，对项目实施时可能发生的市场、金融、环境、社会等问题进行预测协调，按照实际任务目标，优化配置人员、资金、材料等一系列资源。

（2）采购建设阶段的职能设计。此阶段主要包括初步设计、物资采购、工程建设以及投运转资等业务流程。完成项目立项后，设计单位进入工程组织开始工程的初步设计，需与业主、物资供应、施工、运维、监理、通信及相关政府部门等保持沟通协调，充分考虑相关者的需求如设备材料选型、安装，以及项目运营阶段的可靠性、稳定性和经济性，以减少设计变更。以设计方案和合同为基础，由供应商、业主单位、建设单位推进招标采购以及电网建设工作，将 LCC 理念融入设备招标过程中，强化全过程质量管理、成本费用控制以及建设阶段基层单位的绩效考核。

（3）运维检修阶段的职能设计。应构建独立的运行工作组织体系，由企业内部的生产部门人员负责，配备运行维护（维修）和安全管理的相关人员。在运行过程中，若对工程进行更新改造、扩建，则工程组织结构还会产生相应的变化。运维检修阶段在资产全寿命周期中占据 85% 的时间，生产部门应加强设备管理以及相关基础数据的收集，根据设备状态制订检修计划，寻找有效的状态监测手段，协调系统环境，降低维修费用。

（4）退役处置阶段的职能设计。对设备进行技术与经济评估，根据资产评估结果选择改造、转为备品、评估转让或报废处理等处置方案。由生产部门负责对输变电设备、信息设备、发电供热设备以及运输设备等是否退役进行审批，明确电网资产选择报废或是再利用，物资部门对鉴定为报废的资产进行处置。

随着资产管理内外部环境变化，电网企业需要对组织进行不断的优化和调整，以适应资产管理幅度和层次的各种变化要求，持续保障资产管理工作的顺利开展。

四、业务阶段管理优化

资产全寿命周期管理包含规划计划、采购建设、运维检修、退役处置四大业务阶段，每个阶段均有本阶段的管理目标和任务。各阶段的管理过程优化，需要对各阶段和涉及资产全寿命周期的综合性职能管理过程进行优化，管理工作主要包括如下方面：

（1）按照管理体系的要求，完善各职能管理的体系文件，实现各职能管理体系的一体化、规范化，使各个职能管理之间既界面清晰，又有集成性。

（2）统筹各阶段管理的成本，寻求企业经营成本最优，在业务管理的各个环节制订、应用一系列相关制度标准，达到企业整体利益最大化。

（3）将各阶段管理工作的标准化。对各阶段的工作形成一套标准化的流程，如组织、方法、信息处理等标准化。

五、信息化构建

（1）企业资产基础数据库设计，需要分析资产全寿命周期专业管理工作中产生的和需要的各种原始资料、报表、报告、文件等，对其进行分类，使其结构化。

（2）资产全寿命周期信息流程设计，将实施和管理过程转变为信息流程。

（3）企业资产全寿命周期管理软件系统设计（应用），在引用标准化的商品管理软件时，要根据企业资产管理的需求进行二次开发。

六、推广应用

电网企业各级干部员工理解和认同资产全寿命周期管理理念，是资产管理体系建设并有效落地的根本保障。电网企业应积极开展资产管理体系理念及方法的宣贯培训，推动体系在各层级、各业务中的落地应用。

（一）宣贯培训

1. 宣贯培训的主要内容

（1）基础理论。开展资产管理体系基础理论培训，确保员工在从事资产全寿命周期管理相关活动时具备与其岗位相适应的意识及能力，为企业开展资产管理体系建设工作奠定基础。基础理论培训内容包括：

1）资产成本管理、全寿命周期管理的基本理念、基本知识及国际管理先进经验。

2）资产全寿命周期管理体系规范各要素的基本内容与要求。

3）资产全寿命周期管理体系框架和各子工作的主要内容与成果。

4）资产全寿命周期管理工作流程与基本要求。

5）资产全寿命周期管理体系持续改进措施。

（2）资产管理体系实施。开展资产管理体系实施相关内容培训，使各级管理人员对资产管理体系实施内容应知应会、入脑入心，确保资产全寿命周期管理体系实施活动务实、高效开展，体系实施培训内容包括：

1）资产管理体系实施方法与步骤。

2）资产管理手册，包括资产规划设计、采购建设、运维检修和退役处置各阶段业务规范要求。

3）资产管理协调机制建设内容及实施要求。

4）资产管理风险防控机制建设内容及实施要求。

5）资产管理运行监控及改进提升建设内容及实施要求。

6）资产管理培训及人员能力建设内容及实施要求。

7）资产管理信息系统建设内容及实施要求。

8）资产管理技术方法内容及在各业务中应用要求。

（3）资产管理体系评价。开展资产管理体系评价目的、原则、方法、标准、工作程序等内容培训，使评价审核员更好地了解并掌握资产管理体系建设评价工作方法，规范评价工作方式，实现评价过程标准化，提高评价质量和效率。

2. 宣贯培训的主要方式

（1）多元化培训。按照"集中培训理念方法、专项培训实践应用"的原则，根据各管理层级的不同定位，收集资产管理培训需求，编制年度培训计划，开展资产管理体系培训，促进在企业干部员工内心植入资产管理理念。培训形式主要有：

1）全员宣贯。面向企业资产管理相关的所有员工，统一思想认识，理解、领会资产管理体系建设的理念、工作模式和相关要求，使全体员工能够动态了解体系建设相关知识和内容。

2）专业培训。在全员宣贯培训基础上，面向与资产管理体系相关的各专业部门，使各专业熟悉和掌握新的业务流程及技术方法应用，确保资产全寿命周期管理各项管理要素及通用技术方法有效落地。

3）基层培训。组织各基层单位逐级开展资产管理体系培训，发放资产管理手册、应知应会手册等资料，开展知识普考及专题考试，确保资产管理体系的理念落实到实际的业务活动中去。

（2）多维度宣传。电网企业可在门户网站首页设置"资产全寿命周期管理"专栏，建立专题课堂、发布工作动态、发表各类工作报道，在相关媒体开展专题报道，在企业办公自动化系统（OA）发布工作日志、工作周报，全方位营造资产管理体系建设的氛围。

（二）管控机制

1. 通报机制

为更好地把握推广应用的进度和质量，电网企业应建立跟踪反馈机制，定期召开例会，跟进推广应用工作进度质量，及时沟通解决存在的问题，发布推广应用报告，发送给各部门、单位相关责任人。通过通报使各部门、单位人员及时了解推广应用工作的进度和问题，便于决策和调整，提升工作质量。

2. 沟通机制

为避免发生沟通低效或者反复沟通的情况，推广应用过程中可通过会议、白板等方式进行跨部门设计讨论，让每一个成员都清晰、直观地明白问题所在。对于特殊的业务问题，联系相关业务专家进行确认，确保问题的定位准确、措施得当以及闭环管理。

3. 监控机制

建立体系实施监控机制，通过项目管理工具，每天更新工作进度，及时掌握总体进度、部门（各单位）分项任务完成情况，全过程对体系工作进度实施持续性的跟进、反馈、调整，确保体系建设与运行有序开展。

第三章

规　划　计　划

规划计划是资产管理的源头阶段，规划计划阶段的电网规划、设备选型和设计方案对资产的运维成本、检修成本、设备寿命年限具有决定性影响。因此，在规划计划阶段应融入资产全寿命周期管理理念，制订适应社会经济发展、符合电网可持续发展的规划计划。规划计划主要包括电网规划、项目立项和投资计划三个业务环节。

第一节　概　　述

一、规划计划对资产全寿命周期管理的影响

电网规划是控制电网项目全寿命周期成本的关键环节，规划方案选择是否合理直接影响电网的安全性、可靠性，以及电网项目的建设成本、运行成本。

1. 对电网安全的影响

电网规划需要对规划年份、电力负荷的发展进行预测，并对负荷的构成及特性进行分析；提出相应的主系统网架方案，包括确定输电方式、选择电网电压、确定网络结构、确定变电站的布局和规模等；提出保证电压质量、系统安全稳定性的技术措施，包括稳定措施、无功补偿设备、调压装置限制以及其他特殊措施，确保电网的安全可靠。

2. 对建设、运维成本的影响

在规划阶段，确定变电站选址及定容、技术原则、投资估算等成果，将会对工程阶段的土地征收、工程设计、设备选型等产生决定性影响，进一步影响投产后的运维支出、设备损耗、风险预控，以及后续的变电站扩容等。因此，规划阶

段的质量直接影响着全寿命周期成本。

3. 对资产使用寿命的影响

电力设备使用寿命普遍较长，有些资产报废并不是它们已达到了设计寿命，或不能使用，而是由于规划的变更或新技术的出现。因此，在规划阶段，应充分考虑工程内部、工程之间以及更大范围的设备再利用，尽量使用已退役但可再利用的资产，在节约建设资金的同时，延长资产使用寿命。

二、资产管理规划计划准则

资产管理规划计划有很多新的内涵，为实现资产全寿命周期管理目标，必须构建资产全寿命周期管理规划计划准则，以此指导电网规划、项目立项和投资计划的技术和管理创新。资产管理规划计划准则包括：

1. 以统筹协调推进前瞻性规划计划

在满足国家和电力行业的有关政策、法律法规、技术标准和规程规范要求的前提下，按照资源配置最有效、能源消耗最低、环境代价最小、系统效益最优等原则开展规划计划，坚持电网规划与电网企业战略和城乡规划的协调发展，坚持电网与电源的统一规划，统筹发电、输电、变电、配电、用电和调度各个环节，促进资产全寿命周期管理各阶段的协调发展。

资产管理规划计划要立足现实，统筹兼顾现在和未来新能源、分布式电源等多元化负荷发展，远近结合、分步实施，适度超前、滚动调整，满足各类需求，形成能够在较长时间内指导电网企业资产管理的战略性行动纲领。

规划计划要充分考虑电网的扩容等因素，在规划计划时给电网的扩展留下接口，方便后续的电网扩展和资产的更新循环。

2. 以智能环保构建规划计划平台

运用"能源互联网"理念和"互联网＋"模式，构建友好、互动、开放的智能化服务平台，适应各类电源、负荷的灵活接入与互动需求。

依托特高压电网和智能配电网建设，应用新技术、新产品、新工艺，提高装备水平，推进节能降耗，推进智能化升级，为"能源互联网""互联网＋"发展提供有力支撑。

3. 以安全经济形成绿色规划

基于资产全寿命周期管理理念开展规划工作，构建强健有序、结构合理、安全可靠、经济高效的网架结构，确保电网规划与负荷、电源发展实际情况充分衔接。

电网规划不仅注重技术方法的优化和采购、建设、运维、检修成本的降低，还要考虑对环境保护、人性化管理等方面的影响，要经得起历史推敲。

4. 以服务优先改善规划设计

按照基本公共服务均等化要求，加强电网基础设施和普遍服务能力建设，统筹城乡、区域各级电网协调发展。加大城市配网建设和农村电网改造升级力度，消除电网薄弱环节，跟踪中心城镇和产业园区等经济热点，增加变电站布点和线路，解决局部供电能力不足问题，加强电网安全运行和应急管理，提高服务水平，进一步改善人民群众用电条件。

第二节 电 网 规 划

电网规划是电网发展和改造的总体计划，是基于资产策略，对规划方案进行技术经济、外部环境等综合分析，选取安全、效能、成本综合最优的规划方案的过程。电网规划是所在供电区域国民经济和社会发展的重要组成部分，同时也是电网企业自身长远发展的重要基础之一。电网规划的目标就是确保电网发展能适应、满足并适度超前于供电区域内的经济发展需求，并能发挥其对于电网建设、运行和供电保障的先导和决定作用。

一、业务流程管理

电网发展规划包括总体规划、专项规划和专题研究。其中，专项规划包括输电网、配电网、通信网、智能化的规划等；专题研究包括电力需求预测与负荷特性研究、能源电力流向研究、大型能源基地输电系统规划设计和特高压电网建设时序研究等。电网规划业务流程主要包括现状网络分析（规划区域划分、电力需求预测等）、电网规划改造技术原则确定、电网规划、投资估算等。电网规划业务流程如图 3-1 所示。

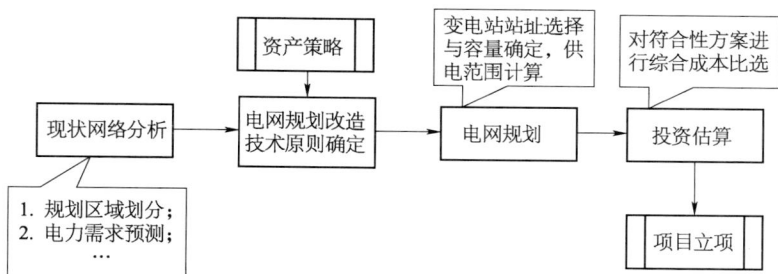

图 3-1　电网规划业务流程图

1. 现状网络分析

主要分析城市的功能定位、社会经济的发展情况、网络的布局以及负荷的分布现状。采用区间层次分析法，对现状网络进行综合评价，为近期电网建设项目提供定量数据支持，提高项目规划水平与资金的使用效率。

2. 电网规划改造技术原则确定

确定规划各分期的目标、电网结构的原则、供电设施的标准及技术原则，其中规划技术原则应具有一定的前瞻性、适应性和差异性。

3. 电网规划

规划新建变电站的站点位置、线路路径方案（通过科学计算校核，如潮流计算、$N-1$ 计算、短路电流计算等，必要时还应进行稳定计算校核）。进行多方案技术经济比较，确定分期末及各规划水平年的目标网架，编制电网现状及各分期末的城网规划地理接线图和潮流图。

配电网络的规划以现状网为依托，在此基础上结合未来变电站的建设以及负荷预测结果来进行。

4. 投资估算

根据电网建设规模估算项目的投资水平，确定各电压等级的投资规模，汇总各规划需要的年静态投资，形成电网规划总投资。

为了更好地了解规划项目建成后电网企业的经济状况和未来的运营趋势，应对规划项目的经济性进行评价，计算规划方案的重要财务指标，分析财务可行性。

二、组织协同管理

电网规划的重点是研究和制订电网的整体和长期发展目标，发电、输电、变电、配电工程的规划、设计、建设和改造都必须符合电网总体规划的要求。所以，电网规划既要处理好电网近期发展与长远目标网架、供电网络的关系，又要关注相对无限增长的用电需求与有限城市资源的关系。

从资产管理的角度而言，电网规划应处理好近期规划和中远期规划、总体规划与专项规划，以及各类专项规划之间的关系，统筹协调好各电压等级的电网发展。

1. 内部协同

统筹考虑调度、生产、营销、建设等相关专业对现状电网的意见，了解当前电网的薄弱环节和客户用电需求变化，有针对性地开展电网规划编制工作。通过系统设计、运行分析校核和电网裕度分析，加强电网规划设计和生产运行的衔接，通过电网规划闭环滚动调整和电网规划运行相互校核，提高电网规划的适应性。

强化规划设计理念，运用先进规划方法，按照统一技术架构，统筹功能设计，联合设计开发、统一部署实施的方式，搭建电网规划信息化支撑平台，建设贯穿电网企业、覆盖电网规划各项业务、统一完整的信息管理系统，支持企业电网管理业务的开展。电网企业可通过区域电网规划设计信息平台与其他相关业务系统的连接，实现资源共享和数据统一。

2. 外部协同

电网规划应主动衔接国民经济发展规划、城乡发展规划、土地利用规划等，将电网规划项目与各级规划相衔接，确保电网项目的合规性、合理性和可行性。

规划部门应充分征询各级政府发改、规划、国土、环保等职能部门对电网发展的意见，及时掌握政策的变化，准确把握区域内电力需求的增长水平，制订能适应、满足并适度超前于供电区域内的经济发展需求的电网规划。电网企业应主动协调，将电网规划纳入当地政府的城市总体规划和土地利用总体规划，并落实到控制性详细规划，协同政府规划部门、国土部门对电力通道和站址资源进行保护。

三、风险控制管理

规划部门应建立、维护专业资产风险信息库，对资产风险信息进行整理、审核、评价和排序。应用资产风险信息指导电网规划工作，运用资产风险评价理论和概率方法，将风险转化为费用，纳入规划方案比选等。通过考察资产风险管理的效果，提出改进措施，编制资产风险管理报告。

1. 电力需求风险

电力需求风险是指电力供需总体上处于紧平衡状态，用电高峰期间仍存在一定的缺口，部分区域在用电高峰时段矛盾较为突出的风险。

针对该风险，应运用多种方法和模型进行电力需求预测，综合考虑国民经济增长趋势、国家政策、城市规划、气候环境条件等因素，持续修正预测结果。

2. 政策调整风险

政策调整风险是指国家及地方政府的政策变化和调整给中远期电网规划带来一定的不确定因素。

针对该风险，电网企业应密切关注国家及地方政府相关能源政策、经济发展目标、电源规划、区外来电的边界条件变化，及时调整电网规划近、中远期目标，滚动修订电网规划。同时应考虑电网发展规划的内容是否符合相关法律法规最新要求，如规划项目建成后是否满足国家环保标准等。在电网发展规划的编制过程中充分与政府相关职能部门沟通，持续关注其相关要求。

第三节　项　目　立　项

电网企业基于电网规划对基建、技改、大修等资本性和成本性项目进行项目立项。结合电网规划进行多方案的 LCC 评估，不仅要考虑项目建设投资，还要对项目投入运行后的运维检修成本、使用寿命、安全可靠性等进行综合评估。

一、业务流程管理

项目立项主要包括项目建议书编制，项目建议书审核，项目可行性研究论证，可研报告编制、评审与批复，项目储备，可研方案评估选择等业务环节。电网企业根据资产管理要求，实现各环节业务流程的有机衔接。项目立项业务流程如图 3-2 所示。

1. 项目建议书编制

电网企业生产、调度、科技、安监等相关专业管理部门动态开展规划项目建

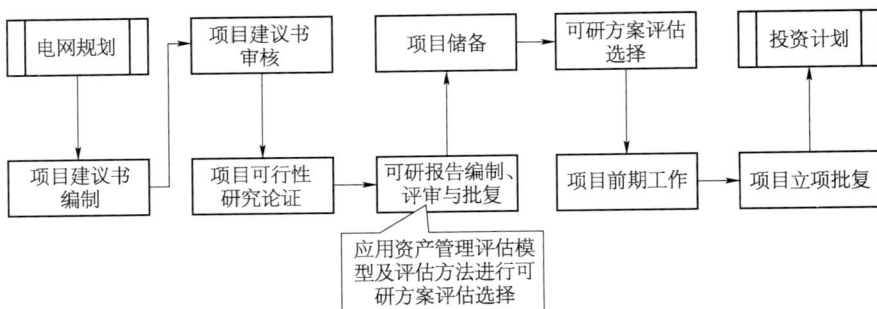

图 3-2　项目立项业务流程图

议书编制工作，以规划计划为依据，结合设备状态评价、安全性评价、安全大检查、专项隐患排查等工作，及时将符合技改原则的设备隐患项目化。

2. 项目建议书审核

项目建议书编制应符合企业规范和相关专业管理要求，电网企业相关职能部门汇总本单位储备项目建议书，根据各专业评审需求，统筹制订、下达项目建议书审核计划。审查内容主要包括项目名称、项目边界、内容要素、叙述、立项依据、电压等级、专业分类、规模、成效和关联设备等。

3. 项目可行性研究论证

项目可行性研究是从项目建设的社会、经济、技术等方面进行调研、分析和比较，综合论证项目实施的必要性、经济合理性、技术先进性与适应性等，从而为项目决策提供科学依据。可行性研究在投资项目决策中有着举足轻重的作用，是项目建设前期工作的重要内容和成果，是项目立项、评审、批复、调整和实施的重要依据。电网企业组织各专业专家在电网资产（设备）状态评估、资产风险评价、全寿命周期成本评价结果的基础上，对基建、技改、大修等资本性和成本性项目进行可行性研究论证。

4. 可行性研究报告（简称可研报告）编制、评审与批复

项目可研报告编制工作由电网企业委托具有相应资质的单位具体承担。可研报告原则上应达到初步设计深度，按照资产管理要求，通过安全、效能和 LCC 分析等，进行决策优化评价与方案论证。项目可研报告主要包括说明书（工程概述、项目必要性、项目技术方案、项目拟拆除设备处置意见、工程实施安排、工程造价分析等）、拟拆除设备清单、拟拆除设备评估鉴定表、主要设备材料清册表（满足采购招标要求）、投资估算书、图纸和其他相关资料。

明确审批管理流程，开展项目可研动态评审，制订项目评审计划，组织专业管理部门和财务部门开展项目可研评审。项目单位根据评审意见确定投资估算修编原则，提交项目可研审定稿，评审单位出具最终评审意见。

电网企业根据审批权限以文件方式对通过评审的项目进行可研批复，可研批复文件内容包括项目必要性、项目规模和投资估算等。

5. 项目储备

完成可研批复的项目录入项目储备库，储备库是指为科学合理安排年度技改投资计划，实现项目规划、计划与资金预算管理工作的有机衔接，加强项目投资计划管控，提前完成可研审批的项目库。储备库的项目须在全面评估的基础上按照轻重缓急进行评分（级）排序。

6. 可研方案评估选择

各专业管理部门采取定期抽查、集中审查的方式对储备库进行选择，运用资产管理评估模型对储备项目规范性、必要性、合理性和经济性进行可研方案评估选择。

7. 项目前期工作

项目可研方案评审合格后，开展项目前期工作。项目前期工作是指在项目核准之前所开展的相关工作，主要包括项目规划、用地、环境影响评价等专题评估报告的编制及各项支持性文件的落实，核准申请报告的编制及报送等工作。

8. 项目立项批复

项目核准申请提交后，按照管理权限，经政府主管部门或上级单位审核、批准后，即视为项目立项批复。

二、组织协同管理

项目立项前承电网规划，后接投资计划，储备项目以规划为指导，以项目可行性研究为依据，投资建议项目来源于项目储备库，按照轻重缓急按顺序立项。

1. 与评审单位的协同

各级项目评审单位处于项目立项工作的核心地位，项目前期可研工作开展的深度和准确性对于项目的顺利实施尤为重要，可行性研究报告是项目投资决策的重要依据，是电网项目建设前期工作的重要内容，为后期设计、采购、施工定下基本的原则和方向，同时也为签订设计、施工和监理合同，提供有力的数据支持和法律支撑。

2. 与需求部门的协同

电网企业调度、生产、营销、信息等专业部门提供相关设备基本信息、运行方式、存在问题等数据资料，参与项目可研报告的编制、评审。项目可研时需结合企业管理要求和日常运行中发现的问题，提升可行性研究报告编制质量。

3. 固化协同沟通成果

将沟通成果固化成可执行的流程和案例，确保协同成果有效应用。

（1）规范项目可研报告编制。通过梳理储备项目类型，确定电网基建项目及输电线路改造、综合自动化改造等技改项目可行性研究报告标准化示范案例，以及断路器改造、互感器改造等项目的建议书标准化示范案例。按照项目论证过程数据翔实、依据充分、必要性、可行性、规范性等要求，选取编制质量较高且具备示范价值的项目可研报告加以完善并作为范例，引领项目编制单位规范项目可研报告编制工作。

（2）完善项目审批管理模式。电网企业委托评审单位建立项目评审专家库，专家库覆盖企业所有涉及专业，包括项目建设和生产技术及工程造价等专业人员。项目评审时可以根据项目特点，抽取项目评审专家，分门别类对项目必要性、可行性和技术方案进行评审；也可成立项目技经评审组，核定项目工程量和工程投资，明确取费标准，深化项目安全、效能和运行成本等比对，提高评审质量和效率。通过建立分级、有序的项目审批管理模式，促进项目审批质量的提高。

（3）优化项目可研报告动态评审。电网企业根据资产管理需求，建立可研报告评审规范化流程，定期编制评审计划、分级组织可研报告评审、下达可研报告批复文件，优化项目可研报告动态评审，均衡开展可研报告编制评审工作。

（4）建立一体化招标模式。因可研报告编制工作的开展先于项目立项，项目可研招标可采用框架招标方式，采用费率报价方式，可研报告编制费用纳入项目前期费用中支出，在项目的招标文件中明确相应的咨询资质和设计资质，以提高可研报告编制的质量。

三、风险控制管理

1. 技术标准不统一风险

项目立项不够严谨，技术标准不统一的状况时有发生。

如针对技改项目立项中的风险，电网企业应以设备状态综合评价为基础，以资产管理综合最优为目标，以技术进步为先导，组织制订技改原则，统一指导生产技改大修项目储备、立项过程。电网企业技改原则一般包括输电、变电、配电、调度、通信、自动化、二次七类设备，每年根据设备、专业管理要求动态修订完善。

2. 项目可研论证不足风险

项目立项前，可研论证未能充分结合专业管理的关注点，项目的必要性、项目实施方案等内容论证不充分，项目针对性、有效性差，解决突出矛盾问题不明显。

针对该风险，应发挥电网企业生产专业在项目储备工作中的指导引领作用，通过编制项目需求清单，将项目可研审查的关口前移，从专业层面明确立项的方向和重点，将专业管理要求落实到可研报告中，提高可研报告编制的针对性和有效性，从源头把控项目制订方向，提高设备在全寿命周期运维阶段的综合效益。

第四节 投 资 计 划

投资计划是以电网企业发展战略和规划为指导，在对市场、环境、发展和经营等形势综合分析的基础上，对主要计划指标进行综合平衡和优化，形成企业年度计划目标和实施方案。投资计划管理是推动企业集团化运作、集约化发展、精益化管理和标准化建设的重要手段，是企业战略目标及发展规划顺利实施的重要保障，是促进企业从条块分割向集团化运作转变、从资源分散向优化配置转变，提高企业控制力的重要抓手。年度投资计划一般由规划部门负责，包括编制、执行、调整、考核（考评）全过程闭环管理，是电网企业管理的重要内容之一。

一、业务流程管理

1. 业务流程

投资计划主要是围绕企业经营状况与发展规划，在历年年度计划和预算实际执行的基础上，综合平衡各类项目的资金需求，对基建、技改、检修、维护等各类项目做出综合决策和项目整合，形成企业层面统一的年度投资计划。投资计划业务流程如图 3-3 所示。

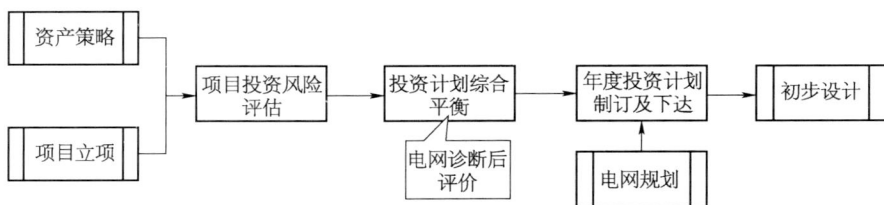

图 3-3　投资计划业务流程图

（1）项目投资风险评估。通过定性和定量相结合的方式，对项目投资的风险进行全面的分析评价，主要是依据资产策略，对基建、技改、大修、小型基建、营销等各类项目进行投资风险评估。

（2）投资计划综合平衡。投资计划综合平衡是根据项目投资风险评估的结论，综合平衡各类项目的资金需求，比较不同投资方案，确定整体投资方案。

（3）年度投资计划制订及下达。根据确定的整体投资方案，依据电网规划，完成年度投资计划的制订及下达。投资计划是经审定（审议）通过的年度实施计划，是企业生产经营活动的重要指导，是项目实施的重要依据。对于电网企业来说，年度投资计划主要包括固定资产投资、营销投入、信息化投入等，如图 3-4所示。

2. 管理模式

计划管理可分为组织维度、空间维度和时间维度。

组织维度：分为计划编制、执行管控、计划调整、考核考评，形成闭环管理。

空间维度：分为集团总部、省级公司和地市级公司。集团总部作为决策中心和控制中心，省级公司作为责任中心和执行中心，地市级公司作为保证中心和作业中心。

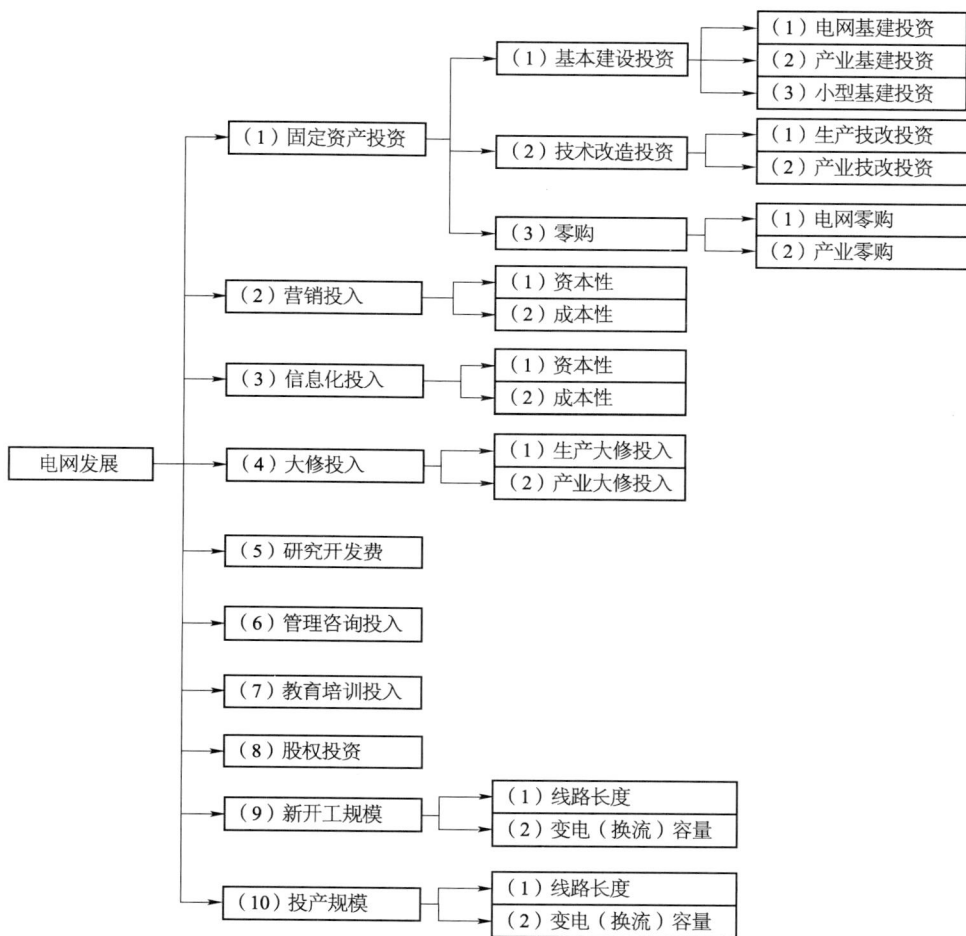

图 3-4 电网企业年度投资计划示意图

时间维度：分为月度、季度和年度。

计划管理模式三维结构如图 3-5 所示。

3. 计划编制

根据对电网企业内外部经营形势的判断，规划部门会同专业部门编制下一年度计划安排的主要原则、总控目标建议，编制企业计划建议，并经审定后发布。

各专业部门按照总控目标，结合企业计划建议及专业发展需要，编制专项计划建议，纳入计划。经过综合平衡，反复优化，形成下一年度企业计划。

各专项项目计划承接企业规划、电网规划以及各专项规划。计划管理实行三年计划或两年计划编制、项目储备、年度投资计划编制的流程。电网基建项目编

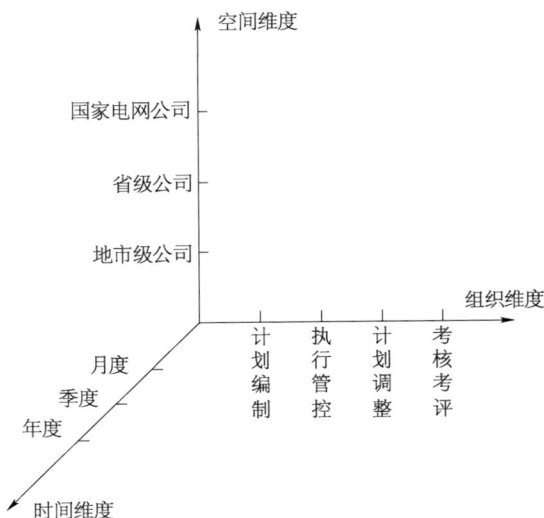

图 3-5　计划管理模式三维结构图

制三年建设计划，其他专项项目编制两年计划。年度投资计划（资金计划）根据三年计划和两年计划编制。年度投资计划纳入综合计划管理，项目资金支出纳入企业全面预算管理。未纳入规划的项目，一般不列入三年计划和两年计划。未列入三年计划和两年计划的项目，一般不进行项目可研，不列入储备项目。未列入储备的项目一般不安排年度计划。未列入年度计划或未经审批的计划外项目，不列入预算安排资金，不采购物资，不开工建设。

4. 项目储备

专业管理部门根据项目管理要求，编写设备、电网运行等相关运行分析报告，并对年度项目需求、项目储备、项目申报、项目实施、项目验收以及结算转资等全过程负责。从项目需求储备阶段入手，通过强化需求、方案、可研、核准、设计、评审、招标、供货、开工、施工、竣工、投资完成、资金发生和转资等流程管控与考核，确保项目质量，保证投资的针对性和有效性，合理规避投资风险。各专业管理部门按项目立项导则要求，确保项目的必要性、可行性、针对性和有效性，确保项目储备的超前、精准和到位。在项目储备阶段，切实提高项目储备的深度，确保项目招标、施工和验收等环节的顺利进行。常态化开展储备项目评审，采用"专业内部评审＋企业专家评审"的分级评审形式，评审储备项目与专业规划、电网规划及其他各类别项目的衔接度，保证项目的科学性、必要性和可实施性，确保储备项目实施的有效性。

二、组织协同管理

投资计划是从各专业管理部门的项目储备库中引入符合条件的项目，进行项目基本信息管理，财务部门提出预算建议，支撑年度计划、综合计划、开工申请，谋划工作的正常开展。

规划部门是投资计划管理的归口管理部门，各相关部门是投资管理的专业管理部门，根据职责分工开展主管项目的立项和实施工作。

财务部门负责测算企业年度投资能力，提出年度预算控制建议，与规划部门共同开展年度投资计划的综合平衡。

各相关项目管理单位负责各下属企业上报的计划建议的审核，并开展本专业的专项计划和调整计划建议的编制。

按照电网企业战略、企业规划、电网建设规划，结合内外部环境，兼顾发展需求和发展能力，运用资产管理理念，规划、财务和项目管理部门共同协同，对年度计划编制、执行、调整、考核进行全程管控和监督，强化流程管控与考核，实现投资项目合理计划、精益执行、科学管控，充分发挥计划对资源的统筹协调作用。通过投资的优化平衡，实现电网企业协调发展，保证投资的针对性和有效性，合理规避投资风险，实现精准投资。

三、风险控制管理

1. 项目新开工管理风险

电网建设项目实行新开工管理，因项目工期和建设协调等因素，存在虚报项目开工、未列入计划的项目新开工和未满足新开工条件的项目开展建设等风险。

针对该风险，电网建设项目应及时上报开工申请，开工申请应包含项目的基本情况、项目建设的紧迫性、开工条件的落实情况等内容。对于为特殊电网用户供电而建设的电网项目，还要特别说明用户项目的建设进度和预计投产时间等情况。

2. 项目执行和建设成本风险

电网企业发展内外部环境复杂，项目在全寿命周期范围内必然遇到诸多问题。

在项目实施阶段，由于政府规划调整、环保问题和公众维权意识增强、物资供应困难等因素的影响，在项目执行过程中会出现不能按照原定计划实施的情况，实际执行和计划存在偏差，给项目建设带来风险。

针对该风险，电网企业应及时对项目实际进度、项目进度预付款情况与投资计划进行分析对比，确保年度投资计划执行情况的有效监控。

第四章

采 购 建 设

采购建设是资产的形成阶段，物资采购、工程建设的质量控制关系到资产的安全效能和运维成本，是资产发挥预期效益的基础。基于源头控制的思路，采购建设阶段应充分运用资产管理理念及技术方法，有效支撑资产和资产集安全、效能、成本的综合最优。采购建设阶段主要包括初步设计、物资采购、工程建设、投运转资四项业务。

第一节　概　　述

一、采购建设对资产全寿命周期管理的影响

采购建设是资产全寿命周期管理中成本投入比较集中的阶段，其成效直接关系到资产的成本和运营绩效。

1. 对运维检修和退役处置影响大

在采购建设阶段，初步设计决定了电网工程的功能、技术指标、建设成本与进度，也影响着电网设备运行阶段的维护检修成本、安全性、可靠性，以及退役处置阶段的处置成本和再利用价值。

工程建设质量是设备运维检修能耗和费用的重要影响因素，也会对退役处置成本和再利用价值产生影响。采用基于LCC的项目成本管理方法，不仅对工程建设成本，而且对运维检修和退役处置成本进行全寿命周期综合考虑和优化。

2. 全寿命周期成本最小化的关键

初步设计、物资采购和工程建设是全寿命周期成本最小化和资产全寿命周期管理的关键环节，设备全寿命周期成本很大一部分都发生在这些业务环节中。采

用基于 LCC 的三维物资分类模型的采购策略,考虑设备全寿命周期内总成本最小化,包括设计、安装、运行、维修、改造、更新、退役（包括报废、二次使用或转为备品备件）全过程的相关费用。

二、资产全寿命周期管理采购建设准则

1. 初步设计准则

资产全寿命周期管理设计要求主要体现在设计准则上。运用资产全寿命周期管理理论和方法进行初步设计的整体优化,使资产在系统、设备和技术等各方面达到资产全寿命周期管理目标。

安全性和可靠性是电网设备的最基本要求。安全性是指电网资产在全寿命周期内正常运行不发生异常情况及事故,在雨雪、大风等恶劣条件下能够保持安全稳定运行。可靠性最基本的要求是电网资产在运行时完成设计要求的功能。

初步设计还要考虑绿色设计,资源节约、环境保护,实现少排污、可循环的生产模式,使电网资产在施工和运维检修中能够有效减少对自然和人文环境的不利影响。

考虑资产在运行中运行维护的方便性。例如总平面布置应考虑运维检修的需求,设置运维检修通道;设备出现问题可诊断,易修复,材料和部件易更换等。

2. 物资采购准则

坚持"质量优先、价格合理、诚信共赢"的采购原则,物资采购时不仅要考虑报价,还要考虑物资运输中的能耗、原材料消耗、运维费用和检修费用指标。采用合适的采购策略,用 LCC 方法进行招标,关注采购资产的设计选型和性价比,及单体设备成本分析。

3. 工程建设准则

严格执行施工质量标准,规范工艺、工序。采用标准构件,合理安排施工顺序,规范施工工艺标准,降低工程施工风险,创建精品工程。

规范现场安装工艺,安装工艺对资产的运维检修成本影响很大。通过科学、合理的施工组织,选择最适宜的、种类、数量和效率最匹配的设备,达到高效率、低能耗施工。

加强工程的安全管理,在保证质量和安全的前提下,最大限度减少对环境的

负面影响，做到清洁施工和环保施工。

贯彻"4R"建设理念，即 Reduce（减少），减少对环境的污染；Reuse（再使用），尽量多次使用和重复利用自然资源；Recycle（回收），指对建筑垃圾进行回收利用，减少向环境的排放，考虑施工材料的可回收性；Repair（修复），指尽量修复使用材料、构件和设备，减少浪费。

第二节　初　步　设　计

初步设计是工程建设的灵魂，设计方案不仅决定着电网工程的功能、技术指标、建设成本与进度，也影响着电网工程运行阶段的运行维护检修成本、安全性、可靠性，以及退役处置阶段的处置成本和再利用价值。因此，初步设计对电网工程全寿命周期管理目标起决定性作用。在设计阶段引入资产全寿命周期管理理念，电网工程在工程前期就立足于"全寿命"，能有效避免设计阶段可能发生的"短期行为"。

一、业务流程管理

初步设计阶段主要是依据项目立项批复、相关设计规范规定、项目内外部资料等，完成系列初步设计文件的编制、审核及批复等。初步设计业务流程如图 4-1 所示。

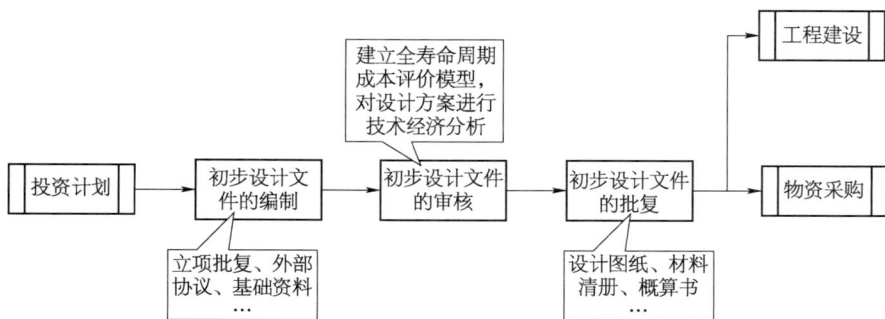

图 4-1　初步设计业务流程图

初步设计阶段的主要工作流程包括初步设计文件的编制、审核及批复。秉承"长久安全、坚固耐用、方案最优、经济合理"的设计理念，通过编制设计策划，推进设计质量管理关口前移,确保初步设计深度和前瞻性,实施全过程精益化管理。

初步设计文件编制是一项重要复杂的工作,不仅涉及与前后工作的衔接,还需要内部各专业之间的协同配合,实现工程各类设备、建筑之间功能和寿命的优化匹配,电气与土建、电气与线路、线路与土建等主要专业之间的匹配。

初步设计文件审核和批复是对设计成果的逐级审查与批准,初步设计的成果能够达到设计方案确定、主要设备材料确定、土地征用、建设投资管理、施工图设计的编制、施工准备和生产准备、科技创新成果推广应用等深度要求。设计文件的评审依据不同电压等级由相应评审单位负责,批复依据不同电压等级由项目法人负责批复。通过对工程建设各阶段对 LCC 的影响规律的研究发现,项目前期工作对 LCC 的影响较大,初步设计阶段对电网工程 LCC 的影响度最高可达 95%。初步设计是电网工程 LCC 优化的一个重要阶段,初步设计文件是工程项目后续阶段(采购、施工、调试、移交、运维)的重要依据,初步设计对进度、质量控制、项目费用起决定性作用。

设计阶段对成本的管控包含设计方案的合理性、可行性,概算不能超过投资估算(部分规定概算控制在投资估算的 ±10%内)。提高设计质量,避免因设计而造成的重大变更、停工、返工等现象,通过优化设计降低资产全寿命周期内的运维成本。

二、组织协同管理

初步设计在业务链中的位置决定了设计单位在初步设计阶段处于各方沟通协调的核心地位,设计单位梳理各方需求,开展项目设计策划,推进设计质量管理关口前移,将资产全寿命周期管理的理念贯穿设计全过程。设计单位与其他单位(部门)协作关系如图 4-2 所示。

1. 充分理解、实现业主意图

设计单位接受业主委托,签订设计合同,依据业主提供的资料完成初步设计,设计单位与业主的沟通深度,将直接影响到初步设计的效果。

在初步设计开展前业主将项目管理策划文件、工程项目进度实施计划等文件提供给设计单位,使设计单位充分了解业主意图。设计单位尽可能获得完整、全面、准确的设计依据性资料,并在收资完成后进行资料验证,对存疑资料主动与

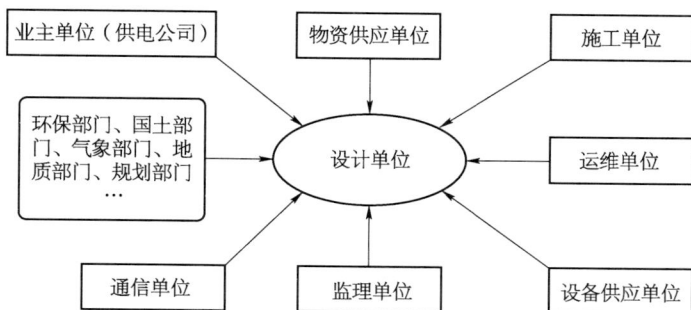

图 4-2 设计单位与其他单位（部门）协作关系图

业主沟通，必要时与第一手资料验证，确保设计输入的准确性。

2. 获得外部许可条件

政府相关部门的许可文件是初步设计的重要依据，如用地红线、线路选线意见书、规划许可、洪涝水位分析报告、地质勘探报告、矿产文物情况、环境影响评价报告、征地赔偿等支撑性材料，设计单位协助业主获得必要的许可，确保设计输入的完整性。

3. 充分考虑后期施工的可行性

初步设计方案基本确定了项目后期的施工方式，设计单位在设计过程中及时与业主沟通，充分考虑现场施工的便利性和通用性，以避免施工过程中出现大量的设计变更。设计中应尽量使用预制构件等，通过工厂生产预制、现场安装来建设，以满足建筑工业化的要求。

4. 考虑后期运维检修的便利性

电网企业资产不同于常规资产，从安装投运开始，在运行过程中需对其进行必要的维护与检修，运维与检修费用占项目 LCC 比例较大，因此在设计阶段必须充分考虑建（构）筑物、电气设备的维护、检修便利性。如设置合理的维护通道，以保证人员、车辆、机械设备在运维检修时可以靠近设备进行相关操作。

5. 综合考虑设备、物资采购情况

电网企业项目具有部分电力设备、物资不可替代的特殊性，尤其是当前大量存在的改扩建项目，在与已建成项目衔接时易导致设备与物资的选择受限。初设阶段土建、电气专业应充分了解前期设备参数，提出符合项目需求的新设备的技术要求，确保新旧设备以及电气与土建之间的有效衔接。

三、风险控制管理

初步设计处于工程建设的前期阶段，对项目的全寿命周期管理影响较大，具有较强的计划性和不可预见性，风险管控显得尤为重要。

1. 设计输入资料的准确性及完整性风险

设计输入资料是初步设计的基石，资料输入得不准确，易造成设计错误或深度不够。如对地质情况勘测不全面或者勘测错误，会影响建（构）筑物、设备基础的设计。设计任务书是设计依据的基础文件，但是部分项目设计任务书条款简单、可执行性差。而且工程设计合同签订不规范，工程设计合同内容和条款不合理、不严密、不完整或不明确，无法对设计质量进行有效约定，导致设计方案无法满足业主的质量要求。

针对该风险，设计单位应与业主细化设计任务书与设计合同，明确权责分配、明确设计任务等，或者采用统一合同范本。设计单位在收资时，应积极与业主沟通，获取基础资料后，将基础资料与其他资料和项目现场进行逐一核对，确保资料的完整性和准确性。

2. 工程设计变更风险

设计变更风险是设计单位面临的最大风险，也是其努力规避的风险，电网企业通常会严格考核设计变更行为。设计变更不仅影响设计单位的信誉，同时也会引起项目停工、返工，进而造成重大经济损失。

针对该风险，设计单位应在进行初步设计时，对工程现场勘察要全面到位，同时要深化、细化设计方案，对设计技术方案进行优化比选，最大限度增加设计方案可行性、减少设计变更。业主应组织相关部门参与设计方案评审环节，充分征求各相关专业部门意见和建议，协调各专业间技术要求的衔接与落实。

3. 工程设计质量风险

设计质量风险是指由于设计人员设计水平不足等导致设计中发生错误、遗漏的风险。

针对该风险，设计单位应及时梳理工程初步设计、设计评审等环节中的常见问题和设计通病，分析原因、制订针对性防治措施，形成工程设计"常见病"案例清册，定期对设计人员进行培训。对于交叉跨越、占用运行线路路径、重要改扩建工程、模块化建设、机械化施工等关键技术方案，应开展专项设计，确保设计方案切实可行。

───────── 延伸阅读 ─────────

立足资产全寿命周期设计理念的变电站初期主接线比选

　　将资产全寿命周期管理理念引入变电站设计环节，能有效避免设计阶段可能发生的短期行为，使设计从项目伊始就立足于变电站工程的全寿命周期，考虑变电站工程全寿命的成本最优、精益建设、环境友好、资源集约利用等因素，提出具有良好经济效益和社会效益的变电站工程最佳设计方案。现以某 500kV 变电站设计为例，说明资产全寿命周期管理理念在 500kV 变电站初期电气主接线方式选择中的应用。

　　该 500kV 变电站初期 500kV 出线 2 回，主变压器 1 台，元件数为"2 线 1 变"，2 线来自同一电源点。兼顾可靠、灵活、节约和便于扩建等要素，对 500kV 初期主接线提出 3 种方案进行比较，分别为：

　　（1）方案 1，线路—变压器组接线（2 台断路器）；

　　（2）方案 2，三角形接线（3 台断路器）；

　　（3）方案 3，3/2 断路器接线（5 台断路器）。

　　考虑其适用性与协调性，对初期主接线进行分析选择时，主要从可靠性与安全性、全寿命周期成本最优等方面进行研究。

　　可靠性是指变电站在运营时不发生故障；安全性是指变电站在运营时不发生事故。通过定性与定量分析，方案 1 的主变压器停运时间较短，方案 2、3 较长。方案 1 停运率较低，因此方案 1 主变压器供电可靠性较高，方案 3 次之，方案 2 较差。

　　全寿命周期成本是指为获得大型系统以及系统整个运行寿命周期所消耗的总成本，包括开发购置、使用、保障和报废等费用。而相同的资金量在不同的时间点投入，投资越晚，其净现值越小，全寿命周期成本也就越低。因此，从资产全寿命周期的角度考虑，在保证实现"可靠、灵活"功能的同时，尽可能地降低成本，本期的主接线方案将直接影响到 500kV 配电装置的价值实现。

500kV 变电站初期 3 种电气主接线方案，在"十二五"末期扩建后均达到相同接线，但初期投资各异。通过对 3 种方案进行经济比较，方案 1 接线初期工程的投资最省，方案 3 接线初期工程的投资最大。方案 1 比方案 3 初期投资节省 1088 万元。

按照系统规划远景建设方案，"十二五"末期扩建过江 1、2 线，与本期建设间隔约 5 年以上，经估算，方案 1 投资现值比方案 3 节省约 342 万元，且从资产全寿命周期的角度考虑，在保证实现可靠、灵活、便于扩建等功能时，应尽可能降低初期投资成本。因此，初期 500kV 电气主接线推荐采用方案 1 线路—变压器组（2 台断路器）接线方案。

500kV 变电站初期主接线选择时，应重点在可靠性与安全性、可扩展性、全寿命周期成本最优等方面，对主接线各方案进行比选。所选方案的初期投资应最少、主变压器供电可靠性应最高、全寿命周期成本应最优。

第三节 物 资 采 购

物资采购管理的核心业务是为电网企业承担物资招标采购、库存管理和供应商管理等工作，是以物资需求计划、采购实施、资金支付和物资储备为主要内容的专业化管理，保证企业物资采购和库存的合理使用。基于项目物资需求，按照物资全流程管理要求，将物资采购纳入资产全寿命周期管理中统一考虑，在评标过程中考虑供应商评估结果，引入 LCC 评标方法，利用信息平台实现物资的统一采购、储备及配送。

一、业务流程管理

电网物资采购管理主要包括物资需求计划、采购管理、合同管理、质量监督管理、配送管理、仓储管理、废旧物资处置管理和供应商关系管理等管理工作。

物资采购业务流程，如图 4－3 所示。

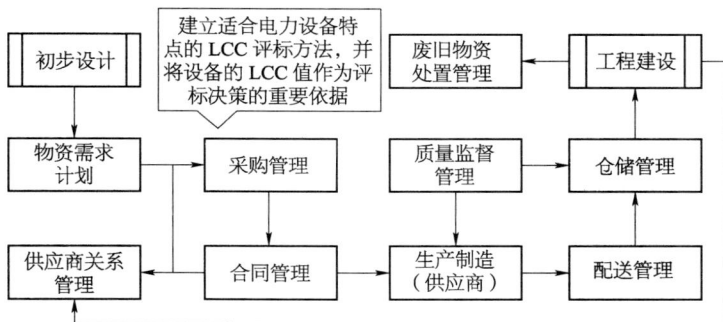

图 4－3 物资采购业务流程图

物资需求计划包括物资、工程以及服务的需求和采购计划，其中物资需求计划含年度物资需求计划、批次物资需求计划和批次外物资需求计划等，物资需求计划经综合平衡或者平衡利库后形成相应的物资采购计划。计划管理包括物资、工程以及服务的需求计划、采购计划、集中采购目录、采购资金计划、计划考评和统计分析等管理工作。基于物资计划管理统一申报平台，强化集中采购目录和批次计划管理，覆盖所有采购需求，规范采购策略，加强计划准确性、全面考核，确保物资计划刚性管理。

采购管理包括物资、服务的采购管理。采购方式包括招标采购和非招标采购两种，采购工作按照国家有关法律、法规、规章和企业相关管理规定，结合物资专业特点，采用批次招标、协议库存采购、电商化采购等具体组织形式，确保采购工作的质量和效益效率。

合同管理是指物资合同签订、履约、变更、结算和归档等全过程的管理工作。物资合同按照电网企业统一合同文本与招标采购结果，通过电子商务平台（ECP）和经济法律管理业务应用系统签订，合同签订应严格遵循招标采购结果。

质量监督管理是指按照设备全寿命周期管理要求，从设备材料选型、招标采购、生产制造、安装调试、运行维护到退役处置全过程进行监督管控。主要采取监造和抽检方式，开展物资质量监督管理工作。物资监造主要包括驻厂监造、关键点见证。物资抽检包括到货物资抽检和在库物资抽检等。

配送管理是指按照项目性质和物资品类特性，将物资配送至需求方的过程管理。通过电网的企业统一物资配送网络，采取供应商配送、自有资源配送、第三方配送或者需求方自提等方式进行物资配送。

仓储管理包括仓储体系的建设与管理，以及库存物资的管理。电网企业仓储体系以中心库为中心、周转库为枢纽、仓储点为支撑。库存物资实行"一本账"管理，有效提高库存物资周转效率。

废旧物资处置管理是指废旧物资的实物移交、存储、销售和资金回收等业务管理以及物资退运再利用管理工作。废旧物资包括已办理固定资产报废手续的物资、已办理流动资产报废手续的库存物资、已办理非固定资产报废手续且属于列卡登记的低值易耗品、废弃材料以及零配件等。报废物资处置统一纳入 ECP 集中实施网上竞价。

供应商关系管理主要包括供应商资质能力核实、绩效评价、不良行为处理、分类分级管理和服务等工作。物资管理部门应组织收集供应商信息，建立供应商信息库，实现信息共享，为招标采购提供信息支持，建立供应商评估指标，对供应商进行资质能力核实，对供应商产品质量、供货进度、服务保障等方面进行全过程、全方位绩效评价。

二、组织协同管理

物资采购管理是电网工程项目顺利开展、电网安全稳定运行的保障。物资各需求部门之间纵向有效沟通，各专业管理部门、项目管理部门、物资需求部门、设计单位横向高效协同，发挥各层级组织的管理能力和专业水平，不断促进物资采购管理规范化，提高物资采购管理水平。

1. 计划管理协同

规划部门、项目管理部门、物资部门保持密切沟通，共同开展项目初步设计评审，设计单位应根据实际库存情况做到"按物设计"，为盘活利库、消减积压物资奠定良好基础。

物资部门会同项目需求部门，按照电网项目典型设计方案，明确物资计划是否符合上报条件，同时审查基建项目是否已列入年度综合计划，是否已有可研批复及核准文号，避免误报、漏报、重复报计划等情况的发生，进一步提高项目计划上报的准确性。

物资需求预测涉及企业多个专业管理部门、项目需求部门，各部门通力配合，方能保证需求预测规范、合理。物资部门提供物料明细，协同项目管理部门和技术部门执行标准和技术规范；各需求部门结合年度综合计划、财务预算安排、项目储备情况等开展物资需求预测。物资部门统计物料历史使用数据，结合投资变化情况，与预测期内需求数据进行比对，最终确定合理的需求预测计划。

2. 招标采购协同

物资采购过程中，物资部门协同项目管理部门和法律部门，拟定采购计划、招标文件，合理选择采购方式及采购策略，监控采购过程，减少采购风险，提高采购质量，降低采购成本，高效、安全地完成采购业务。

设立物资采购招投标工作领导小组，由企业领导任领导小组组长，成员分别由招投标管理、项目管理、专业技术、安监以及法律、监察等部门负责人组成。领导小组是招投标工作的唯一领导机构，负责指导和监督企业贯彻执行国家有关招标投标的法律、法规、规章以及企业有关规定，决定招标工作中的重大事项。招投标工作领导小组下设领导小组办公室，办公室设在招投标管理部门，负责领导小组相应的日常工作。

组建评标专家库，用于组建评标委员会，评标委员会下设商务评标小组、技术评标小组。专业技术管理部门为招标活动提供专业技术支持；项目管理部门或者项目单位负责提出项目招标需求，提供规范的招标技术文件；法律部门为招标活动提供法律支持和保障；在评标活动结束后，审计部门在后续工程审计或其他审计活动对企业招标活动进行审计监督，出具监督报告。

3. 物资供应协同

物资供应过程中，物资部门协同项目需求单位、监理单位，在物资生产过程及仓储过程中进行质量监督，合理安排驻厂监造、飞行检查、随机抽检、出厂验收；负责处理采购与履约过程中出现的技术问题；参与物资接收、验收，签发验收报告，确保物资质量安全；协同项目单位、供应商确认供应计划、协调物资发货、组织物资验收等，保障物资及时供应。

物资部门协同项目单位跟踪供应商实际生产进度，判断能否满足项目施工进度要求。对于可能影响供货进度的情况，可采取"电话沟通、函件催交、约谈、驻厂催交、生产巡查、召开专题供应协调会、通报"等形式进行处理。根据供应商生产进度确定物资供应时间计划，组织相关方协调现场接货事宜，物资到货并现场移交后，签署现场物资到货验收单。物资部门、项目单位应协同供应商开展安装调试及启动投运工作。质保期间、设备如出现故障，物资部门协助建设管理单位、运维单位协调供应商进行修复。

4. 供应商评价协同

物资部门协同需求部门、施工单位等对供应商的产品质量、合同履约和售后服务等情况进行全面、客观、准确的评价，评价结果作为招标采购工作的重要参考依据。通过梳理整合设备全寿命周期内的质量信息和履约评价信息，及时将发现的问题、时间、频次等明细信息推送给对应供应商，帮助供应商发现问题，促进质量提升。

三、风险控制管理

物资采购涉及物资计划、采购、物资合同、物资质量监督、仓储、应急物资、废旧物资处置和供应商关系管理等内容，涉及风险点较多，是风险防范和管控的重点。电网企业应深入分析物资采购过程，梳理实际工作中可能存在的风险，研究制订出防范措施。

1. 需求预测偏差风险

在物资采购过程中，存在物资年度需求预测不准确，未能合理安排采购批次，临时新增需求过多，无法按时完成相应采购任务的风险。

针对该风险，物资部门应结合历史采购情况，建立科学的年度协议库存及超市化采购需求预测模型，提高需求预测的准确性。组织年度需求计划会审工作，邀请项目主管部门、项目单位参加，动态调整年度需求计划。项目管理部门、项目单位应参与年度需求计划编制与审核工作，及时向物资部门通报相关项目动态信息。

2. 标包划分不合理风险

标包划分时未充分考虑货物或服务的种类、潜在投标人数量、供货及履约能力等因素，引发投标人不正当竞争、投标人过少造成流标，或因中标供应商产能不足，无法按时交货，引起争议纠纷，影响物资及时供应。

针对该风险，物资部门应建立完善的供应商管控机制，准确掌握需用货物或服务的市场动态。充分考虑项目性质、潜在投标人数量、供货及履约能力等因素合理划分标包，并将其纳入招标文件审查范围。

3. 评标信息泄密风险

未针对评标信息系统采取有效防范措施，使其遭受网络攻击，造成评标保密信息从信息系统泄露。评标过程中，专家用以计算和记录的资料，回收不规范而导致技术信息泄露等商业机密风险，容易引起供应商投诉质疑和社会舆论关注。

针对该风险，评标现场使用的无线网络系统应采取有效措施防止外部入侵窃取或修改评标信息。会议文件及资料应按相关规定进行回收，监督人员在评标结束后对现场进行检查。回收资料应统一销毁。

4. 合同签订内容变更风险

因前期招标需求计划申报不准确或其他等原因，需对招投标文件中如技术规范、供货范围、交货期等实质性内容提出变更，造成实质性条款与招标结果不符，引起对合同内容合法性的质疑，影响物资及时供应。由此发生合同争议诉讼时难以维护自身合法权益，若处理不当容易引发供应商投诉和社会舆论关注。

针对该风险，物资部门应组织相关部门加大在招标环节对招投标文件的审查力度，确保中标结果和实际需求相符。在合同签订环节严格根据中标结果进行合同签订。加强对合同经办人员的廉洁教育，增强防范意识，对发现的违法违纪行为严肃按规定处理。如确需变更技术规范，项目管理部门应经法律、物资部门审核同意，与供应商协商达成一致，签订补充协议。

四、全寿命周期成本评价方法在物资招投标中的应用

（一）背景

电网企业的主要职能是通过输电、变电、配电等环节将电能供应到用户。电力设备是完成能量转化及传输的关键因素，其选型的合理性直接关系到后期设备的运维成本以及设备运行的可靠性，其初始投资在全寿命周期成本中占有较大比重。

传统的物资招投标一般采用最低价中标或综合评标中标。随着电网企业资产管理要求不断提升，这些传统的招投标策略已无法满足资产全寿命周期内安全、

效能、成本综合最优的要求。电网企业在设备采购中，不仅要考虑物资的购置价格，更要考虑设备在整个寿命周期内的附加成本，包括设计、安装、运行、维修、改造、更新直至报废全过程的相关费用。

（二）具体做法

全寿命周期成本评价方法基于 LCC 理论，研究资产在设计、制造、购置、安装、运行、维修、改造、更新，直至报废的全过程成本数据，构建设备招标采购的 LCC 模型，确定 LCC 评价关键因素，明确适用的物资类别，修订相关的招标文件和评标策略等内容。

1. 确定适用 LCC 招标策略的设备类型

应用 LCC 招标的设备应至少符合以下条件之一：

（1）设备运行及检修的总费用在全寿命周期成本中占比较高；

（2）设备发生故障时，会造成较大的损失或影响；

（3）制造厂商有能力提供多种改进设计方案，减少 LCC 总体成本；

（4）能够在设备投入运行后一定时间内，对其 LCC 成本进行记录及核算。

2. 建立 LCC 招标模型

由于运行、维护、退役及设备失效引起的成本与初始投资成本的关系是非线性的，不同的设备类型间也表现为不同的比例关系，因此，选择最低的初始投资是不科学的。电网企业在招标过程中，应综合考虑设备整个寿命周期费用，运用失效机理及概率分析，使用净现值法来计算全寿命周期成本，找到最优值。

建立 LCC 招标模型的核心内容就是对设备或系统的 LCC 成本进行分析计算，并以量化值进行决策。

LCC 招标采购计算模型及成本构成，详见本书第二章第三节"基础理论和方法"中"基础技术方法"中全寿命周期成本方法的内容。

3. 准备招标书

在设备采购中实行 LCC 管理实际上是采购方和供应商的互动博弈。采购方不仅将设备的初始报价作为供应商取舍的因素，还将进行设备全寿命周期成本的计算和验证，将 LCC 评估作为招标、评标的重要内容，并反映在招标文件中。因此，供应商在投标文件中需提供设备历史成本信息。

招标方在准备招标文件时，应充分体现技术和经济相结合的特点，从源头明确全寿命周期成本招标要求。招标方应开展以下工作：

（1）在招标书中引入LCC标准，如国际电工委员会标准《可靠性管理　第3－3部分：应用导则——寿命周期费用》（IEC 60300－3－3），并建立标准依据。

（2）建立LCC计算模型，提出对设备的基本要求和多选方案要求。

在招标文件中，除明确设备功能规范、布置方式等技术参数外，还应明确要求投标方提供涉及LCC计算的数据。主要应包括以下内容：

1）设备的设计寿命；

2）设备的运行条件、运行方式及相应的运行寿命；

3）设备的维修方式及其成本，包括各种主要故障模式及检修策略，所需备品备件、人力资源和工场资源等；

4）可靠性分析，不同技术方案下的可用率；

5）同类型设备的故障率统计数据，最好提供"浴盆曲线"；

6）设备投入运行前的调试和试验成本；

7）设备为满足环保要求而可能发生的费用或废弃费用，包括寿命到期时的利用价值。

（3）在招标文件中明确 LCC 的理论验证条件和验证方法要求，以及相关的保证值数据。

（4）在招标文件中明确没有 LCC 相关数据或缺少相关数据的投标者在评标中将存在扣分或废标的风险。

4. 供应商资格预审和标前会❶

通过对供应商资质、业绩等的审查确定合格供应商。在合格供应商确定后，召开由合格供应商参加的标前会议，在会议上培训供应商 LCC 知识，包括 LCC 费用组成及含义，相关参数的取数方法和要求；明确供应商在投标文件中需提供的数据、验证方式及方法、惩罚条款等相关要求。

5. 评标与定标

招标方分析比较各方案设计的主要不同之处，结合现有类似设备运行数据，

---

❶ 标前会的目的是向供应商发放招标文件，通知供应商需提供的相关数据和具体要求。

对投标方提供的数据进行采信度分析，再叠加上由招标方预测会发生的成本，利用合理假定和数学计算公式，进行灵敏度分析，最终计算出各方案的 LCC 值，包括 LCC 组成费用比例、LCC 最终评价结论等，并编写 LCC 评价报告。评标与定标主要包括如下工作内容：

（1）招标方与投标方沟通，确保投标方满足标书内有关 LCC 方面的数据要求。主要包括设备的设计寿命，设备的运行条件、运行方式及相应的运行寿命，设备的维修方式及其成本，可靠性分析，同类型设备的故障率统计数据，设备投入运行前的调试和试验成本，以及设备为满足环保要求而可能发生的费用或废弃费用。数据资料的收集范围十分广泛，包括市场分析、厂家设计生产、用户使用、设备基本信息、设备安装调试、设备运行、设备修理与维护性以及后勤保障等资料。

（2）评价设备的基本技术要求和可选方案，分析各种成本组成、成本驱动因子及可能改进的潜力。招标方通过对 LCC 中的投入、运维、检修、故障处置、退役处置这五部分成本进行细化，确定各成本的基本组成，如果某成本构成对各家供应商而言没有差异或差异很小，可忽略不计。例如针对 10kV 变压器，运维成本中的环保成本就可忽略不计。

（3）确定主要成本驱动因子和关键部件成本驱动因子，进行灵敏度和失效概率分析。确定 LCC 各成本模块中的关键成本，该成本在整个 LCC 成本中占相当一部分，并且各供应商之间的数据有一定的差异。关键的成本驱动因子有：设备损坏情况介绍（完全损坏还是部分损坏情况多），故障设备所带负荷的损失情况（设备故障前所带负荷大小，停电时间）与修复涉及成本的情况（如人力、时间、材料等），设备损耗指标（设备运行电能损耗情况），设备故障率等。

（4）在评标过程中将 LCC 计算结果作为重要评价依据之一，而非仅仅依据设备的采购价格，将 LCC 计算结果作为商务标，结合相关的技术标作为评价依据。

（5）对投标方文件进行采信度分析，分析各厂家设备的重要设计差异对 LCC 的影响程度。投标方若为原有供应商，可组织生产、建设等部门通过召开会议确定此供应商之前投运设备的运行情况。根据此次投标设备的特点，对其投标数据进行采信度判断分析。投标数据采信度分析可通过将供应商提供的数据与实际历史数据对比，并结合专家打分的形式进行。若投标厂商为新的供应商，即该厂商生产的该类型设备之前没有在企业运行过，可通过访厂、设备试验、专家打分等形式进行采信度分析，以确定对 LCC 的最终影响程度。

（6）计算出各方案的 LCC 值，编写 LCC 评价报告，确定供应商。根据 LCC 的计算方法，结合灵敏度分析，对投入、运维、检修、故障处置、退役处置成本的主要成本因子进行累加，计算各方案的 LCC 值。若该方案 LCC 值最低，且满足相关技术标的要求，则选择该供应商作为中标供应商。

6. 签订合同

经过评标选择最优供应商后，进入签订合同阶段，明确招投标双方的权利和义务。合同内容除原有技术条款外，还应有 LCC 管理内容，包括：

（1）可靠性和可用率保证条款，如故障概率、平均修复时间等；

（2）可维护性保证条款，如返厂检修率、返厂费用等；

（3）上述保证值的验证条件和方法，以及相应的惩罚条款；

（4）验证期可根据项目或设备的特点设定为 1～5 年，对于短期内较难验证的保证值，应有较严厉的惩罚条款；

（5）合同执行期间，由制造商方面引起的设计改变应不影响保证值。

7. LCC 后评估

招标方在设备投入运行后的 1～5 年间，进行 LCC 验证，将验证数据与供应商投标时提供的数值进行对比，验证的维度主要有设备可用率、可维修性、故障率等。可用率方面主要针对设备的运行成本进行评估（例如变压器的有载损耗值、空载损耗值等）；故障率方面，通过在设备投入运行期间的故障发生率，计算设备的平均故障率；可维修性方面，主要针对设备一旦发生故障，维修的材料、人工费用或更换新设备的费用。需要注意的是，LCC 验证必须在合同规定的保证期内完成。根据评估结果，对于没有满足 LCC 管理要求保证值的制造厂商，可考虑多种商务条款予以索赔。

（1）框架性协议。若先期产品的保证值没有满足，框架性协议的后期同类产品价格须重新评定。情况严重时，制造厂商的信用评定等级应降低。

（2）合同保证金形式。在签订合同时，预留合同金额的 5%～10% 作为保证金，在质保期满无质量事件后再予以支付，当 LCC 有关数值不能满足保证要求时，由于制造厂家原因造成的部分损失应予以追究，合同中应明确损失和赔偿的具体数值。

（3）备品备件或维修补偿形式。当保证值无法满足时，制造厂商应首先保证修好设备使之正常运行。造成的损失成本由制造厂商免费提供备品备件或维修服务予以补偿。

（4）其他双方认可的商务条款。招投标双方应将 LCC 评估和整个项目的后评估结合起来，针对该工程项目，将采用 LCC 招标的设备运行情况与类似不采用 LCC 招标项目的情况进行对比，分析进行 LCC 招标采购可节省的成本，为后续项目的实施提供借鉴。

延伸阅读

英国国家电网公司 10kV 配网变压器的采购策略

英国国家电网公司在设备采购环节使用基于 LCC 的采购策略，以 10kV 配网变压器为例，根据设备特点和专业部门意见，构建如图 4-4 所示的评价指标体系。

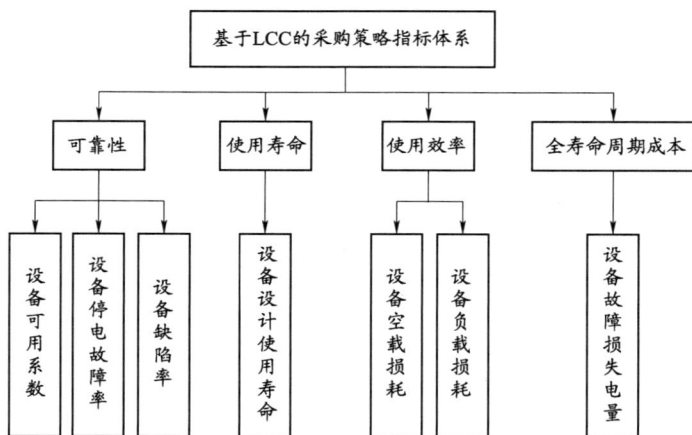

图 4-4　10kV 配网变压器评价指标体系图

各项指标的定义、计算方法及计算公式见表 4-1。

表 4 - 1　　　　　　　　　　　　10kV 配网变压器评价指标列表

指标维度	评价指标名称	定义	计算方法/公式	选取原因
可靠性	设备可用系数	设备在统计期间内处于可用状态的小时数与统计期间时间百分比。不可用状态为设备本身原因所引起的停运状态	设备可用系数 =（统计期间小时 - 不可用时间）/ 统计期间小时 × 100%	反映停运时间
	设备停电故障率	设备在统计期间内因设备故障所引起停电的次数比例	设备停电故障率 = 100 × 故障台次数/（统计期间年 × 统计台数）[单位：次（百台·年）]	反映停电频率
	设备缺陷率	设备在统计期间内发生缺陷的次数比例。紧急缺陷、重大缺陷、一般缺陷按照 3:2:1 的比例进行换算	设备缺陷率 = 100 ×（紧急缺陷台次数 × 3 + 重大缺陷台次数 × 2 + 一般缺陷台次数）/（统计期间年 × 统计台数）[单位：次/（百台·年）]	反映设备质量隐患
使用寿命	设备设计使用寿命	设备根据预测环节设计的使用寿命时间长度	设备设计使用寿命直接数据	反映设备可使用寿命及整体质量
使用效率	设备空载损耗	设备在空载状态所产生的损耗	设备空载损耗直接数据	反映运行时的损耗情况
	设备负载损耗	负载电流通过设备的线圈时，由于线圈导线有电阻，产生损耗	设备负载损耗直接数据	反映运行时的损耗情况
全寿命周期成本	全寿命周期成本	设备全寿命周期内所需要花费的主要成本总和	全寿命周期成本 = 设备原值 + 运行成本 + 检修维护成本 + 故障成本 + 处置成本 - 处置收入	反映综合成本

　　评分标准的形式分为两种，一是通过对指标的供应商之间数据的排名来确定分数。例如排名前 30% 的供应商为 90～100 分，排名前 30%～60% 的供应商为 75～90 分，排名前 60% 之外的为 60～75 分。二是根据具体指标的数据区间来定义分数。如设备停电故障率评分标准采用区间定义分数，见表 4-2。

表 4-2   10kV 配网变压器停电故障率评分标准

指标项	评分	评分区间
设备停电故障率	0	1.689 次/（百台·年）以上
	60	1.445~1.689 次/（百台·年）
	65	1.223~1.445 次/（百台·年）
	70	1.023~1.223 次/（百台·年）
	75	0.845~1.023 次/（百台·年）
	80	0.689~0.845 次/（百台·年）
	85	0.545~0.689 次/（百台·年）
	90	0.423~0.545 次/（百台·年）
	95	0.423 次/（百台·年）以下

基于 LCC 的采购策略数学评分公式为

$$评分 = \sum_{i=1}^{n} 第i项指标权重 \times 第i项指标独立得分）\qquad (4-1)$$

在运用基于 LCC 的采购策略进行评价时，将供应商提供的数据进行可信度分析的基础上进行指标评分，最终得出的分数将作为设备采购招标评价的重要组成部分。

第四节 工 程 建 设

工程建设过程是工程实体的建造过程，也是体现资产全寿命周期管理设计理念的过程之一。工程建设主要是根据计划预算确定的项目投资与规模，从进度、质量以及资金和成本控制角度对项目执行全过程进行管理。将项目预算执行从事后控制转为事前控制，项目执行中所发生的费用归结到对应科目，确保工程完工后及时准确地出具工程竣工验收清单和结算信息以支持投运转资工作。电网企业的建设项目包含基建、技改、大修、小型基建、租赁和农配网等。

一、业务流程管理

资产全寿命周期管理理论在工程建设工作中的应用，有利于建设管理理念和方法创新，有利于电网建设节约环保，有利于电网企业整体利益最大化，有利于提高工程安全质量整体水平。资产全寿命周期管理也会提高建设管理水平，促进电网企业发展质量、经济效益、安全水平和管理水平的全面提升。

电网工程建设流程，即基本建设流程，是指在电网工程项目建设周期全过程中，各项工作必须遵循的先后顺序。其各阶段、环节和各步骤之间客观存在的先后顺序，是由电网工程项目本身特点和客观规律决定的，更是由国家制订法规予以规定的。

电网工程基本建设流程一般分为工程项目实施、工程竣工、项目验收、投运、竣工结算等阶段。电网工程建设流程如图4-5所示。

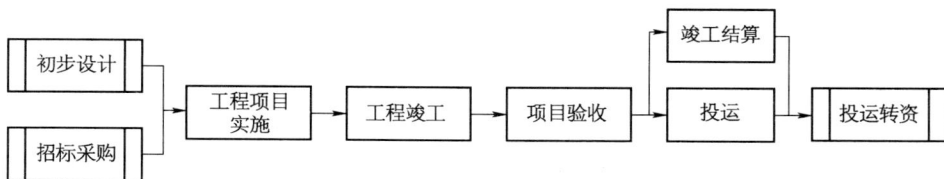

图4-5　电网工程建设流程图

二、组织协同管理

1. 项目前期

项目前期是指规划部门根据项目核准制有关要求，开展相关工作的过程。依据项目前期工作计划，招投标部门会同规划部门开展可行性研究招标。规划部门组织签订可行性研究合同（协议），开展可研等前期工作，并组织可研评（内）审。

2. 工程前期

工程前期是以开工为主线，从两个方面展开，对内组建业主项目部、设计与监理招标、物资招标、施工招标等工作。初步设计批复后，对外办理各种开工许可手续，及变电站征地范围内、线路通道内拆迁补偿等政策处理工作。

3. 建设施工

建设施工主要包括工程开工、土建（基础）、安装（组塔及架线、电气安装）、调试及阶段性验收等。建设部门建立相关专业部门的工作协调、物资供应协调、工程建设外部协调等工作机制。

4. 验收启动

在验收启动前，建设部门组织相关部门和单位召开启动验收协调会及启动委员会会议，协同开展验收启动及投运、工程移交等工作。

5. 总结评价

工程投运后，设计、施工和监理单位编写工程总结报业主项目部，业主项目部编写工程建设管理总结。同时，业主项目部对设计、施工和监理项目部建设及管理成效进行综合评价，建设管理单位对业主项目部进行综合评价。

三、风险控制管理

项目管理是以项目建设进度管理为主线，通过计划、组织、控制与协调，有序推动工程建设，全面实现项目建设目标的过程。

1. 项目无法按期投产风险

电网工程建设周期长、涉及部门（单位）众多、受环境影响大，设计、物资、施工、天气等任一因素出现问题，都有可能导致工程进度滞后。

针对该风险，电网企业应加强工期管理，遵循"早核准、早设计、早征地、早招标、早采购、早进场"的原则，在合理工期内开展工程建设。电网工程建设标准强制性条文、标准工艺设计图集等均有明确要求，相应工序需保证施工时间，工程建设不宜压缩工期。工程建设阶段关键路径的实际进度与目标计划发生偏离时，应及时分析原因，制订并落实纠偏措施。

2. 质量管理不到位风险

施工质量"事中控制"是质量过程管理重要环节。包括施工过程的质量例会与质量检查、材料进场报验、材料见证取样复检，隐蔽工程、检验批（单元工程）、分项、分部工程验收，中间与单位工程验收等基本内容。电网工程质量管理主要存在以下风险点：质量管理制度执行力度不够，建管、监理、施工单位层层衰减，工程质量控制不严，质量管理意识、业务水平与工程质量管理要求存在差距；设备质量存在问题，出厂验收和到货验收未能及时发现设备质量隐患等。

针对以上风险，电网企业应加强工程质量全过程管控，以组织召开质量分析会、质量专项检查等方式，监督工程质量管理制度、工程建设标准强制性条文、质量通病防治措施和标准工艺设计图集等执行情况。监理单位应积极采取文件审查、签证、见证、旁站、巡视、平行检验等质量监督管理手段，对工程施工质量进行检查、控制，对重点部位、关键工序进行旁站监理。

3. 安全管理不到位风险

电网工程建设周期长，高空作业多、施工人员多、机械设备多、施工现场复杂，安全管理不到位极易造成安全事故。电网工程安全管理主要存在以下风险点：电网投资逐年增加，电网工程集中开工，在工期紧、任务急的情况下施工单位极易忽视施工现场安全文明规范，现场安全管理顾此失彼，监护作业方面存在盲点；施工单位分包不规范、管理不到位；现场安全常态化管理工作流于形式，存在检查前突击整改等情况；施工方案、作业指导书中安全控制措施与现场实际情况不符，针对性不强；未开展安全技术交底，工程建设人员对施工现场安全管理重视不足，监督不力。

针对以上风险，电网企业应树立法制意识和安全主体责任意识，建立健全基建安全保障和监督机制，精心策划项目安全管理总体方案，强化工程建设安全目标管理，逐层签订安全责任制，全面落实现场安全责任。扎实开展施工作业安全风险管控，深化安全文明施工标准化建设，规范工程分包管理，落实安全质量通病防治措施，严格安全考核评价，夯实工程安全管理基础。

4. 技术管理不到位风险

工程技术管理是确保电网企业施工质量和经济效益的重要保证，它贯穿于工程建设的每个环节，目前技术管理工作主要存在以下风险：技术管理业务流程不完善，技术管理措施落实不到位，易发生违规操作；工程建设涉及电网企业众多部门，在标准统一、职责划分管理等方面易发生管理风险；因人员专业水平不高，未及时发现建设过程中遇到的技术问题导致的返工和停工风险。

针对以上风险，电网企业应完善企业内部工作程序和规章制度，建设以技术标准为核心的标准化体系。应明确各个部门职责界面，完善管理制度，开展技术管理人员业务培训，提高相关人员的专业素质，确保工程建设全过程技术管理高效开展。

5. 造价管理不到位风险

电网工程在造价管理过程中尚未形成资产全寿命周期造价管理的概念，目前的全过程造价管理模式是将工程项目的建设和运维割裂开来，在工程建设过程中偏重于建设成本，而忽视运维成本，对 LCC 仅作粗略估算，易导致项目 LCC 偏高的风险。

针对该风险，电网企业在工程建设阶段应以资产全寿命周期造价管理的思想为指导，综合考虑电网工程项目的 LCC，科学合理编制施工组织设计方案、工程总体策划和工程施工方案。严格现场设计变更与现场签证管理，加强和规范电网工程建设监理工作，充分发挥监理在工程建设中的作用，有效提高工程投资控制的管理水平。

四、资产风险评价模型在输变电工程施工中的应用

目前，我国电网建设仍处于快速发展期，每年都有大规模的输变电工程开工建设。输变电工程建设具有如下复杂多变的特征：

（1）高处作业多，因电力输送的特殊性，电网建设施工有 90% 以上是高处作业，特别是送电线路施工，几乎均是高处作业；

（2）露天作业多，电网建设施工除变电站内的少许工作之外，几乎全是露天作业，受到春夏秋冬不同气候以及阳光、风、雨、冰雪、雷电等自然条件的影响较大；

（3）交叉作业多，电网建设结构复杂，工期较紧，立体交叉施工多，如果管理不好、衔接不当、防护不严，就有可能造成相互伤害；

（4）施工的动态性，电网建设施工的工作场所是动态的、不断变化的，建设过程的环境、作业条件、技术特点等不断变化，不安全因素随着工程进度变化而变化，事故隐患多，安全风险大；

（5）电网工程建设的责任单位很多，有业主、勘察、设计、监理、运行、检修和施工单位，业主的资金能否保证，地质是否符合要求，设计是否科学合理，施工是否可靠等问题都是影响安全的重要因素。

基于此，电网企业在输变电工程建设过程中，应有针对性地开展工程施工安

全风险的识别、评估和控制，保障工程的顺利进行。

在输变电工程施工的过程中，引入资产风险评价模型，作为一种科学的风险管理方法。该方法主要包括固有风险评估及动态风险评估。其中动态风险评估主要是结合项目实际作业特点，在施工作业前对风险进行动态识别，重新评估风险等级，对风险作业采取针对性的预控措施，保证输变电工程施工安全风险始终处于可控、在控、能控状态。

（一）工程施工安全风险识别

常用的系统风险识别方法有安全检查表、故障类型与影响分析、危险与可操作性研究、事件树、事故树、作业危险分析等。

依据输变电工程建设中的施工作业过程特点，电网企业宜采用作业危险分析方法，配合使用询问与交谈、现场检查、查阅有关记录、获取外部信息等手段识别工程施工安全风险。工程施工安全风险识别包括如下四部分：

（1）公共部分：施工用电系统的接火、检修及维护。

（2）变电站土建工程部分：桩基础施工、混凝土基础工程、主建筑物工程、防火墙工程、构支架安装工程、电缆沟道工程、站区道路工程及围墙工程、消防工程、电力隧道及电力沟道工程、电力沉井盾构工程、地下变电站土建施工、换流站土建施工、钢管脚手架工程。

（3）变电站电气工程部分：一次设备安装、二次系统施工、交直流系统施工、电气试验调试、投产送电。

（4）输电线路工程部分：项目驻地建设、线路复测、土石方工程、钢筋工程、基础施工、接地工程、杆塔施工、架线施工、线路防护工程。

电网企业完全识别建设项目的施工安全风险后，形成该项目的施工安全固有风险清单，并作为工程开工的必要条件。

（二）工程施工安全风险评估

1. 固有风险评估

固有风险评估采用 LEC 法定量计算，固有风险等级根据固有风险值的大小确定。固有风险值计算公式为

$$D_1 = L_1 E_1 C_1 \qquad\qquad (4-2)$$

固有风险因素 L_1、E_1、C_1 取值及风险值 D_1 与风险等级关系见表 4-3。

（1）发生事故或风险事件的可能性（L_1）分数值意义，如表 4-3 所示。

表 4-3　　　　　　　　　　发生事故或风险事件的可能性

分数值	发生的可能性
10	可能性很大
6	可能性比较大
3	可能但不经常
1	可能性小，完全意外
0.5	基本不可能，但可以设想
0.2	极不可能
0.1	实际不可能

（2）风险事件出现的频率程度（E_1）分数值意义，如表 4-4 所示。

表 4-4　　　　　　　　　　风险事件出现的频率程度

分数值	风险事件出现的频率程度
10	连续
6	每天工作时间
3	每周一次
2	每月一次
1	每年几次
0.5	非常罕见

（3）发生风险事件产生的后果（C_1）分数值意义，如表 4-5 所示。

表 4-5　　　　　　　　　　发生风险事件产生的后果

分数值	发生风险事件产生的后果
100	大灾难，无法承受损失
40	灾难，几乎无法承受损失

分数值	发生风险事件产生的后果
15	非常严重，非常重大损失
7	重大损失
3	较大损失
1	一般损失
0.5	轻微损失

（4）风险值 D 与风险等级关系表，如表 4-6 所示。

表 4-6　　　　　　　　　　　　风险值 D 与风险等级关系

风险值 D	风险程度	风险等级
≥320	风险极大，应采取措施降低风险等级，否则不能继续作业	5
$160 \leqslant D < 320$	高度风险，要制订专项施工安全方案和控制措施作业前要严格检查，作业过程中要严格监护	4
$70 \leqslant D < 160$	显著风险，制订专项控制措施，作业前要严格检查，作业过程中要有专人监护	3
$20 \leqslant D < 70$	一般风险，需要注意	2
<20	稍有风险，但可能接受	1

输变电工程施工安全风险等级可划分为五级：

一级风险（稍有风险）：作业过程存在较低的安全风险，不加控制可能发生轻伤及以下事件的施工作业；

二级风险（一般风险）：作业过程存在一定的安全风险，不加控制可能发生人身轻伤事故的施工作业；

三级风险（显著风险）：作业过程存在较高的安全风险，不加控制可能发生人身重伤或死亡事故，或者可能发生七级电网事件的施工作业；

四级风险（高度风险）：作业过程存在很高的安全风险，不加控制容易发生人身死亡事故，或者可能发生六级电网事件的施工作业；

五级风险（极高风险）：作业过程存在极高的安全风险，即使加以控制仍可能发生群死群伤事故，或五级电网事件的施工作业。五级风险系动态调整结果，属计算所得数值，实际作业过程中必须通过改变作业组织方案或采取特殊手段将风险等级降为四级以下风险，否则不得作业。

2. 动态风险评估

动态风险评估主要是在固有风险评估的基础上，进行动态评估，动态风险值计算公式为

$$D_2 = D_1/K \tag{4-3}$$

式中，动态调整系数 K 为四个维度动态调整系数 K_{ui} 的算术平均数，计算公式为

$$K = \frac{\sum_{i=1}^{4} K_{ui}}{N} \tag{4-4}$$

式中　N——与动态风险相关的维度数量，最多为 4 个维度；

　　　　K_{ui}——每个维度的动态调整系数，计算公式为

$$K_{ui} = \frac{\sum_{j=1}^{7} b_j}{n} \tag{4-5}$$

式中　n——维度 ui 中影响动态风险的相关子项个数，最多为 7 个；

　　　　b_j——各对应维度 ui 中各子项风险因素值。

（三）工程施工安全风险控制

风险识别和评估后，应相应地选择风险控制的方法。电网工程施工过程中的风险控制一般从个人因素、工作条件、班组监管、组织管理四个层面提出控制措施。

1. 个人因素的控制

个人因素的控制是通过分析员工的状态及工作的要求，通过教育培训，提高员工的安全意识和安全技能，从而控制人员的不安全行为，主要从以下几个方面着手：

（1）加强员工教育培训；

（2）规范员工的作业行为；

（3）正确配备使用个人防护用品。

2. 工作条件的控制

工作条件是指影响作业安全的物理环境和技术环境，直接影响着员工在作业过程中的安全与否，由于电网工程的工作环境复杂，因此项目管理者应重点关注作业场所工作条件的控制，其主要包括：

（1）作业环境设计；

（2）人机匹配；

（3）配备安全防护设施；

（4）加强设备维护检修管理。

3. 班组监管的控制

班组是企业组织职工从事生产劳动的最基本的单位，是企业的安全管理工作的基础。工程项目是以班组为基本实施单位，发挥班组的监督管理的作用，解决现场监督不充分、工作计划不恰当以及违章监督等问题。班组监管的控制措施主要有：

（1）标准化现场作业；

（2）落实班组安全责任制；

（3）严格执行安全检查及隐患整改制度；

（4）规范开展班组例行工作。

4. 组织管理的控制

组织管理的控制是针对组织管理过程的缺陷、管理文化缺失、资源管理不到位进行控制，主要有：

（1）合理开展组织设计；

（2）根据实际情况有针对性地制订规章制度；

（3）组织安全文化建设；

（4）安全投入与管理。

延伸阅读

特高压 GIL 综合管廊工程

气体绝缘金属封闭输电线路（GIL）是一种采用六氟化硫（SF_6）或

其他气体绝缘、外壳与导体同轴布置的高电压、大电流、长距离电力传输设备，具有输电容量大、占地少、布置灵活、可靠性高、维护量小、寿命长、环境影响小的显著优点。GIL 技术的首次应用出现在 1972 年，美国 CGIT 公司在新泽西州中架设了世界上第一条 GIL 线路。20 世纪 90 年代初期，GIL 设备开始在我国得到应用。南方电网天生桥水电站 500kV GIL 线路为我国敷设的第一条 GIL 线路，由 CGIT 公司 1992 年制造，用于连接变压器和空气套管。

淮南—南京—上海 1000kV 交流特高压输变电工程苏通 GIL 综合管廊工程（简称苏通 GIL 综合管廊工程），是世界上首次在重要输电通道中采用特高压 GIL 技术，通过江底隧道穿越长江，是目前世界上电压等级最高、输送容量最大、技术水平最高的超长距离 GIL 创新工程。

苏通 GIL 综合管廊工程是华东特高压交流环网合环运行的咽喉要道和控制性工程，建成后，将形成华东特高压受端环网，大大提高华东地区接受区外电的能力，满足华东地区经济社会发展对电力的需求，将新增受电能力 3500 万 kW，每年可减少发电用煤 2 亿 t，减排二氧化硫 96 万 t、氮氧化物 53 万 t、烟尘 11 万 t，对促进经济社会与生态环境和谐发展具有重要意义。苏通 GIL 综合管廊工程是特高压输电领域的重大技术创新，为特高压、超高压输电提供了新的方向，也将进一步提高国内电工装备制造水平，持续提升我国在世界电网技术和电工装备制造领域的影响力和竞争力。

第五节　投　运　转　资

设备投运阶段根据验收设备清单，进行设备核对和投运前设备技术参数的整理、完善，及时准确完成资产移交、创建设备台账，投入运行。设备投运后编制竣工结算、决算书，完成项目转资工作。

一、业务流程管理

1. 投运转资概述

（1）投运暂估转资。基本建设和技术改造工程竣工后，建设部门组织工程竣工验收，编制设备验收清册，并向生产部门办理资产移交，建设、生产和财务部门审核资产设备验收清册,确保设备验收清册与现场实物及资产建卡颗粒度一致，生产部门根据验收清册建立设备台账，财务部门根据工程投运验收报告、资产验收清册和暂估工程成本明细表进行暂估转资。

（2）投运正式增资。工程投运后,组织编制竣工决算报告,电源工程和220kV及以上电网基建工程项目，应在工程项目竣工验收投运后6个月内完成，其他工程一般应在工程项目竣工验收投运后4个月内，完成竣工决算编制工作。竣工决算审定后，根据决算金额调整原资产卡片价值。

2. 投运转资流程

根据资产设备对应、固定资产记录信息标准等规范性要求，按实物管理系统、ERP等系统设备台账→设备卡片→资产卡片流程，建立资产设备卡片。投运转资业务流程如图4-6所示。

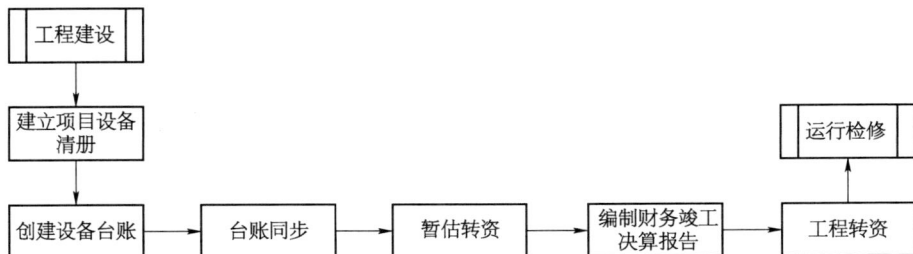

图4-6　投运转资业务流程图

（1）建立项目设备清册。工程竣工后，建设部门按照物资、设备和资产对应关系及建卡颗粒度，及时、准确编制设备验收清册。

（2）创建设备台账。项目竣工验收后，生产部门在PMS系统中建立设备台账,使用保管部门依托设备验收清册建立设备台账(利旧资产应引用备品库台账)。

（3）台账同步。生产部门按照ERP系统建卡规则建立设备台账，在项目竣工验收后执行同步操作，联动生成资产卡片。

（4）项目增资。项目增资包含暂估转资、编制财务竣工决算报告、根据审计结果决算转资等一系列过程。财务部门在转增资产前复核联动产生的资产卡片完整性、资产卡片类别准确性，暂估增资应将预估造价依据领料与资产卡片的对应关系合理分摊。竣工决算报告中移交资产表应与专业系统建卡细则、固定资产目录保持一致，竣工决算报告（移交资产表）经审计后，财务部门应调整原暂估金额。

（5）辅助转资应用。电网企业可以以概算和标准化的物料、**WBS** 架构为前提，对单体工程下的建筑工程、安装工程、其他费用进行费用分摊和资产价值归集，最终完成固定资产赋值。

二、组织协同管理

新增固定资产应履行资产实物交接验收程序，执行企业资产设备对应、固定资产记录信息标准等规范性要求，建立完整、准确的固定资产卡片。项目管理建设部门负责设备验收清册准确性、生产部门负责设备台账建立准确性，财务部门负责资产卡片赋值准确性，各部门协同联动、各司其职，确保新增资产账卡物❶信息准确、一致。

财务部门会同生产部门组织固定资产清查盘点，根据实物盘点结果及时更新资产信息并做好相应账务处理等工作，保证账卡物相符。

生产部门组织技术改造及大修工程项目的竣工验收工作，对退役资产的再利用、转为备品或报废等做出甄别，组织资产报废的技术鉴定和审批工作。

固定资产按"谁使用、谁保管"的原则，将固定资产实物保管责任落实到专人，生产单位应根据资产变化情况，及时更新、完善固定资产卡片相关实物信息，涉及固定资产报废或调拨的，应会同财务部门填制固定资产报废审批表和固定资产调拨单，提出书面处理意见，经相关职能部门鉴定、核查，并报财务部门会签后交物资部门统一处置。

---

❶ 在电网企业中，"账"是指设备台账，"卡"是指资产卡片，"物"是指现场实物。

三、风险控制管理

1. 投运转资不及时风险

设备台账建立不及时、不准确，会导致工程投运转资不及时、不准确，资产价值确认滞后，资产折旧少提，从而影响财务报告的准确性。

针对该风险，建设部门按时提供项目概算、工程验收报告、竣工报告、工程暂估表等相关资料，维护项目的完工状态，配合生产部门建立资产卡片。生产部门根据设备材料清册，及时维护设备台账并完成同步建卡。财务部门应及时估价转增固定资产，并按照规定计提折旧。待竣工决算办理完毕后，按照实际成本调整暂估价值。

2. 投运转资不准确风险

工程竣工转资后，系统联动生成的资产卡片不准确、更新不及时、与设备卡片不匹配，导致资产价值确认不准确，影响财务报表的准确性，产生错报、漏报的潜在风险。

针对该风险，建设部门应确保设备验收清册准确性，生产部门应确保设备台账建立准确性，财务部门应确保资产卡片赋值准确性，协同联动、各司其职，确保新增环节账卡物一致。

第五章

运 维 检 修

电网企业资产 85%以上的寿命周期处于运维检修阶段，选择科学合理的运维检修策略，可以延长电网设备使用寿命、提高系统安全可靠供电水平、降低电网企业成本消耗，有利于资产安全、效能、成本综合最优目标的实现。运维检修阶段主要包括状态评价、运行维护、检修管理、技术改造、备品备件五个业务环节。

第一节 概 述

一、运维检修对资产全寿命周期管理的影响

1. 对电网运行效能的影响

电力资源是一种不适合大量储存的能源，电能的生产、传输和消费各环节形成统一整体且不可分割，若电网设备不能正常运行，会对电能质量和电力供应造成很大的影响。我国地域辽阔、自然环境多样化，雷电、暴雨、雾霾等恶劣气候频发，台风、洪灾、地震等自然灾害时有发生，电网设备安全可靠运行面临严峻考验，对运维检修及应急抢修工作提出了更高的要求。

2. 对企业成本的影响

电网资产主要包括输电、变电、配电设备，以及通信、计量设备，变电站土建及线路通道等附属设施。不同类型的资产，运维检修策略不同，需要进行针对性的计划、准备、组织和风险控制。电网企业应根据设备经济寿命、技术寿命要素及 LCC 方法等进行设备生产技改和大修研判，有效减少运维成本。

3. 对设备使用寿命的影响

电网设备处于运维检修阶段的时间相当长，电网企业需要分析研究不同设备

的寿命周期特点和规律，进行必要的运行维护和检修，以保持电网设备良好、健康的运行状态，延长电网设备运行使用寿命。

4. 对电网安全的影响

由于运维检修工作不细致、不到位造成的设备异常和故障，不仅可能引发重大的电网安全事故，严重影响电网企业安全稳定，还可能会对和谐社会造成一定的负面影响。

二、资产全寿命周期管理运维检修准则

1. 降低运维检修成本

集中优势技术资源，充分利用内、外部运维检修力量，规范开展电网设备状态评价和检修、现场标准化作业、全过程技术监督等工作，提高资源利用效率，有效控制、降低设备运维检修成本。

2. 提高运维检修效率

融合现场运行与维护性检修业务，运维班（站）统一实施设备巡视、现场操作、带电检测及清扫、消缺、易损易耗件更换等维护性检修业务，提高设备运维效率。通过基地检修、返厂检修、现场检修等方式，推广应用变压器、GIS 等设备工厂化检修，以及隔离开关、四小器等设备轮换式检修，提高设备检修效率。

3. 有效利用资产全寿命周期信息

在运维检修阶段，电网企业应通过数据中心平台有效利用设备在规划计划、采购建设阶段的信息，动态更新设备运维检修产生的新信息，准确累计设备运维成本，为资产策略持续优化提供支撑。

第二节　状　态　评　价

一、状态评价的概念

状态评价是在全面收集设备状态信息的基础上，按照状态评价导则、状态检修试验规程等技术标准，选取有代表性的设备状态量对设备运行状况优劣及发展趋势进行评估，以准确掌握电网设备运行状态和健康水平。

状态评价包括定期评价和动态评价。定期评价指为制订下年度设备检修计划集中组织开展的状态评价，输变电设备每年不少于一次，配电设备依据重要程度1～3年评价一次。动态评价指除定期评价以外开展的状态评价，主要包括新设备首次评价、缺陷评价、不良工况评价、检修评价和特殊时期专项评价。状态评价结果分为正常状态、注意状态、异常状态和严重状态，电网企业应根据不同的状态评价结果采取不同的检修策略，最终使设备在全寿命周期内实现安全、效能、成本综合最优。

二、业务流程管理

状态评价是电网企业掌握资产历史数据、设备现状以及对资产未来状态进行预测分析的技术手段。状态评价业务流程如图5-1所示。

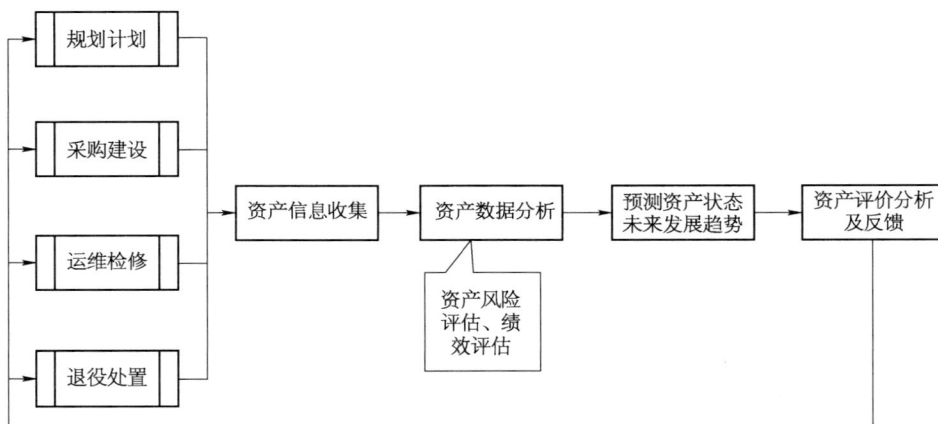

图5-1　状态评价业务流程图

1. 状态评价方法

（1）评价对象的确立。电网企业状态评价对象包含变压器、GIS、断路器、隔离开关、互感器、电容器、电抗器、避雷器、消弧线圈、直流设备、输电线路、电缆、配电线路及二次保护测控装置等电力设备，部分设备涉及多个部件，设备评价分为部件评价和整体评价两部分。

（2）关键状态量的获取。从设备运维检修、退役处置等阶段，收集获取设备试验、故障、缺陷及退役等信息，并根据设备具体技术要求及评价导则，选取最影响设备健康水平的关键状态量集。选取范围包括巡视维护记录、检修试验数据、故障信息、缺陷信息、在线监测及带电监测记录、退役技术评估试验数据等。

（3）状态量劣化程度。视状态量的劣化程度从轻到重分为四级，分别为Ⅰ、Ⅱ、Ⅲ、Ⅳ级，其对应的基本扣分值为2、4、8、10分。

（4）状态量权重分配。视状态量对设备安全运行的影响程度，从轻到重分为四个等级，对应的权重分别为权重1、权重2、权重3、权重4，其系数为1、2、3、4。权重1、权重2与一般状态量对应，权重3、权重4与重要状态量对应。

（5）状态量扣分值。状态量扣分值由状态量劣化程度和权重共同决定，即状态量扣分值等于该状态量的基本扣分值乘以权重系数（见表5-1）。状态量正常时不扣分。

表 5-1　　　　　　　　　　　状 态 量 扣 分 值

劣化程度	基本扣分值	状态量扣分值			
		权重 1	权重 2	权重 3	权重 4
Ⅰ	2	2	4	6	8
Ⅱ	4	4	8	12	16
Ⅲ	8	8	16	24	32
Ⅳ	10	10	20	30	40

（6）评价标准

设备部件评价同时，考虑单项状态量的扣分和部件合计扣分情况。部件状态评价标准，见表5-2。

当任一状态量单项扣分和部件合计扣分，同时达到表5-2规定时，视为正常状态；

当任一状态量单项扣分或部件所有状态量合计扣分，达到表5-2规定时，视为注意状态；

当任一状态量单项扣分达到表5-2规定时，视为异常状态或严重状态。

表 5 - 2 　　　　　　　　　　　　各 部 件 评 价 标 准

部件	正常状态		注意状态		异常状态	严重状态
	合计扣分	单项扣分	合计扣分	单项扣分	单项扣分	单项扣分
1	≤30	≤10	>30	12～20	>20～24	>30
2	≤20	≤10	>20	12～20	>20～24	>30
3	≤12	≤10	>20	12～20	>20～24	>30
4	≤12	≤10	>20	12～20	>20～24	>30
5	≤12	≤10	>20	12～20	20～24	>30

注：该评价标准供参考，具体依据多少扣分值判断设备状态需要根据具体情况进行确定。

设备的整体评价应综合考虑其部件的评价结果及风险程度。当所有部件评价为正常状态时，整体评价为正常状态；当任一部件状态为注意状态、异常状态或严重状态时，整体评价为其中最严重的状态。

设备状态评价结果确定后，即可根据该结果执行有针对性的检修策略。

2. 状态监测

状态监测可获得设备数量、状况、性能等信息，对设备的规划计划、采购建设、运维检修、退役处置四大业务阶段及其各业务环节起到支撑和参考作用。

状态监测按其监测的对象不同可分为以下两方面：

（1）电力设备的状态监测：电力设备运行状态的监测，包括监测、检测设备的振动、温度、油压、油质、密封等工作，形成相关监测、检测记录报告。

（2）生产过程的状态监测：生产过程关键要素状态的监测，包括投资计划、物资采购、防外力破坏、项目实施、设备退役等过程的监测，并形成相关资料档案。

上述两方面的状态监测是相互关联的。例如：生产过程发生异常，有可能会发现设备的异常或导致设备的故障；反之，往往由于设备运行状态异常，发现生产过程的异常。

3. 状态评价结果

（1）正常状态。表示设备各状态量处于稳定且在规程规定的警示值、注意值（标准限值）以内，可以正常运行。

（2）注意状态。单项（或多项）状态量变化趋势朝接近标准限值方向发展，但未超过标准限值，仍可在加强监视的情况下继续运行。

（3）异常状态。单项重要状态量变化较大，已接近或略微超过标准限值，需要监视运行并适时安排停电检修。

（4）严重状态。单项重要状态量严重超过标准限值，需要尽快安排停电检修。

三、组织协同管理

资产状态评价结果对资产全寿命周期管理各个阶段的多个环节都有借鉴作用和参考意义。

1. 状态评价过程协同

电网企业通过在规划计划、采购建设、运维检修、退役处置四大业务阶段持续开展设备状态跟踪监视和趋势分析，综合专业巡视、带电检测、在线监测、例行试验、诊断性试验等各种技术手段，依据电网设备状态评价导则进行评价，准确收集掌握设备信息和运行状态，预测设备未来状态趋势，并反馈至资产管理各个阶段，用于指导各阶段资产策略的优化。

2. 状态评价结果协同

状态评价结果是指导状态检修策略制订的关键，其质量直接影响消缺检修工作以及后期检修、技改储备项目的制订等一系列工作。设备运行阶段不断进行状态评价和运行健康评估，一旦设备状态评价结果不良，依据检修策略进行项目立项，修理或更换后再运行并继续进行状态评价，形成闭环管理后的再循环。电网企业应建立状态评价信息共享机制，将状态评价数据反映出的问题及时反馈给资产规划计划、采购建设、运维检修、退役处置四大业务阶段，并将状态评价结果作为开展资产管理各阶段工作的重要参考。

第三节 运 行 维 护

一、业务流程管理

资产运维管理是指对架空输电线路、变电设备、配网、电缆及通道、相关附属设备等开展的管理行为，包括设备巡视、检测维护、生产准备与缺陷管理等内容。运行维护是发现设备缺陷及潜伏性运行隐患的有效手段，是开展设备状态评价的基础，为消除隐患、技术改造、设备修理提供必要的依据。运行维护业务流程如图 5-2 所示。

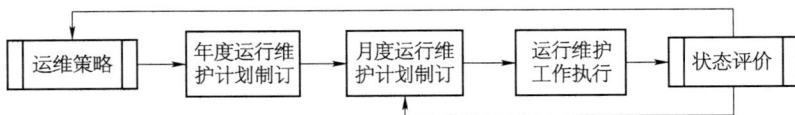

图 5-2　运行维护业务流程图

电网企业生产部门根据资产运维策略组织制订年度运行维护计划，并结合资产状态评价结果，将年度运行维护计划分解成月度运行维护计划。根据月度运行维护计划执行情况，设备运维单位记录运行维护过程中发现的设备缺陷信息，并将收集到的设备缺陷信息、状态信息、试验信息等及时反馈至资产状态评价环节，形成状态评价报告。生产部门组织对状态评价报告进行审核，并根据结论修订完善资产运维策略。对于正常设备，结束运行维护流程；对于存在问题的设备，根据需要分别进行检修消缺或继续跟踪监测。

二、专业运维策略

针对输电、变电、配电设备不同类型和专业管理特点，制订差异化的运维策略，确保电网设备维持健康的运行水平。

1. 输电线路立体巡检管理

以直升机、无人机和人工巡检多种方式开展输电线路立体巡检，明确每种巡检方式的巡检周期和内容，提高输电线路运维质量。实施输电线路通道属地化管理，建立设备运维单位、属地供电企业、群众护线组织相结合的护线机制，由直属检修单位、检修工区和乡镇供电所分别按行政区划负责输电线路通道维护清障和防外破工作。

2. 变电运维一体化管理

以运维班（站）为单位，使用统一的标准化作业指导书（卡），开展运维计划管理、倒闸操作和工作票作业等工作，通过扩展带电检测、易损易耗件更换、设备不停电维护、主设备和二次回路消缺等业务，提高变电运维效率。

3. 配网运维一体化管理

整合配网运维操作资源，按照合理作业半径和供电服务承诺响应时间要求，分片设置配电运维班组，实现配电线路、开关（配电）站设备状态巡视、停送电操作、带电检测、隐患排查等业务高度融合，实行运维一体化管理。

三、组织协同管理

1. 设备巡视

运维人员按照计划巡视运行设备并做好工作记录。当设备发生异常和事故时，运维单位负责组织故障巡视，准确、及时地将设备事故异常情况向当值调度值班员汇报，并根据调度指令完成倒闸操作。设备缺陷需要停电处理时，运维单位应协同调度部门和检修单位，履行好工作票制度。

2. 检测工作

设备检测工作应与生产部门专业管理及调度部门发布的电网运行方式相结合。根据专业管理及电网特殊运行方式和风险预警信息，运维单位安排针对性的运维检测工作，及时发现消除设备缺陷，根据结果进行状态检修或继续跟踪监测，并将相关结果及时反馈至状态评价人员。

3. 生产准备

生产部门应按照资产管理要求，协同建设、调度、物资等专业部门，做好新设备的验收、接收、启动工作。设备运维单位负责督促工程建设单位整改工程缺陷、输电通道及变电站周边环境、资料档案、实物资产、环境影响评价和水土保持等问题，协同物资部门做好备品备件、仪器仪表、专用工器具检验、入库工作，并负责建立实物资产台账。

4. 缺陷管理

设备缺陷应实行闭环管理，在缺陷处理的流程中关联调度、检修等相关单位。运维单位是缺陷闭环管理流程的发起人，也是缺陷闭环管理流程的终结者。发现缺陷后，运维单位负责按照缺陷定性标准进行定性和设备动态评价，及时将缺陷情况录入信息系统，启动缺陷管理流程。在对缺陷描述和定性进行确认后，由检修单位按照标准进行缺陷处理。对于危急缺陷，立即将检修处理意见报当值调度，按指令采取应急处理措施。缺陷处理结束验收投运后，检修单位将处理情况录入信息系统，并开展设备动态评估，运维单位对设备修试记录进行验收并完成缺陷处理流程的闭环管理。

四、风险控制管理

根据运维工作整体安全现状，开展风险分析与预控，找出薄弱环节，制订防范措施，有效管控运维工作现场存在的各类安全风险。

1. 违章风险

运维单位在运行维护过程中，可能会发生违章操作、违章指挥以及临时性工作无票作业等现象，引发人身、电网、设备安全风险。

针对该风险，运维单位应在作业过程中的每个环节认真监护，根据作业重要性分级把关，将责任落实到个人，严格执行工作票、操作票制度，杜绝工作违章。

2. 设备故障风险

变电站内设备种类、数量繁多，出现危险点或隐患的概率大、隐蔽性强，一旦发生设备事故异常，极有可能造成人身伤害、电网安全事件。

针对该风险，运维人员应认真安排好巡视的时间和频率，在巡视时全面检查设备的声音、温度、气味、颜色等情况，进行科学有效地分析，对重载设备或有缺陷的设备增加巡视次数，并严格按照规定开展设备维护工作。

延伸阅读

变 电 站 无 人 值 班

现在电力系统正向大容量、超高压、大机组、大电网的方向发展，随着电网规模的不断增大，电压等级逐步升高，其对于整个电网运行的安全性、可靠性、经济性以及全电网管理水平的要求也越来越高。

电网企业应大力开展变电站无人值班工作，节约变电站的占地面积，减少常规变电站配套设备、辅助设施方面的大量投资和高额的运行维护费用，增加企业的经济效益。变电站无人值班后实行自动化管理，具有工况优化软件和专家系统支持其运行业务，其集约化、智能化的管理方式，可以有效解决电网快速发展带来人员紧张的矛盾，提高电网运行的可靠性和经济性。

在变电运维管理方面，以运维站为单位，使用统一的标准化作业指导书（卡），开展运维计划管理、倒闸操作和工作票作业，提高变电运维效率。运维站按区域或电压等级设置，驻地至所辖各变电站车程均控制在合理时间范围内。

在调度监控方面，220kV 及以下变电站由所在地市的市级调度监控或所属县域范围内的县调监控，500kV 变电站由省调调度监控。在远方遥控操作方面，500kV 及以下变电站均具备调度远方遥控操作断路器的条件，正常情况下不涉及二次部分调整的线路操作、断路器合解环操作、投切电容器（电抗器）操作以及事故紧急情况下拉合单一断路器操作，由值班监控（调控）员进行远方操作。

变电站实行无人值班后，变电运维人员总数大大降低，有效节约人力资源成本。

第四节　检　修　管　理

一、业务流程管理

设备检修管理是指对架空交直流输电线路、变电（直流）设备、配网、电缆及相关附属设施等开展的检修及故障抢修管理。检修管理业务流程主要由检修策略、年度检修计划制订、月度检修计划制订、检修计划实施、应急抢修、检修执行结果汇总等环节组成。检修管理业务流程如图 5-3 所示。

生产部门通过电网设备运行检测综合分析设备的运行及缺陷信息，制订状态评价报告。基于状态评价结果，生产部门修订完善相应的检修策略，制订年度检修计划，并结合日常运行巡视、各类反措、预警等管理需要制订月度检修计划。根据月度检修计划，生产部门组织准备所需员工、物料、工器具等资源安全高效开展工作，记录检修工单。生产部门制订各类专业应急预案，并做好备品备件、

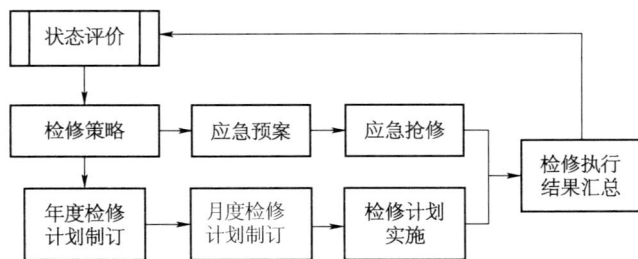

图 5 - 3　检修管理业务流程图

抢修队伍及应急演练等工作，发生事故异常后进行应急抢修，尽快恢复供电。

二、检修策略管理

1. 以工单为载体的检修管理

根据检修工作任务、安全措施及所需额外检修资源，以检修工单为主线对检修任务进行精益化管理，实现检修设备的成本归集，并将检修抢修过程中收集的技术参数和资产表现信息反馈至状态评价环节，为下阶段状态评价提供参考。

2. 统筹优化月度执行计划

按照"一次与二次、变电与线路、基建与生产"相结合的原则，统筹考虑检修、消缺等工作及基建、技改、用户等工程，将年度检修计划分解成月度执行计划，统筹优化电网设备停电管理，减少重复停电，提高电网供电可靠性。

3. 内外协力的抢修管理

制订完善应急预案，配置应急装备，按照地区和合理作业半径，分片设置抢修队伍。统筹内外部应急抢修资源，将外部力量作为电网设备抢修的机动队伍，加强日常的安全教育和技能培训。密切关注气象变化，在发生较大范围的自然灾害、突发事件等情况时，内外部抢修力量迅速响应，及时承担抢修、恢复供电任务，最大限度满足电网可靠供电要求。

三、组织协同管理

1. 动态完善的检修策略

生产部门依据输变电设备状态检修导则等技术标准，结合设备状态评价结果和风险评价结论，考虑电网发展、技术更新等要求，综合规划、调度等部门意见，确定设备检修策略，明确检修类别、检修项目和检修时间等内容。检修策略根据精益化评价、年度状态评价和动态评价的结果，考虑设备运行风险，参考制造厂家要求后制订。按照设备状态检修导则制订的检修策略，动态评价发现异常的设备，并根据问题性质和严重程度及时调整优化检修策略。

2. 可靠性为导向的月度执行计划

生产部门编制所辖设备的年度、月度生产计划，并上报至调度部门审核，通过审核后下达至各下属单位。月度执行计划是在年度检修计划基础上，结合反措、可靠性预控指标及与基建、市政、技改、用户接入和电厂上网工程的停电要求而编制，并统筹考虑输电与变电，一次、二次等设备停电检修工作，统一安排同一间隔设备、同一停电范围内的设备检修，避免重复停电，提高供电可靠性。

3. 检修计划实施

检修计划实施是状态检修的执行环节，需要统筹设计单位、物资、调度、财务部门以及外部施工力量等资源。实施过程包括项目准备、项目实施和总结三个阶段。其中重大的设备检修需由设计单位完成图纸设计，设计审查通过后确定检修方案。项目实施需提前做好物资、施工力量、设备停电的准备工作，项目实施完毕需做好结算、退料等后续工作。

——————————— 延伸阅读 ———————————

实 施 计 划 统 筹

实施计划统筹是电网企业综合平衡企业内外部资源，充分满足电网自身发展和外部用电需求，不断提升电网资产综合效能的重要手段之一。电网企业综合开展基建、技改、运维、检修、退役各项业务工作，统筹人力、物力、财力等各类内外部资源，合理考虑电网安全运行、供电可靠性以及降低生产成本等因素，确定最优的停电方式与实施方案，有效降低计划变更带来的安全风险，解决成本增加和可靠性降低等问题，提升资产管理水平。实施计划统筹流程，如图5-4所示。

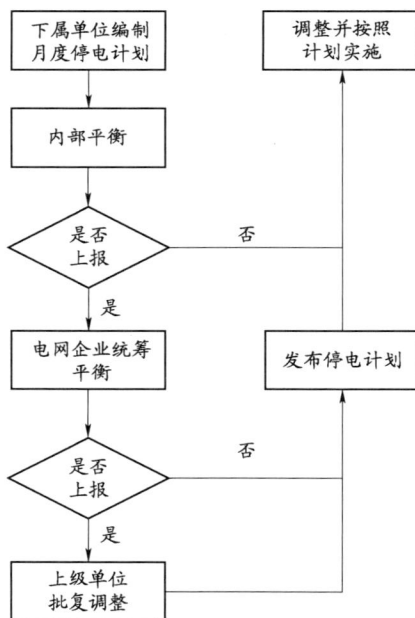

图 5-4　实施计划统筹流程图

　　电网企业下属单位生产部门组织编制月度技改与运维类项目进度计划和退役计划，建设部门编制基建项目进度计划，营销部门编制用户工程进度计划，物资部门编制物资采购计划，财务部门提供资金计划，调度部门编制综合停电计划。生产部门汇总各类停电计划，组织开展内部平衡会，综合考虑电网安全运行、减少重复停电、降低成本消耗等要素，统筹项目施工力量、物资到货进度、资金需求、政策处理等因素，确定电网设备停电方式与实施方案。下属单位按照审批权限将停电方案上报电网企业。电网企业生产部门组织调度、建设、物资、营销等专业部门与下属单位对月度实施计划统筹平衡，确定停电设备与实施方案。电网企业上报需要上级单位审批的停电方案，待上级单位批复调整后，转发至下属单位按照批复方案实施。

　　电网企业加强实施计划统筹管理，深化跨部门的协同和信息共享，在实现电网自身发展的同时，提高电网可靠性，合理降低生产成本，最大化满足外部各类用户的需求，提高电网企业的品牌效应和资产管理水平。

四、资产风险评价模型在变电主设备运维检修中的应用

目前,电网企业大多采取状态检修的设备检修模式。该模式将传统的机械式定期巡视、维护转变为基于风险评价的科学化巡视巡检,将"坏了再修、缺陷了再整改"的运维理念转变为基于设备风险评价等级的检修维护策略。

科学合理地设置资产风险评价模型是开展状态检修的基础,本案例以变电主设备为例,介绍如何开展电网设备的风险评价,指导开展设备状态检修工作。

设备风险评价是在可靠性评价的基础上,将潜在的风险在社会、经济等方面的影响进行量化,考虑成本、环境与安全等多个方面。

(一)风险评价流程

变电主设备风险评价流程如图 5 – 5 所示。

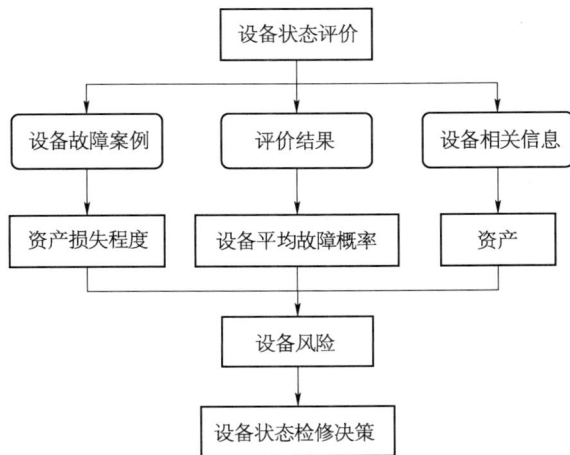

图 5 – 5　变电主设备风险评价流程图

风险评价所需要的初始信息:

(1)设备状态评价结果(设备状态评价分值);

(2)设备故障案例(设备故障、损失程度及可能性);

(3)设备相关信息,包括设备台账、电网结构及供电用户信息。

（二）风险评价方法

变电主设备风险评价以量化的风险值为指标，综合考虑资产价值、资产损失程度及设备发生故障概率三者的作用，风险值计算公式为

$$R(t) = A(t) \times F(t) \times P(t) \tag{5-1}$$

式中　t——某个时刻；

　　　A——资产价值；

　　　F——资产损失程度；

　　　P——设备平均故障率；

　　　R——量化后的设备风险值。

上述 A、F、P、R 四个变量均为时间 t 的函数，随着时间的变化，资产价值、故障率、风险值等均不同，具体如下：

（1）资产价值的计算方法。资产价值计算考虑设备价值 A_1、用户等级 A_2 和设备地位 A_3 三个因素，计算公式为

$$A = \sum_{i=1}^{3} W_{A_i} A_i \tag{5-2}$$

式中　A——资产价值；

　　　W_{A_i}——资产因素的权重；

　　　A_i——某个资产因素；

$i = 1 \sim 3$，1——设备价值，2——用户等级，3—设备地位。

每个因素分成多个等级，取值范围为 0～10。随着用户的变化以及电网的发展，A_1、A_2、A_3 应进行相应的调整。

设备电压等级与 A_1 取值范围对应关系见表 5－3。

表 5－3　　　　　　　设备电压等级与 A_1 取值范围对应关系

设备电压等级	A_1 取值范围
110（66）kV	1～3（含）
220kV	4～7（含）
500（330）kV 及以上	8～10（含）

用户等级与 A_2 取值范围对应关系见表 5 – 4。

表 5 – 4　　　　　　　　　用户等级与 A_2 取值范围对应关系

用户等级	A_2 取值范围
三级用户	3
二级用户	6
一级用户	10

其中，一级用户：中断供电时可能造成人身伤亡或在经济上造成重大损失的用户。例如：重大设备损坏、重大产品报废；用重要原料生产的产品大量报废；国民经济中重点企业的连续生产过程被打乱，需要长时间才能恢复等。中断供电时将影响到有重大政治、经济意义的用电单位的正常工作，例如：重要交通枢纽、重要通信枢纽、重要宾馆、大型体育场馆、经常用于国际活动的大量人员集中的公共场所等用电单位中的重要负荷。

二级用户：中断供电时可能在经济上造成较大损失的用户。例如：主要设备损坏、大量产品报废；连续生产过程被打乱，需较长时间才能恢复；重点企业大量减产等。中断供电将影响重要单位的正常工作，例如：交通枢纽、通信枢纽等用电单位中的重要电力负荷，以及中断供电将造成大型影剧院、大型商场等较多人员集中的重要的公共场所秩序混乱等。

三级用户：不属于一级和二级的用户。

设备地位与 A_3 取值范围对应关系见表 5 – 5。

表 5 – 5　　　　　　　　　设备地位与 A_3 取值范围对应关系

设备地位		A_3 取值范围
一般变电站	满足 $N-1$	1
	不满足 $N-1$	3
地区重要变电站	满足 $N-1$	4
	不满足 $N-1$	6
系统枢纽变电站	满足 $N-1$	8
	不满足 $N-1$	10

其中，系统枢纽变电站：汇集多个大电源和大容量联络线，在系统中处于枢纽地位，高压侧系统间功率交换容量比较大，并向中压侧输送大量电能的枢纽变电站。全站停电后，将使系统稳定破坏，电网瓦解，造成大面积停电。

地区重要变电站：位于地区网络的枢纽点，高压侧以交换或接受功率为主，向地区的中压侧和附近的低压侧供电的重要变电站。全站停电后，将引起地区电网瓦解，影响整个地区供电。

一般变电站：除以上两种之外的其他变电站。

资产因素的权重参考表 5-6。

表 5-6　　　　　　　　　　　　资 产 因 素 的 权 重

资产因素	设备价值	用户等级	设备地位
权重 W_{A_i}	0.4	0.3	0.3

（2）资产的损失程度计算方法

资产损失由成本、环境和安全三个要素组成，资产损失程度为每一个要素损失程度的加权之和。资产损失程度计算公式为

$$F = \sum W_{F_j} F_j \qquad (5-3)$$

式中　$j = 1$、2、5，1——成本，2——环境，5——安全；

　　　W_{F_j}——要素损失程度权重；

　　　F_j——某一要素的损失程度；

　　　F——资产损失程度。

其中，安全损失程度由人身安全损失程度与电网安全损失程度组成，计算公式为

$$F_5 = F_3 + F_4 \qquad (5-4)$$

式中　F_5——安全损失程度；

　　　F_3——人身安全损失程度；

　　　F_4——电网安全损失程度。

要素损失程度权重参考表 5-7 设定。

表 5 - 7   要素损失程度的权重

要素	成本 W_{F_1}	环境 W_{F_2}	安全 W_{F_5}
权重	0.4	0.2	0.4

每一个要素的损失程度由要素损失值和要素损失概率确定，单一要素损失程度计算公式为

$$F_j = \sum_{k=1}^{a} (IOF_{jk} \times POF_{jk}) \qquad (5-5)$$

式中　j——某一要素，取值分别为：1—成本，2—环境，3—人身安全，4—电网安全。

　　　k——要素损失等级，取值分别为 1——一般，2—重大，3—特大。

　　IOF_{jk}——某一等级下的要素损失值（Index of Failure，IOF）。

　　POF_{jk}——某一等级下的要素损失概率（Probability of Failure，POF）。

　　　F_j——某一要素的损失程度。

要素损失等级与要素损失值对应关系见表 5 - 8。

表 5 - 8   要素损失等级与要素损失值对应关系

要素损失等级 k	成本		环境		安全			
					人身		电网	
	损失描述	IOF_{1k}	损失描述	IOF_{2k}	损失描述	IOF_{3k}	损失描述	IOF_{4k}
1	一般设备损失事故	3	轻度污染	3	一般人身事故	7	一般电网事故	4
2	重大设备损失事故	6	中度污染	6	重大人身事故	9	重大电网事故	7
3	特大设备损失事故	9	严重污染	9	特大人身事故	10	特大电网事故	10

POF 需对大量历史数据和所辖电网的实际情况进行统计分析，并在应用中不断加以修正和调整。具体统计分析过程如下：

首先对历史故障情况进行统计，并按不同要素进行汇总分析，得到要素损失次数统计表，如表 5 - 9 所示，然后根据统计数据进行计算得出要素损失概率。

某一等级下的要素损失概率计算公式为

$$POF_{jk} = \frac{N_{jk}}{N} \times 100\% \qquad (5-6)$$

式中　　j——损失要素；

　　　　k——要素损失等级；

　　　　N——损失发生总次数；

　　　N_{jk}——某一等级下的要素损失次数；

　POF_{jk}——某一等级下的要素损失概率。

表 5 - 9   要 素 损 失 次 数 统 计

成本		环境		安 全			
				人 身		电 网	
损失描述	次数	损失描述	次数	损失描述	次数	损失描述	次数
一般设备损失事故	N_{11}	轻度污染	N_{21}	一般人身事故	N_{31}	一般电网事故	N_{41}
重大设备损失事故	N_{12}	中度污染	N_{22}	重大人身事故	N_{32}	重大电网事故	N_{42}
特大设备损失事故	N_{13}	严重污染	N_{23}	特大人身事故	N_{33}	特大电网事故	N_{43}

（3）设备平均故障率计算方法。应用式（2-2），需根据所辖电网的设备状态和平均故障率进行统计计算，求得适合于区域电网的 K、C 值，在进行统计计算时应考虑运行方式、网架结构、自然环境（污秽等级，雷电等级）、运行检修人员素质等对统计结果的影响。

（三）风险评价的应用

确定设备风险值后，同类设备按照风险值大小排序，作为变电主设备状态检修的决策依据。安排检修时间时应考虑设备继续运行对风险值改变的影响，资产、资产损失程度、平均故障率可以分别排序，作为状态检修决策参考。如需对不同类设备（如同一间隔的不同设备）风险值大小进行排序，可按照设备类型进行风险值加权。

———— 延伸阅读 ————

法国（Enedis）公司基于物联网技术的差异化检修

基于设备可靠性随运行时间逐渐下降的基本趋势，即通过巡视、检测、保养等定期维护的手段延长设备可靠时间；当设备出现问题时，通过经济分析后决定采取局部检修进行延寿或采取整体更换的策略。

通过经济分析，对比维护成本绩效比，即设备"无维"或"有维"的经济对比，通过比较计入缺供电量成本的设备全寿命周期成本与机会成本（贴现计算）后的总成本，进行局部检修或整体更换决策。一般延长使用周期施工费用小于整体更新费用的 70% 时，采用局部检修方式。

在差异化检修基础上，Enedis 公司通过物联网技术获取在线监测数据（如公变电压），进行大数据分析，计算主动检修范围，在同类型设备中选取故障概率排名靠前部位，在故障发生前主动更换该部位的设备。如：以配变低压侧整条馈线为单条低压电缆线路，利用某地区近几年的低压电缆故障信息清单及低压线路拓扑结构、属性等数据信息，进行分析计算，预测并排序出低压电缆线路的健康指数表，分别筛选出近几年平均故障率高的低压电缆线路，在夏季高峰负荷来临之前，及时对故障率 10% 以上的电缆线路进行更换改造，防止出现大规模频繁故障，相比过去进行同一地区所有电缆排查、更换，可以减少 80% 以上的工作量和检修成本。

第五节　技　术　改　造

一、业务流程管理

技术改造是利用成熟、先进、适用的技术、设备、工艺和材料，对现有电网生产设备、设施及相关辅助设施等资产进行更新、完善和配套，以提高其安全性、可靠性、经济性，满足智能化、节能、环保等要求。生产技术改造投资形成固定资产，是企业的一种资本性支出。

技术改造管理包括项目前期管理、技改项目年度计划、技改项目实施管理、项目结算转资、项目后评价等内容。技术改造业务流程如图5-6所示。

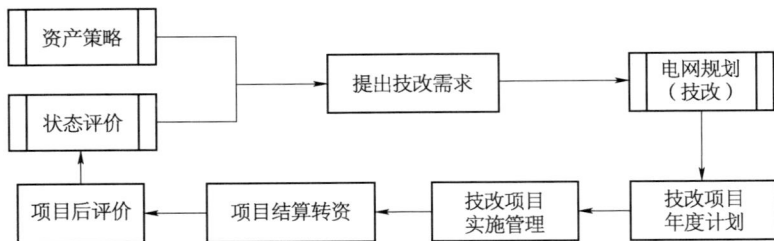

图5-6　技术改造业务流程图

项目单位根据资产策略和状态评价结果，考虑到设备技术特性、运行年限、负荷信息、试验结果、故障及缺陷情况等，提出技术改造需求。生产部门组织编制电网技改项目规划。规划项目经过评审之后，形成技改项目年度计划。年度计划下达后，项目单位组织实施。项目竣工投运后，进行结算转资。生产部门组织开展项目后评价工作，并将评价结果反馈至状态评价环节。

技术改造管理以资产状态评价为基础，统筹考虑电网设备的安全、效能、成本，有重点、有步骤地解决制约电网安全经济运行的关键问题和生产设备（设施）问题，最大限度地发挥资产效益，实现生产技术改造全过程闭环管控，追求资产全寿命周期管理技术经济最优。

二、组织协同管理

1. 项目前期

生产部门组织编制技术改造规划，设计单位编制项目可行性研究报告。评审单位负责对可行性研究报告进行审查并出具审查意见，规划部门将通过审查的技改项目纳入储备库并统一管理。

2. 计划和预算

生产部门组织编制计划和预算建议并组织审核。规划部门将审核通过的技术改造计划纳入企业综合计划统一管理。财务部门将审核通过的技改资金纳入企业预算统一管理。

3. 项目实施

物资部门负责组织物资和服务招标采购。设计单位负责编制初步设计文件、施工图和施工图预算。项目单位负责组织施工图设计、施工方案审查，落实施工组织、技术和安全措施，组织竣工验收，审核结算费用，办理拆旧及移交手续，组织编制竣工资料。监理单位负责工程协调和项目安全、质量、进度和造价控制，审核施工单位编制的技术措施、安全措施和施工方案。财务部门负责编制竣工决算，办理转资手续。规划部门负责组织开展造价分析和项目后评价工作。

4. 结算转资

生产技术改造项目竣工验收合格后，项目单位组织设计、监理、施工、调试等各方进行费用核准，形成项目结算报告经审计后提交财务部门。项目单位按照企业固定资产管理规定要求，编制资产移交清册，与现场实物、信息系统台账核对一致后生成资产卡片，提交财务部门办理转资手续。

三、风险控制管理

技术改造环节中用先进技术对现有机器设备和生产工艺等进行改革，在此过程中有可能会造成其他机器设备对此类新技术的不兼容，或是工作人员对该类新技术应用不熟练，并导致工作事故出现。新技术应用经验不足是企业机器设备运行风险的来源之一。

针对该风险，电网企业应积极与各类科研机构建立常态化交流机制，结合目前技术改造中有关热点和难点问题，确定目前已成熟、正在实施或具有未来潜在应用前景的新技术作为交流题目，在新技术交流应用方面进行有益的探索。电网企业应与厂家加强技术交流，组织对员工进行新技术培训，促进员工掌握新技术。

第六节 备 品 备 件

我国电力工业已进入高参数、大机组、高电压、大电网的阶段，尤其是特高压交直流电网工程的发展对电力设备与系统提出了更高的要求。如何合理配置、管理和使用好备品备件，是确保电网安全稳定运行的重要手段。

一、业务流程管理

备品备件是根据设备损坏规律和使用寿命，按一定数量事先加工、采购和储备的设备及零部件，以便用最少的资金、合理的库存储备来保证电网供电的可靠性、经济性和保障性。

通过对设备类型、运行状况、历史故障数据等统计信息进行综合风险评价，考虑设备故障影响程度、可替换性及其配置等综合成本因素，确定备品备件的配置标准、储备方式、使用和管理流程。电网企业通过购置、退役设备转备品等方式储备备品备件，收集项目、物资管理等系统数据，进行数据汇总采集实现备品备件的信息共享，减少同品种备品备件库存。电网企业对超出储备标准的备品备件，通过工程项目等渠道进行再利用。备品备件业务流程如图 5-7 所示。

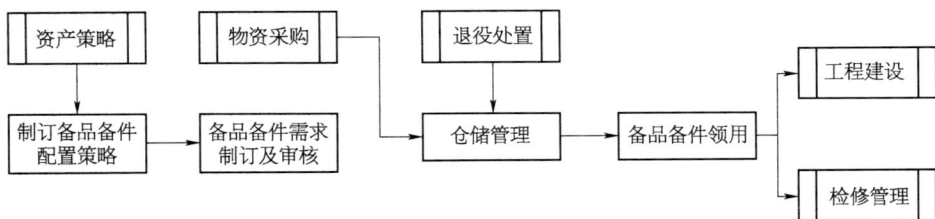

图 5-7 备品备件业务流程图

二、组织协同管理

1. 备品备件购置预算管理

生产部门根据电网备品备件维护、使用和储备定额及缺额情况，组织相关专业部门编制下年度电网备品备件预算建议，并由财务部门统一纳入年度预算草案，履行企业预算审批程序后下达。在设备运维检修过程中，生产部门根据电网备品备件报废、周转、抢修使用和预算执行情况，提出电网备品备件预算调整建议，会同财务部门履行预算调整程序后，由企业下达备品备件预算调整计划。

2. 备品备件补充管理

对于购置备品，生产部门根据批准的电网备品备件储备定额和年度预算组织编制电网备品备件采购需求，经财务部门审批后提交物资部门。物资部门按照企业物资管理相关规定组织电网备品备件采购、验收，办理入库手续，配合财务部门办理记账等，并以存货形式列入财务备品备件科目。对于退役备品，经过保护性拆除移交物资部门妥善保管，做好入库登记。

3. 备品备件仓储管理

电网备品备件维护管理应纳入企业物资管理体系，实行库存信息"一本账"管理。各级物资部门负责相应电网备品备件保管，负责建立备品备件台账，标明来源、所属单位、仓储地点、技术参数、调配层级等信息，在库存变动规定内及时更新台账，确保账实相符。物资部门组织做好电网备品备件维护工作，确保备品备件技术状态良好，对于即将超过备用周转期的备品备件，需及时在各类工程项目中消纳并及时补充。

4. 备品备件领用管理

备品备件的使用由需求单位提出，生产部门会同物资部门协同处理，并履行分级审批程序。紧急抢修情况下，电网备品备件采取"先用后补"方式，需求单位专业部门按照分级审批要求，经请示同意后，通知物资部门，先领用电网备品备件进行抢修，及时补办审批、领用手续。

电网企业建立统一的备品备件信息管理平台，及时掌握各单位备品备件储备情况，为实施备品备件的跨区域调配提供有力支持。

三、风险控制管理

近年来，新投设备质量问题较为突出。部分设备材质不过关，投运不久出现严重锈蚀等问题；部分新入网设备有家族性缺陷、故障频发，给备品备件储备管理带来困难。

针对该风险，电网企业应全过程参与设备质量管控，统筹组织专业人员全过程参加可研评审、设计联络、图纸交底等重要环节，组建相关设备专业验收督查团队，有针对性地派遣相关专业专家进行督查，并加大对设备厂家的考核力度，对于运行情况不良、服务质量不高的设备厂家，及时向物资部门和上级单位汇报，督促厂家提高产品和服务质量。

第六章

退 役 处 置

退役处置阶段处于资产全寿命周期管理的末端。电网设备退役后，应采用技术鉴定、处置方案 LCC 比选等方法，对退役设备进行综合评估，以确定退役设备是报废处置还是继续使用，确保最大限度地发挥资产的使用价值。

第一节 概 述

一、退役处置对资产全寿命周期管理的影响

退役处置是资产全寿命周期管理的最后一个阶段，资产在规划计划、采购建设、运维检修阶段工作的成果，在退役处置阶段得到检验和总结。通过评价资产在全寿命周期管理的表现，可进一步完善资产管理策略。

退役处置会面临三种结果：报废、转入备品或再利用。资产报废时，应从资产安全、效能、成本等角度进行技术鉴定，考虑设备剩余寿命的影响；转入备品和再利用是资产更新循环的主要途径，也是资产全寿命周期延长的体现。对再利用的资产应实行联动管理，在新一轮规划计划阶段的基建、技改等项目以及抢修工作中优先使用。

退役处置信息进入资产全业务数据中心，与之前规划计划、采购建设和运维检修阶段的信息形成完整的资产全寿命周期管理信息，为持续完善资产的规划计划、采购建设和运维检修策略提供参考。

二、资产全寿命周期管理退役处置准则

在最初采购建设阶段采购价格较高的设备，退役时价值量仍然较大，考虑到

国有资产保值增值，此类设备退役需谨慎。电网企业资产全寿命周期管理退役处置准则包括：

1. 资产报废按照权限逐级审批

需报废的资产，应编制退役设备技术鉴定报告，经专业人员、分管领导签字认可后，按照权限进行逐层审批，并由生产、财务和物资部门协同做好台账处理。

2. 运用资产全寿命周期管理信息进行后评估

利用资产全业务数据中心，汇总资产在规划计划、采购建设、运维检修、退役处置阶段的信息数据，实现对资产全寿命周期管理表现的后评估，并进一步指导资产管理策略完善工作。

第二节 退役资产报废审批

一、业务流程管理

电网实物资产退役是指生产运行中的实物资产由于自身性能、技术、经济性等原因，离开原运行功能位置或在运行功能位置与系统隔离的处置方式。实物资产退役一般由项目折旧、设备损坏或系统运行方式改变形成，可分为计划性退役和由于事故、异常等原因造成的非计划性退役。退役处置业务流程如图6-1所示。

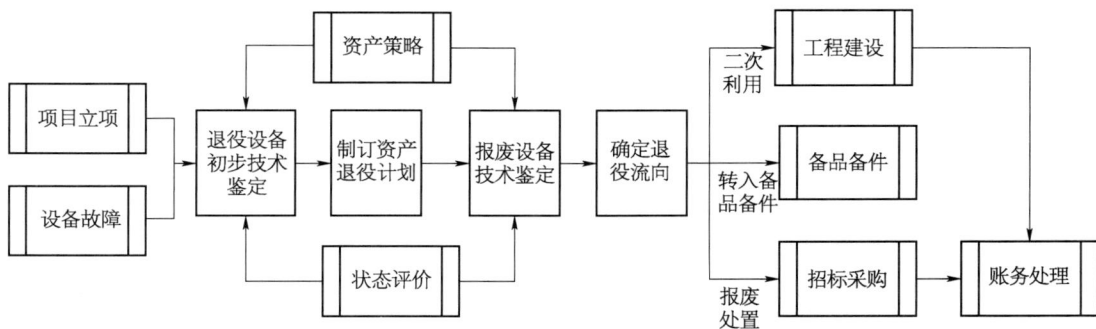

图6-1 退役处置业务流程图

在编制项目可研时，可研编制单位组织人员对相关设备进行评估，对拟退役资产和库存再利用资产进行初步技术鉴定。满足条件的可再利用资产会被锁定，防止被其他项目重复再利用。

可研项目经过审查后，形成年度项目储备库，项目单位依据年度投资计划编制年度资产退役及再利用计划。在项目初步设计阶段，项目单位提出（待）退役设备报废或转备品的初步处置意见，并报生产部门审批。生产部门履行审批程序后，明确退役设备流向（直接再利用、做备品或者报废处置），每种处置方式都由生产、财务、物资部门协同做好台账处理。需报废的设备按照权限履行审批程序后，由物资部门按报废物资处理的相关规定进行处置，报废物资拍卖按照规定流程，拍卖所得足额回收。

二、资产报废管理

电网企业应严格执行设备报废审批，当设备鉴定为报废时，设备运维单位需编制退役设备技术鉴定报告，并按照权限履行签字手续。主要设备退役技术鉴定报告内容，见表 6 - 1。

表 6 - 1　　　　　　　　主要设备退役技术鉴定报告（示意）

设备基本信息	设备名称	（如××站 1 号主变压器）
	设备型号	
	电压等级	
	容量	
	生产厂家	
	生产日期	
	投运日期	
	出厂编号	
设备运行情况		
设备状态评估结果		

续表

技术鉴定内容	安全评价	故障、缺陷、修理、状态评价等
	效能评价	设备供电能力、设备等效利用率、能耗指标等
	全寿命周期成本评价	恢复设备性能的一次投入、运行寿命、运行维护成本等
	剩余寿命	
综合鉴定意见		（再利用、做备品、修理后做备品、报废）
专家签字		
领导签字		

鉴定报告包含设备经历、生产厂家、缺陷故障、运行情况等信息，需要从安全、效能、成本等方面对设备报废原因进行分析。电网企业可通过明确不同类型的报废设备的签字权限，落实各级管理责任，强化对退役设备的研究论证，最大限度延续设备的使用寿命。

第三节　退役资产再利用

由于地方经济快速发展、规划调整等引起电网扩容、设备提前更换导致的设备退役，该类退役设备运行年限短，具备重复使用价值。电网企业应在确保安全的前提下，对退役资产实施再利用，延长资产的使用寿命，提高资产投资回报率。

当退役设备直接或者经修复后可以继续使用时，如果与工程项目的工期相匹配，则经过保护性拆除后转移到工程建设环节。当退役设备暂时没有再利用需求时，应进行保护性拆除后移交物资部门妥善保管，并由物资部门按照要求进行保养，确保随时可用。退役设备备品应尽量在企业内部通过工程项目或设备抢修进行再利用管理，当企业内部没有合适的退役设备备品时，可由生产部门向上级单位提出需求，由上级单位生产部门协调解决。

一、企业内部再利用管理

电网企业下属基层单位在没有备用设备时，根据生产实际需要向电网企业生产部门提出设备需求。

电网企业生产部门在所辖范围内查找合适的退役设备备品，下达资产调拨通知，并组织相关下属基层单位建立调拨资产台账，内容包括设备类型、生产厂家、调拨时间、调拨前后所属变电站等信息。

资产调出、调入的相关下属基层单位接收资产调拨通知后，共同完成调拨资产的现场验收、交接工作，资产调入方负责调拨资产的运输、安装，资产调出、调入方在交接完成后在 PMS 系统中完成调拨手续，财务部门更新资产台账。

二、企业之间再利用管理

1. 资产调出

调出单位生产部门接收资产调拨通知后，通知需要调出资产的基层单位编制资产调拨清册，并组织财务部门办理资产调拨手续。

资产调入、调出单位生产部门、财务部门、相关基层单位共同完成调拨资产的现场验收、交接工作，调出单位生产部门负责在交接时将资产调拨手续移交给调入单位的生产部门，并完成相关调拨手续，财务部门更新资产台账。

2. 资产调入

调入单位生产部门根据生产实际需要，向上级单位提出设备调拨需求。

上级单位生产部门查找合适的生产备品，行文下达调拨通知。调入单位生产部门接收资产调拨通知后，联系资产调出单位协商资产验收、交接工作，配合办理资产调拨手续。

资产调出、调入单位生产部门、财务部门、相关基层单位保管使用部门共同完成调拨资产的现场验收、交接工作，生产部门组织完成相关调拨手续，财务部门更新资产台账。

第四节 资 产 后 评 估

资产后评估的主要目的是通过分析数据中心平台数据，对电网设备资产全寿命周期表现进行总结评估，为后续资产规划计划阶段的投资决策、采购策略优化、建设方案选择、运维检修策略优化和退役处置决策提供参考。

一、后评估信息平台

资产后评估需要信息平台提供各业务阶段信息。

（1）构建一体化信息平台，统一规范业务流程、信息标准和系统实现方式，确保资产财务与业务信息的在线集成共享。

（2）实物管理部门应健全完善设备目录和台账，会同财务部门建立设备台账与固定资产卡片对应关系，统一规范联动信息和标准，确保设备实物信息与资产价值信息的统一联动。

（3）执行上级单位建立的固定资产信息化管理统一标准，包括但不限于：统一固定资产代码体系以及固定资产记录信息标准；统一固定资产目录最底层明细；统一固定资产价值管理的细度标准；统一物资、设备与资产三码之间的紧密对应关系；统一工程项目 WBS 与固定资产目录的对应关系等。

（4）建立统一、规范的固定资产变动和运行维护业务流程，以一体化企业级信息系统为技术支撑，建立工程项目管理、资产实物管理与固定资产财务管理的业务协同和信息集成，应用工程自动转资，实现资产与设备对应、联动，确保账卡物动态一致。

（5）应用电网资产统一身份编码，固化物料、设备、资产间的分类对应关系，打破部门间业务与信息的传递瓶颈，优化资产管理各业务阶段流程及管控要求，贯通项目、WBS、物料、设备、资产等各类专业编码，实现实物资产在规划计划、采购建设、运维检修、退役处置四大业务阶段的信息共享与追溯，提升资产管理精益化水平。

二、后评估的主要内容

资产后评估主要包括以下几个方面的内容：

（1）规划计划阶段的项目可行性研究、项目评估或评审、项目核准（审批）等主要结论及批复意见；

（2）采购建设阶段的采购和建设合同执行、重大设计变更、工程"四大控制"（进度、投资、质量、安全）、资金到位情况、竣工验收、试运行和工程决算等；

（3）运维检修阶段根据不同资产类型（公共网络输变电项目、联网项目、专项输电项目）分别统计输电量、供电量、最大输电潮流、最大供电负荷、线损率、负载率、线路稳定极限、设备可用率、事故停运次数、电压合格率等指标；

（4）退役处置阶段不同资产的全寿命周期单体成本、技术鉴定报告等。

三、后评估的主要维度

1. 可靠性（稳定性）评估

计算增供电量、断面输电能力或系统稳定水平提高、降损电量，评价项目在系统中的作用，项目对电网结构、容载比和电能质量的影响，以及设备可靠性水平。

2. 经济效益评估

根据资产实际发生的财务数据，进行财务分析，计算成本利润率、资产回报率、资产负债率、利息备付率和偿债备付率，评价资产获利能力、偿债能力和投入产出比、设备资产全寿命周期单体成本等。

3. 经营管理评估

包括资产全寿命周期各阶段相关者管理、项目管理体制❶和机制、投资监管、管理者水平等。

4. 环境影响评估

对环境存在较大影响的项目应进行环境影响后评估，具体评估环境达标情况、环境设施建设与制度执行情况、环境影响和生态保护等。

5. 社会效益评估

评估增加就业机会、征地拆迁补偿与移民安置、带动区域社会经济发展、推动产业技术进步等。

6. 可持续性评估

根据技术水平、企业管理、财务状况、电力电量价格竞争能力等，评价整个项目的可持续发展能力。

通过开展退役资产后评估，对不同厂家、不同类型资产的全寿命周期管理信息进行后期评价，为企业制订资产规划计划、采购建设、运维检修以及退役处置各个阶段管理策略提供参考。

---

❶ 体制特指国家机关、企事业单位的机构设置、隶属关系和权利划分等方面的具体体系和组织制度的总称。

第五节　电网资产退役及再利用联动管理研究与应用

一、研究思路

电网企业应从资产退役及再利用业务流程出发，分析两个业务流程之间的关联点，形成一个全过程流程。从强化协同管理、规范业务过程、加强信息系统应用三个方面，实现管理联动、业务联动和信息联动，最终形成退役及再利用整个过程的联动管理。运用通用技术方法，梳理、完善相关标准，对业务过程进行简化与标准化。构建电网资产退再利用监督、考核、激励机制，编制具体实施细则，保障联动管理有序运转。电网资产退役及再利用联动管理思路如图 6 – 2 所示。

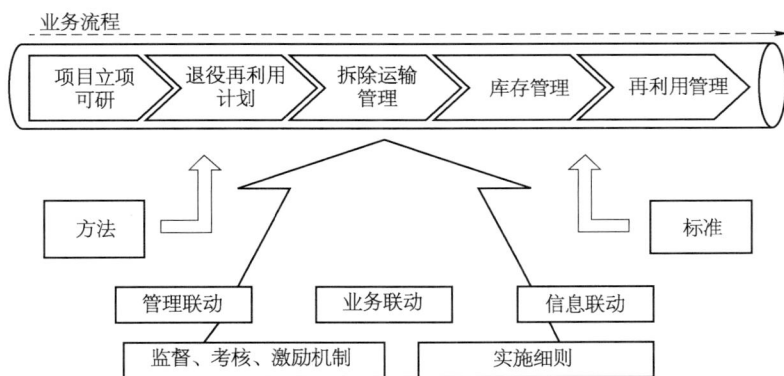

图 6 – 2　电网资产退役及再利用联动管理思路图

1. 协同管理联动

梳理资产退役及再利用管理流程，明确各级部门职责，强化单位内部各部门协同。梳理跨单位资产调拨、转移流程，明确跨单位设备技术鉴定工作要求，明确各层级部门职责，强化各层级单位间的协作。

2. 业务管理联动

项目立项可研时组织技术鉴定工作，明确设备是否可再利用。通过对退役计划对整个资产退役及再利用过程进行全程跟踪，规范各环节业务，明确工作要求。

3. 信息数据联动

在进行资产退役及再利用业务过程中，及时启动资产退役、再利用等相关信息流程，并及时更新维护生产和财务管理信息系统的设备、资产信息。

二、具体做法

1. 资产退役及再利用计划管理

项目单位在编制项目可行性研究报告的同时，依据技术鉴定报告编制拟退役资产处置意见和利旧方案，并将含有拟退役资产处置意见和利旧方案的项目可研报告提交可研审查单位审查。可研审查单位将审查项目可研报告的可行性，审查项目拟退役资产处置意见和利旧方案的合理性。在履行审批程序之后，项目单位组织生产部门依据年度投资计划编制年度资产退役及再利用计划。

各下属单位依据年度计划和项目进度计划，编制可再利用资产计划表和废旧资产回收计划表，每月向企业上报计划执行情况。以年度退役及再利用计划为导向，实现物资部门—项目单位—技术鉴定部门—可研审查单位—生产部门管理协调、信息联动。

2. 规范技术鉴定评估

技术鉴定过程如图 6-3 所示。

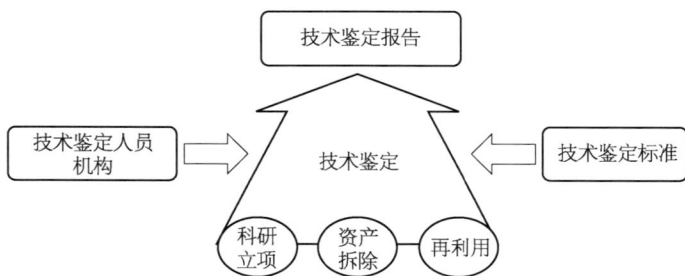

图 6-3　技术鉴定过程示意图

项目单位在项目可研立项阶段，依据电压等级组织不同的专业人员对拟退役和再利用资产进行技术鉴定评估，并出具拟退役和再利用资产的技术鉴定报告。

在资产停电拆装前，生产部门根据资产性质与电压等级不同的资产履行正式鉴定程序，明确鉴定结论，对可再利用的资产提出保管和维护建议并出具检测试验报告。再利用阶段，项目实施单位在安装调试前两个月，提出可再利用申请。生产部门组织试验检测人员在对可再利用资产进行试验检测，并出具检测试验报告，确保项目实施单位可再利用资产项目顺利实施。

3. 规范退役资产拆除管理

在资产拆装前，生产部门出具履行鉴定程序的正式技术鉴定报告，对可再利用的资产提出保护性拆除要求、保管和维护措施。

设备运维单位将废旧资产回收计划表修编为废旧物资回收明细表，为废旧物资移交物资部门做准备；将可再利用资产计划表修编为可再利用设备交接表，为可再利用资产移交做准备。

项目实施单位依据可再利用设备交接表，对可再利用备品备件资产进行保护性拆除，保证其完好；依据废旧物资回收明细表对报废资产进行拆除，应确保报废资产足额回收。

资产拆除管理以退役资产处置意见为主线，贯穿资产拆除、技术鉴定、现场保管等环节，实现项目实施单位—技术鉴定部门—设备运维单位管理协同、信息联动。

4. 规范库存管理

退役及再利用资产的库存管理主要包含报废物资出入库管理、再利用物资出入库管理。库存管理如图 6-4 所示。

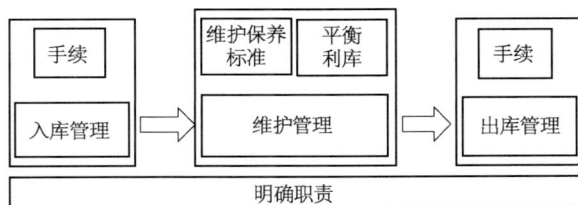

图 6-4 库存管理示意图

设备运维单位将废旧物资回收明细表签字盖章，连同报废审批手续及实物一并移交物资部门。物资部门根据废旧物资回收明细表，办理入库，并在 ERP 建立台账，确保账物相符。对于可再利用设备，将可利用设备交接表、技术鉴定报告、实物资产以及入库手续一并移交给物资部门，完成可再利用资产入库。物资部门妥善保管可再利用设备和技术鉴定报告，在 ERP 系统中对可再利用资产做账务处理，保证账实相符。

物资部门负责做好仓库中可利用资产的保管，专业部门负责组织对仓库中可再利用资产的检修试验，保证其技术状态良好。物资部门利用平衡利库和盘点定期将可再利用资产库存信息反馈给生产部门。

库存管理以拆除资产的移交为主线，实现项目实施单位—生产部门—物资部门管理协同联动；以废旧物资回收明细表、可再利用设备交接表，实现业务、信息联动。库存管理监督考核激励机制以退役及再利用资产入库为主线，监督退役及再利用资产入库全过程，考核入库的及时性和完整性，激励再利用资产的维护保养执行完备性。

5. 规范再利用管理

（1）再利用原则。生产部门负责组织再利用工作，协调项目管理部门在基建、技改等项目中优先使用可再利用设备。资产再利用原则是谁产生谁利用，退役设备应优先就地再利用，无法就地使用的再进行全企业范围调配。

（2）退役资产再利用。项目实施单位根据年度投资计划编制项目实施计划，实施计划中明确利旧清单。在设备安装前，项目实施单位向物资部门出具领料单并办理再利用资产领用相关手续，物资部门签字确认。

工程项目竣工投产后，项目单位负责进行竣工结算。财务部门负责决算转资，并维护资产信息。生产部门负责组织维护再利用资产设备信息。

以再利用资产管理业务为主线，实现生产部门—项目实施单位—物资部门—财务部门管理协同、信息联动。通过再利用资产报废率、再利用资产利用及时率、再利用计划完成率等指标，对各级资产再利用部门进行考核评价。

6. 编制实施细则，固化研究成果

编制资产退役及再利用联动管理机制实施细则，对电网资产退役及再利用业务过程进行细化，明确各部门（单位）从项目立项可研、技术鉴定、设备拆除、库存保管到再利用各环节中具体职责，确保各部门（单位）高效协同配合，实现设备再利用管理中实物流、价值流、信息流"三流合一"。

第七章

管理保障与基础支撑

第一节　人力资源与培训

电网企业资产全寿命周期管理体系建设和常态运行需要完善的管理保障与基础支撑。电网企业应不断优化人力资源配置和培训，加强数据资源的整合利用与信息技术的引入，应用全寿命周期成本管理理念和方法，开展标准化工作，持续保障资产全寿命周期管理体系高效运转。

一、人力资源配置

电网企业应积极对人力资源进行科学、合理的配置，实现企业人力资源配置最优化。配置人力资源时，应根据各部门业务职能确定岗位需求，进行岗位分析并明确岗位编制，进而对资产管理专职、兼职岗位与人员进行合理配置，促进企业整体运营效率效益的提升。

（一）配置原则

1. 能级对应

合理的人力资源配置应使人力资源的整体功能强化，使人的能力与岗位要求相对应。资产全寿命周期管理包含决策层、管理层和执行层三个层次，需要不同的能级水平。资产管理员工能力不同，在纵向上处于不同的能级位置。对资产管理员工进行配置，应做到能级对应，即每一个员工所具有的能级水平与所处的层次和岗位的能级要求相对应。

2. 优势定位

人的发展受先天素质的影响，更受后天实践的制约，因此人的能力发展是不平衡的，其个性也是多样化的。资产全寿命周期管理优势定位有两方面内容：资产管理员工应根据自身的优势和资产管理岗位的要求，选择最有利于发挥自己优势的岗位；各级管理者也应据此将资产管理员工安置到最有利于发挥其优势的岗位上。

3. 动态调节

在电网企业内部，随着资产全寿命周期管理体系的发展和资产管理员工能力素质的提高，可能出现职位要求与员工能力素质不匹配的情况，应适时地对人员配备进行调整，始终保证合适的人在合适的岗位上工作，实现人力资源配置最优化。

（二）配置方法

1. 知人善用，适人适位

在电网企业资产全寿命周期管理工作中，各级管理者应对本部门资产管理业务职能和资产管理员工有全面、正确的了解，明确专兼职岗位，能够针对员工的特点以及岗位的特性来安排具体工作，并对员工进行指导，做到人事相配，实现人力资源配置的最优化。

2. 动态优化与配置

电网企业各级管理者应及时了解资产管理职位要求的变化情况，掌握资产管理员工的能力素质，定期评估资产管理员工与其职位的适应程度，对资产管理员工进行合理有效配置，并通过调配、晋升、降职、轮换等手段对人力资源进行动态的优化与配置。

3. 个人与组织发展的匹配

电网企业个人与组织发展相匹配包含两个方面的含义：个人的价值观与组织所奉行的价值观相一致；个人与同事易于形成强有力的工作团队。电网企业资产全寿命周期管理由规划计划、采购建设、运维检修、退役处置等不同业务阶段组成，通过对各级资产管理员工进行理念宣贯和合理有效地搭配，可以形成高效的资产管理协同工作机制和环环相扣的闭环管理。

（三）人才应用

对于优秀人才，电网企业应正确把握人才使用的基本规律，运用标准化工作方法，创新人才工作机制，优化人才工作流程，实现人才工作的闭环管理，形成统分结合、上下联动、协调高效、整体推进的人才工作运行机制。

1. 创新人才选拔使用机制

电网企业应改革各类人才选拔使用方式，建立与员工能力评价结果应用的联动机制，实现"以评促培、以评促学、以评促用"的目标。科学合理使用资产管理人才，规避资产管理岗位调整风险，畅通员工职业发展通道，根据考评结果推进人员有序流动，形成有利于各类资产管理人才脱颖而出、充分施展才能的选人用人机制。

2. 创新人才激励保障机制

电网企业应建立以能力和业绩为导向的薪酬体系，发挥薪酬激励作用，适度拉开同岗位不同能力、绩效的员工之间的收入差距，有效激发员工活力，降低薪酬管理不当风险，坚持精神激励和物质奖励相结合，注重企业文化熏陶和核心价值观的培育，充分调动各类人才的创新激情和活力，努力营造人才成长的良好环境。

二、培训实施与能力评价

电网企业在对人力资源进行合理配置的基础上，应加强人员能力培训和能力评价。通过能力培训促进员工能力与现有资产管理岗位能力要求相匹配，确保资产管理工作的有效开展；通过能力评价发现员工能力与现有资产管理岗位能力要求间的差距，确保人力资源配置和能力培训实施的针对性和有效性。

（一）培训实施

1. 工作思路与要求

电网企业应综合考虑资产管理业务发展、管理要求、个人职业发展等信息，收集培训需求，纳入年度培训计划。建立培训需求的分析、沟通、审核程序，作为培训计划的制订依据。对资产管理人员培训需求的必要性和迫切程度进行分析，结合培训场所、培训设备、培训师资、培训费用和员工工作繁忙程度等因素，编制并下达年度培训计划。根据不同类型的培训需求，制订相应的培训方案。对实施的培训项目进行过程管控，形成有效性评估报告。建立培训评估机制，制订培训测评内容，考量员工培训成效，确保资产管理员工掌握资产全寿命周期管理所需的知识和能力，并对员工能力进行评价。

电网企业各部门应围绕本部门资产管理员工队伍现状、能力差距和次年度重点工作，充分利用培训需求分析，系统谋划年度培训项目。通过广泛发动，开展培训需求调查，结合企业发展战略、工作需要和员工队伍素质能力现状，提出自主开展的培训项目和筛选参加上级单位开展的培训项目。上级单位在征求专业部门和下级单位意见的基础上，履行相应的审批程序后，形成培训专项计划，下级单位进而逐级确定培训项目。为提高培训针对性，各级部门应结合本级培训项目，制订面向决策层、管理层和执行层的三级培训计划，最终形成覆盖广、针对强、效用高的培训体系。

2. 工作内容与培训方式

（1）工作内容。分层分级实施培训。根据培训对象的不同级别，制订不同层次的培训内容及授课方式。由于资产管理分工不同，培训对象由决策层、管理层和执行层三个层级组成，根据各自在资产管理体系中的任务，进行不同内容和形式的培训。统考与访谈评估相结合。电网企业根据各个培训阶段的特点，开展各种有针对性的考核测验，提高各级人员对资产管理工作的重视度和参与度，强化培训效果。通过闭卷问答形式对资产管理相关员工进行分阶段考核，促进员工正确理解资产全寿命周期管理知识、清晰掌握专业流程、最终提升业务能力。电网企业应在培训和统考的基础上，随机抽取相关人员，进行进一步的访谈评估，正确衡量培训效果，发现存在问题，纳入下一阶段培训重点。

（2）培训方式。电网企业依托企业大学开展线上和线下培训。线上培训即开发资产全寿命周期管理体系相关课程，通过网络学院进行网络培训。线下培训主要包含集中培训和分散培训两种方式：集中培训是将各下属单位参培人员统一至培训中心集中进行培训；分散培训，由参与资产管理体系活动的各业务部门业务骨干分散进行培训。

3. 培训内容

通过对电网企业决策层、管理层和执行层三个层级的相关岗位人员，进行针对性的培训，确保其胜任资产管理职责。

（1）决策层培训。决策层培训的主要对象是电网企业高层领导。企业决策层即最高管理者，其领导力是资产管理中最重要的决定性因素之一。对企业决策层进行培训有利于企业领导对资产全寿命周期管理的决策和支持。决策层培训涵盖国家相关政策、利益相关方的需求和期望、资产管理目标的制订要求、重大风险识别评估等内容，促进企业最高管理者更加关注支持资产管理活动，履行资产管理总体决策职能，协调解决资产管理体系中的重大问题，使各级人员明确职责并为资产管理工作做出贡献、配备相应的资源等。

（2）管理层培训。管理层培训的主要对象是电网企业中层及以下管理人员。资产管理的运行和管理主要依靠管理层，资产全寿命周期管理实施运行以及保持长期有效，管理层发挥着重要作用，是不可或缺的中坚力量。管理层根据企业资产管理目标，对资产管理活动提出具体的要求，制订相应的标准、制度，确保为执行层提供充足的资源，并对其进行管理及管控。管理层的培训是在涵盖决策层培训内容的同时增加针对资产管理的方法和步骤、技术方法的应用和注意事项等方面的内容，确保具备贯彻执行决策层所制订的资产管理重大决策和管理、协调、监督企业资产管理的具体工作能力。

（3）执行层培训。资产管理活动开展的主体是执行层。执行层根据管理层制订的标准或制度，通过各种技术手段把资产管理目标转换为具体行动。执行层的培训包括资产管理的目的及意义、资产管理执行环节的业务流程、风险识别及后果、内外部沟通等方面，确保员工在从事资产管理相关活动时具备与其岗位相适应的意识及能力，确保企业各项资产管理活动务实、高效开展。

（4）培训评估。培训结束后，人资部门组织开展培训效果评估。培训效果评估和持续改进是培训的核心环节。通过四级评估对已完成培训项目开展评估工作，四级评估第一层至第四层分别是反应评估、学习评估、行为评估、结果评估，四个层次评估实施由易到难，对于结果评估难度较大，是否实施应根据资产管理培训的内容和重要性决定。通过评估可以帮助培训实施部门发现存在的问题和不足，由人资部门和实施部门共同提出改进意见和纠正措施。

电网企业资产全寿命周期管理培训评估主要包含以下七个实施步骤：

1）设定业务目标，界定业务收益。首先，收集资产全寿命周期管理问题，尽可能做到量化。其次，进行培训前置性评估，思考两个问题：这个问题是否是由于资产管理员工缺少知识、技能或者信息引起的；培训是否可以解决这个问题。

如果两个问题的回答都是肯定的，就可以着手设计培训项目。最后，准确界定培训可能取得的收益；资产管理员工的态度、技能和知识改变后，业务目标应该是什么；实现这个目标后，企业可以实现多少收益。设定的目标与界定的收益将成为资产全寿命周期管理培训项目设计的指导性内容。

2）设计培训目标，设计学习成果，并应用干预方案。为了达成期望的业务结果，必须确定资产管理员工需要掌握的关键行为；为了使学员掌握这些关键行为，需要首先明确学员应该掌握的知识、技能和态度，在此基础上设定可测量的培训目标。然后根据培训目标设计学员训后干预方案，监控、强化、鼓励和奖励学员在企业中进行关键行为改变，确保学员能够掌握知识技能，并在资产全寿命周期管理工作中应用知识技能、稳定输出关键行为。

3）制订评估计划，选择控制组，收集基线数据。根据培训目标，制订资产全寿命周期管理评估计划，确定评估数据类型和层级。制订数据收集计划，选定控制组和对照组，收集基线数据。

4）进行学习项目设计。首先进行需求分析，访谈学员的直线主管，了解学员在资产全寿命周期管理方面存在的主要问题和需要继续提升的主要技能，并明确其对培训的建议和期望；确定学员的关键培训需求、在资产全寿命周期管理工作中遇到的主要问题和困难，希望学习的知识和技能，以及希望得到的支持和资源。了解学员对培训的建议。在此基础上形成培训需求调研报告，明确课程目标设计、课程大纲设计、培训形式等，之后基于这些需求信息进行学习项目设计，包括教学实施、教学评估、设计学习转化条件等。

5）学习项目实施。组织学员参加培训项目，并在课程结束后收集一、二级评估数据。

6）学习成果转化。培训结束后回到岗位，各部门要发挥主体责任，监督、鼓励、激励学员在资产全寿命周期管理工作中分享、运用所学知识或技能，人力资源部门也要通过行动改进计划等各种方式实施跟进，采集培训后6个月内的学员绩效、行为转变等三级评估数据。

7）收集业务结果指标，分离培训收益，计算投资回报率（ROI）。跟测控制组与对照组的业务结果指标，收集四级评估数据。通过数据分析，利用控制组和趋势线技术分离培训收益，计算培训投入（培训成本）和培训产出（培训收益），在此基础上求得资产全寿命周期管理培训的投资回报率。

（二）能力评价

电网企业应建立以能力为导向、业绩为重点的人员能力动态评价机制，形成科学化、标准化的人才考核评价体系，促进人员素质的全面提升。通过人员能力动态评价机制，寻找员工现有能力、业绩与岗位职责和任职资格要求之间的差距，进一步提出新的培训需求。

1. 员工能力评价模型

电网企业员工能力评价模型由基本情况和能力素质（通用能力、专业能力、业绩成果、岗位履职）两个模块构成（见表 7－1），包括基本情况（A）、通用能力（B）、专业能力（C）、业绩成果（D）、岗位履职（E）五个一级指标，每项一级指标细化为不同维度的二级指标。

对不同岗位员工进行能力评价，需要结合各部门业务职能和岗位要求，对员工能力评价模型中的二级指标进一步细化完善，不同岗位对员工的能力要素和具备的程度也有不同的要求。因此，对于不同的指标可以设置不同的权重比例进行评价。

表 7－1　　　　　　　　　　电网企业员工能力评价模型

序号	一级指标		一级指标代码	二级指标	二级指标代码
1	基本情况		A	学历	A1
				职业资格	A2
				…	A3
2	能力素质	通用能力	B	基础能力	B1
				思维与表达	B2
				计划与控制	B3
				组织与协调	B4
				自我管理	B5
				职业品质	B6
				…	…

续表

序号	一级指标		一级指标代码	二级指标	二级指标代码
2	能力素质	专业能力	C	专业知识 1	C1 – 1
				专业知识 2	C1 – 2
				…	…
				专业技能 1	C2 – 1
				专业技能 2	C2 – 2
				…	…
		业绩成果	D	成果获奖	D1
				授权专利	D2
				论文专著	D3
				标准制订	D4
				建章立制	D5
				个人荣誉	D6
				…	…
		岗位履职	E	绩效考核结果	E1

2. 评价方法

（1）基本情况：包括学历、职业资格等指标。

测评方法：通过人力资源信息系统采集数据，直接进行赋值计分。

（2）通用能力：包括基础能力、思维与表达、计划与控制、组织与协调、自我管理、职业品质等能力。

测评方法：通过评价中心采用行为访谈、心理测评、无领导小组讨论、情境评价、角色扮演等方法进行测评。

（3）专业能力：不同的岗位专业能力细分为若干个专业能力小项，包含专业知识和专业技能。

测评方法：通过专业普调考、履历分析、业绩举证、360°测评等方法对各岗位的专业能力进行测评。

（4）业绩成果：包括成果获奖、授权专利、论文专著、标准制订、建章立制、个人荣誉等。

测评方法：通过员工申报、单位审核、上级单位审定等步骤进行认证。

（5）岗位履职：员工绩效考核结果。

测评方法：通过员工所在单位给定的绩效考核结果进行测评。

电网企业应注重评价结果的应用，提高导向性、增强时效性，建立和完善相应的奖惩机制，促进组织和个人共同提升。

───────── 延伸阅读 ─────────

澳大利亚（Jemena）公司人才评价和继任计划

Jemena 公司针对第三层及以上领导层（董事总经理、执行总经理、总经理）以及部分关键位置的第四层管理层（经理）制订继任计划。应用"九宫格"式的人才评价矩阵，从"业绩"和"潜力"两个维度开展人才综合量化评价，作为选择岗位继任人员的依据，并给出针对性的培养指导策略，以此保证管理层的稳定性和延续性。人才评价和继任计划的流程如图 7-1 所示。

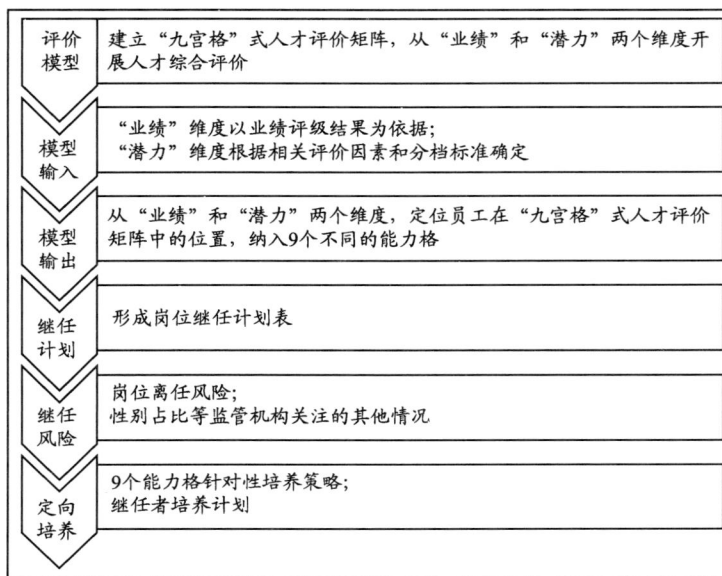

评价模型	建立"九宫格"式人才评价矩阵，从"业绩"和"潜力"两个维度开展人才综合评价
模型输入	"业绩"维度以业绩评级结果为依据；"潜力"维度根据相关评价因素和分档标准确定
模型输出	从"业绩"和"潜力"两个维度，定位员工在"九宫格"式人才评价矩阵中的位置，纳入9个不同的能力格
继任计划	形成岗位继任计划表
继任风险	岗位离任风险；性别占比等监管机构关注的其他情况
定向培养	9个能力格针对性培养策略；继任者培养计划

图 7-1 Jemena 人才评价和继任计划流程图

（1）评价模型。Jemena 公司建立了"九宫格"式的人才评价模型，从"业绩"和"潜力"两个维度开展人才综合评价，每个维度分三级，共 9 个能力格。

（2）模型输入。业绩维度由员工业绩评级结果决定，将业绩评级 6 个分级归入高、中、低三级，如表 7-2 所示。

表 7-2   业 绩 维 度 表

业绩维度	低			中	高	
业绩评级	新进员工	不合格	待改进	合格	优秀	杰出

潜力维度综合考虑职业发展意愿、变革管理能力、领导力思维、团队领导能力等因素，由人力资源制订评价标准。通过被测评人员上级领导进行评分决定，同样分为低、中、高三级。

（3）模型输出。Jemena 公司针对扩展领导层（执行总经理、总经理）岗位备选人，开展人才评价的输出情况。从"业绩"和"潜力"两个维度，定位员工在"九宫格"式人才评价矩阵中的位置，纳入 9 个不同的能力格。其中，进入能力格 1、2、3 格的 7 名人员，入选继任计划。

（4）继任计划。Jemena 公司针对扩展领导层（执行总经理、总经理）岗位，制订继任计划（见表 7-3）。除继任岗位、现职人员之外，明确了每个岗位在 0~1 年、1~2 年、2~3 年及以上培养期内可以替补岗位空缺的人选，标示是否落实继任者培养计划，并在说明文字中给出了存在的离任风险、计划外可能存在的其他人选以及其他相关备注信息。

表 7-3   Jemena 岗位继任计划示例表

职位	岗位现职人员	1 年培养期可继任者	2 年培养期可继任者	3 年及以上培养期可继任者	是否落实提升计划	说明
某部门执行总经理	Bob	员工 A		员工 B	是	风险：员工 A 潜在离任风险 其他选择：考虑将员工 A 作为其他部门继任人选

职位	岗位现职人员	1年培养期可继任者	2年培养期可继任者	3年及以上培养期可继任者	是否落实提升计划	说明
某处室总经理	Jo	员工C		员工D		风险：需要特殊技能，无人可立即上岗 其他选择：员工G
某处室总经理	Karen	员工E		员工F	是	风险：关键岗位 其他选择：员工H

（5）继任风险。一是岗位人员离任风险，包括竞争对手挖角、自发跳槽离职、即将发生的离职、潜在裁员等；二是性别占比的硬性要求等监管机构关注的其他情况。继任风险必须在继任计划制订的同时，进行专项识别，纳入继任计划备注内容。

（6）定向培养。按照人才评价的结果，针对9个不同的能力格，分别由人力资源制订差异化的培养策略，由相应的业务职能部门负责具体落实培养措施和项目，提高培训的针对性和有效性。进入继任计划者，根据能力素质情况及继任岗位的需求，制订年度的能力提升计划。

针对公司第4层（经理层）管理人员，如果进入继任计划，有资格参与"IGNITE培训计划"，目的在于将第4层管理人员培养成为潜在的领导干部。每期计划为期3～5天，采取了讲座课程、团队交流、实战演练等多种形式，在培养领导力的同时，增进管理人员之间的协同协作能力。实战演练环节，由受训人员扮演公司领导层，模拟解决公司遇到的问题和困难，陪同演练的人员均由公司现有员工以及真正的领导层扮演，能够有效考察和培养受训人员的领导力。

第二节　数据管理与信息技术

电网企业资产管理相关数据大多分布在各个业务环节，不利于资产管理关键流程跨部门、跨业务的贯通与信息追溯。因此，需要强化资产信息技术管理，确保数据资源的有效利用，提高跨部门、跨专业之间的沟通和协调效率。

一、数据管理

在资产管理过程中，应加强基础数据和业务数据的规范管理，运用大数据充分挖掘企业资产基础数据和业务数据的潜在价值，构建全面监测、运营分析、协调控制、全景展示为一体的电网资产监测机制。

（一）原则要求

为了更好地实现企业资产全寿命周期管理，电网企业资产数据管理需要满足以下要求：

1. 数据规范化

资产管理各业务模块的数据字段及数据关系应符合电网资产管理标准，并建立相应的数据标准。各资产管理子系统需要满足规范化设计，在设计阶段产生的数据流图、数据字典、E-R图（实体关系图）以及设计手册等信息应注意存档，便于后期开发数据集成平台。

2. 数据一体化

资产全寿命周期管理体系规划计划、采购建设、运维检修、退役处置等业务阶段产生的数据，应通过清洗、抽取、转换、装载，实现数据一体化整合。通过规则、流程、技术和解决方案，实现面向管理者需求、可多数据源加载的一体化数据。

3. 数据唯一性

由于电网企业资产数据总量庞大，且不断面临更新交替，不同时间、不同流程阶段的数据极易不一致，给数据的集成和处理带来极大的不便，增加资产数据管理的工作量。资产数据应具备唯一性，以保证资产数据的准确性，防止资产数据失真。

4. 数据贯通性

专业化的管理模式下，不同专业条线数据的采集逻辑、统计口径相对独立，资产数据在此之间的横向贯通有利于形成统一的数据视图，进而对资产数据进行综合性的分析。资产数据在企业内部纵向贯通，有利于构建一个数据上下畅通的通道，保证资产数据向上报送的及时性、准确性和安全性。

5. 数据共享性

电网企业资产数据共享是为了能让处于不同地方，使用不同设备和不同软件的使用者，读取相关数据并进行操作和分析。资产数据共享实现随时随地移动办公，帮助管理者及时发现问题，提高资产管理效率。资产全寿命周期管理体系中各部门通过资产数据共享平台互通信息，共享资源，减少信息衰减，实现集成管理。

（二）基础数据管理

电网企业应以传统实物资产账、物管理为基础，建立设备台账信息与资产台账的动态互联，实现实物资产和价值资产的统一管理，为资产全寿命周期管理奠定基础。

实物资产基础数据的规范化、统一化管理是资产管理体系建设的重要内容和基础。电网企业应在全力推进资产管理体系建设的过程中，以全面提升设备资产数据的完整性、准确性和一致性为目标，建立账卡物一致的常态管理机制，在持续开展账卡物清查的基础上，对资产从形成到退出的全过程进行精益管控。通过资产管理各阶段编码的联动管理，建立统一的数据标准，应用物联网等新技术，在提升资产管理效率的同时，实现资产管理从形成到退出的全过程编码贯通，支撑信息的追溯和共享。构建实物资产管控平台（如图7-2所示），从设备台账与设备实物分析数据一致性、完整性、规范性的整体情况，实现账卡物一致性的有效监控，有力保障电网资产的账卡物一致性，提升企业资产管理水平。

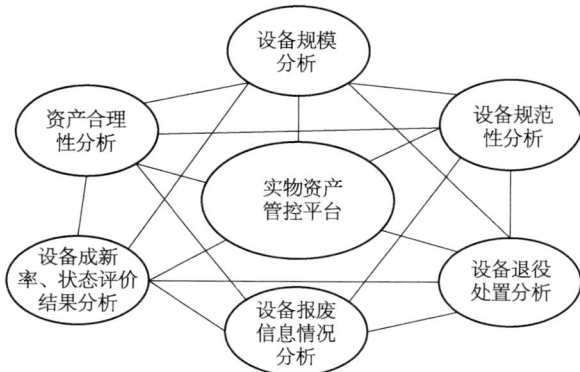

图7-2 实物资产管控平台示意图

（三）业务数据管理

业务数据包括业务主数据和业务过程数据。业务主数据是资产管理过程的核心业务实体、为企业资产信息流提供统一视图的数据，能消除资产数据冗余、提升数据质量。业务过程数据是在资产管理中，各个业务阶段、业务领域产生的与本专业业务流程密切相关的数据。

1. 数据使用管理

电网企业目前实行以数据中心为枢纽的数据共享和应用管理模式，此模式包含数据应用流程和共享应用流程。数据应用流程是通过信息化的手段实现企业数据从产生、汇总到分发应用流转全过程的集中管理；共享应用流程是通过管理制度规范各部门在数据应用流程中的职责，规避数据泄露风险。基于数据中心的数据使用流程如图 7 - 3 所示。

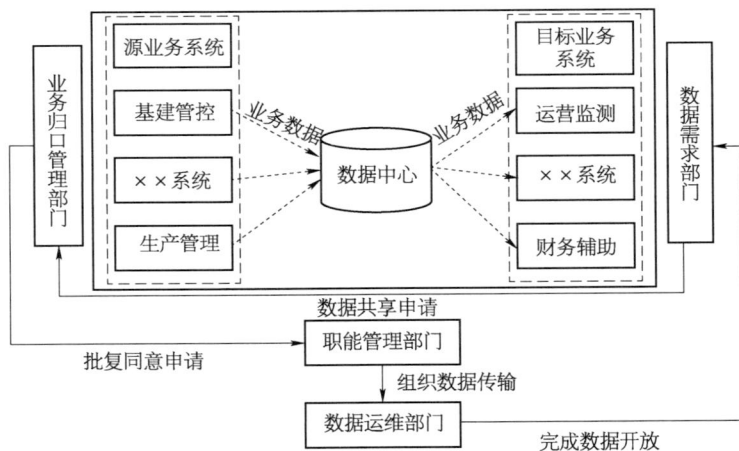

图 7 - 3　基于数据中心的数据使用流程图

2. 数据质量管理

数据质量管理是指对数据在接入、传输、使用、存储等流转过程中及时性和完整性的管理。需要在要求的时间段内，根据各业务部门数据质量检查规则及时有效地维护数据，且数据信息维度完整、无冗余数据。

3. 数据安全管理

数据安全包括数据资产的存储传输安全和使用安全。存储传输安全方面，对所维护的数据资源的存储方式、备份方式、归档方式、容量空间和传输方式进行的常态化安全管控。使用安全方面，针对不同数据安全保密等级建立对应的使用安全管理策略，提高数据访问权限的管理及控制工作。

（四）数据应用

数据应用主要围绕企业关键业务，以专题、指标、流程为载体，基于资产基础数据和业务数据，对管理效率、经营效益、工作质量、运营风险、服务水平等进行多维度分析，充分挖掘数据资产的价值。典型的数据应用包含但不限于计划预算决策分析、电网运营决策分析、关键流程监测分析、专题分析等。

1. 计划预算决策分析

计划预算决策分析侧重于关注企业计划投资与项目执行情况。通过拓展重点项目计划预算全过程监测分析以及资产和费用关联监测分析，按照电网技改、营销项目、基建项目、科技项目等进行归类统计，按项目综合执行率进行分析、排列，结合其关键环节，从里程碑、物资、资金三个链条设置监测分析规则，开展决策辅助分析，全面覆盖企业计划编制调整、执行控制和考核评价业务。项目全过程监测分析框架如图 7-4 所示。

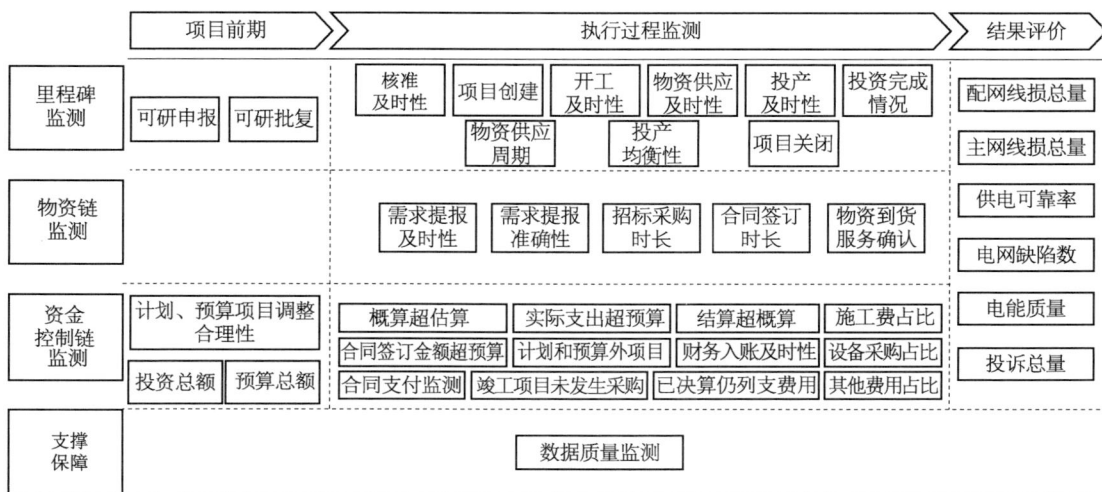

图 7-4 项目全过程监测分析框架图

　　以基建项目为例，里程碑链条以综合计划下达企业级项目编码为依据，追溯规划、前期信息、计划、招标、开工、建设、投产及运行信息。依据项目管理要求，在不同节点设置不同规则，如已下达的综合计划储备库项目是否对应、时间逻辑性判断、规模一致性判断等。基于链条模型开展具体决策分析。项目里程碑链条模型如图 7-5 所示。

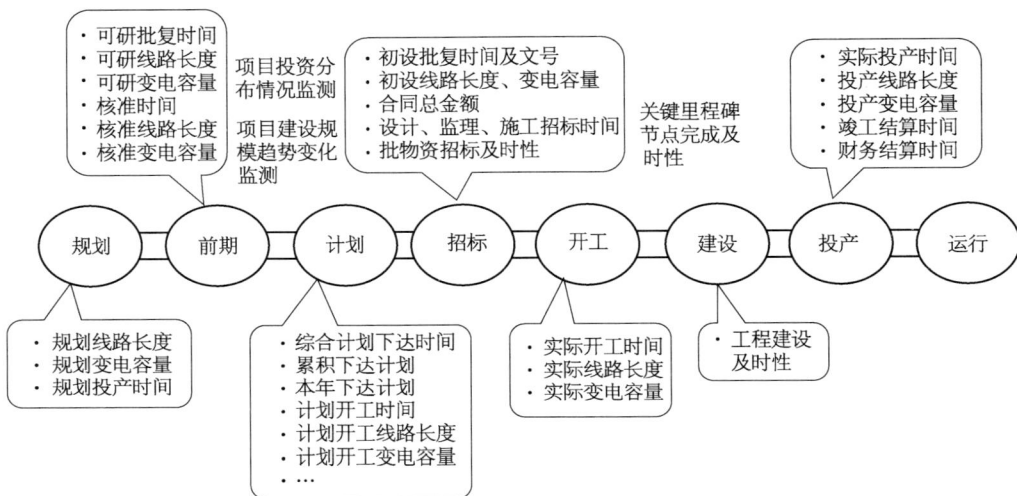

图 7-5　项目里程碑链条模型图

　　物资供应链条涉及申请、中标、合同、领料、项目结余、物资处理六个关键节点，每个节点设置关键指标，如采购申请总金额≥合同总金额、首次物资采购时间＜实际初设批复时间等。项目执行物资链条模型如图 7-6 所示。

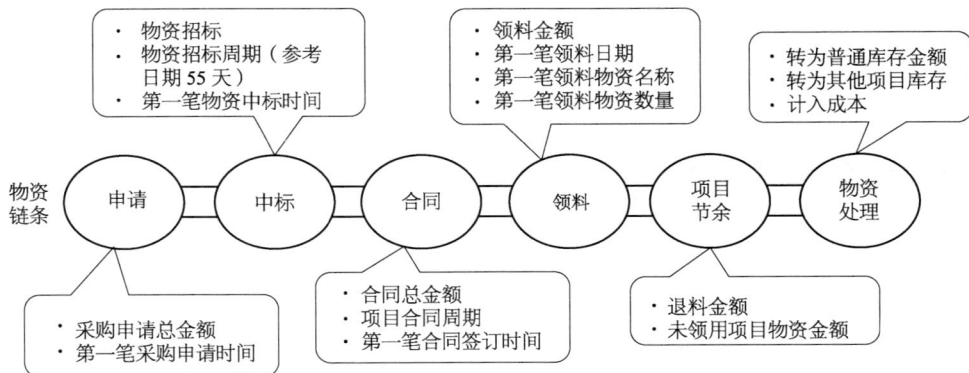

图 7-6　项目执行物资链条模型图

资金链条涉及计划、预算、采购、支付、结算、决算六个关键节点，每个节点设置关键指标，如累计下达投资计划≥累计年度预算≥合同总金额≥累计支付金额≥累计新增固定资产、预算完成进度大幅度超项目进度。项目执行资金链条模型如图7-7所示。

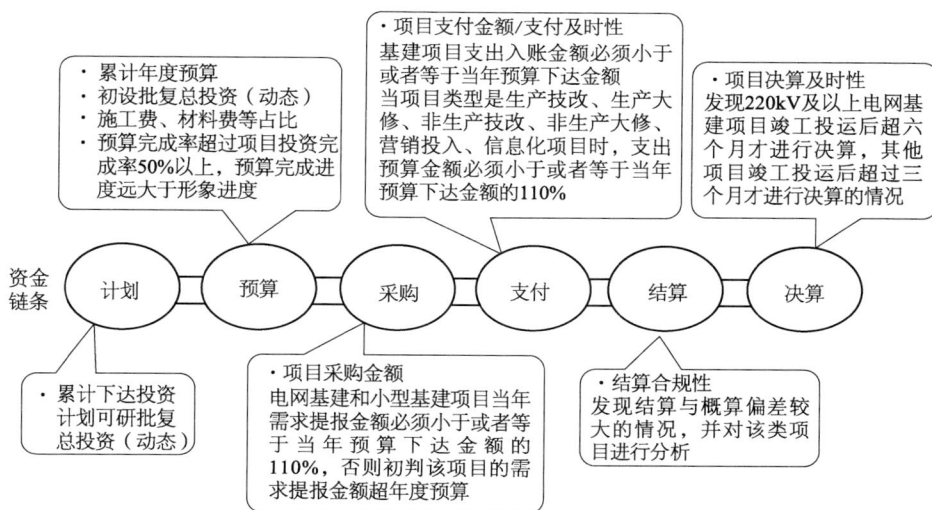

图7-7 项目执行资金链条模型图

2. 电网运营决策分析

电网运营分析依托企业数据融合共享机制和信息化建设资源，把原本分散在地区的调度、营销、生产等多个部门、不同系统的信息集中在一个数据池中，进一步提升电网的整体可观、可测以及综合研判水平，支撑各级电网协调发展。

电网运营分析主要包括运营质量、运营效率、运营效益三方面分析。

第一，运营质量分析主要包括系统能力和供电质量两个方面。其中，系统能力涉及220kV及以上电网输电能力、110kV及以下电网供电能力和转供水平三个方面。供电质量包括停电、电压质量、三相不平衡和功率因数四个方面。

第二，运营效率分析主要包括运行效率、管理效率和服务效率三个方面。其中，运行效率包括主网运行效率、配网运行效率、电网运行协调性、负荷特性挖掘和可视化展示五个方面。管理效率包括电网基建项目执行、计划停电管理和故障处置三个方面。服务效率包括并网效率、配网故障抢修效率和业扩服务效率三个方面。

　　第三，运营效益分析主要包括能耗损失、综合评价以及设备回收与报废三个方面。其中，能耗损失主要包括线损、停电损失和限电损失三个方面。综合评价包括配农网台区的可视化综合评价分析、综合效能分析、配电网全景立体监测与柔性分析和基于大数据挖掘的主动配电网监测分析四个方面。设备回收与报废主要包括设备退役、设备再利用和设备报废效率三个方面。

3. 关键流程监测分析

　　关键流程监测分析主要目的是通过对指标和流程各类数据的分析、评估，发现业务执行不顺畅和运转不协同等问题，促进部门加强横向沟通协作，保障业务顺畅运转，综合分析企业运营绩效、健康状况和变化趋势，为企业经营决策提供策略和建议，提升企业管理运营效益。

　　（1）企业级端到端流程监测分析。企业级端到端流程监测分析主要目的，是通过对资产全寿命周期管理业务的全面梳理，按照规划、建设、运行、检修、营销等关键业务领域全覆盖的原则，突出跨部门、跨专业、跨层级的监测视角，以流程效率和横向协同为重点，构建以管理流程为基础，以运营指标为表征的企业运营活动监测载体，实现关键流程的常态监测分析。

　　资产规划到资产处置是指从资产的长期效益出发，同时关注设备资产的实物和价值属性，全面考虑资产的策略、规划、投资、项目（设计、建设、购置）、运行（包括维护、检修、改造）和处置（退役、转移、报废）的全过程，追求资产全寿命周期内安全、效能、成本的综合最优。资产规划到资产处置端到端流程包括资产规划、资产形成、资产运营和资产处置四个业务阶段及其细分的各具体业务节点，如图7-8所示。

　　（2）流程绩效评价。流程绩效评价主要目的是通过对端到端流程的监测分析，综合评估流程运营质效、健康状况和变化趋势，为决策管理提供建议。通过研究绩效指标分类、分群和分层评级策略，构建包括"评价维度""评价维度—指标体系""数据算法关系"流程绩效综合评价模型，提升端到端流程绩效运行评价能力。其评价内容如下：

　　1）同一时期不同地区的流程绩效比较。包括不同地区流程总得分之间的比较、不同地区单个阶段之间的比较、不同地区单个节点之间的比较以及不同地区单个维度或指标之间的比较。

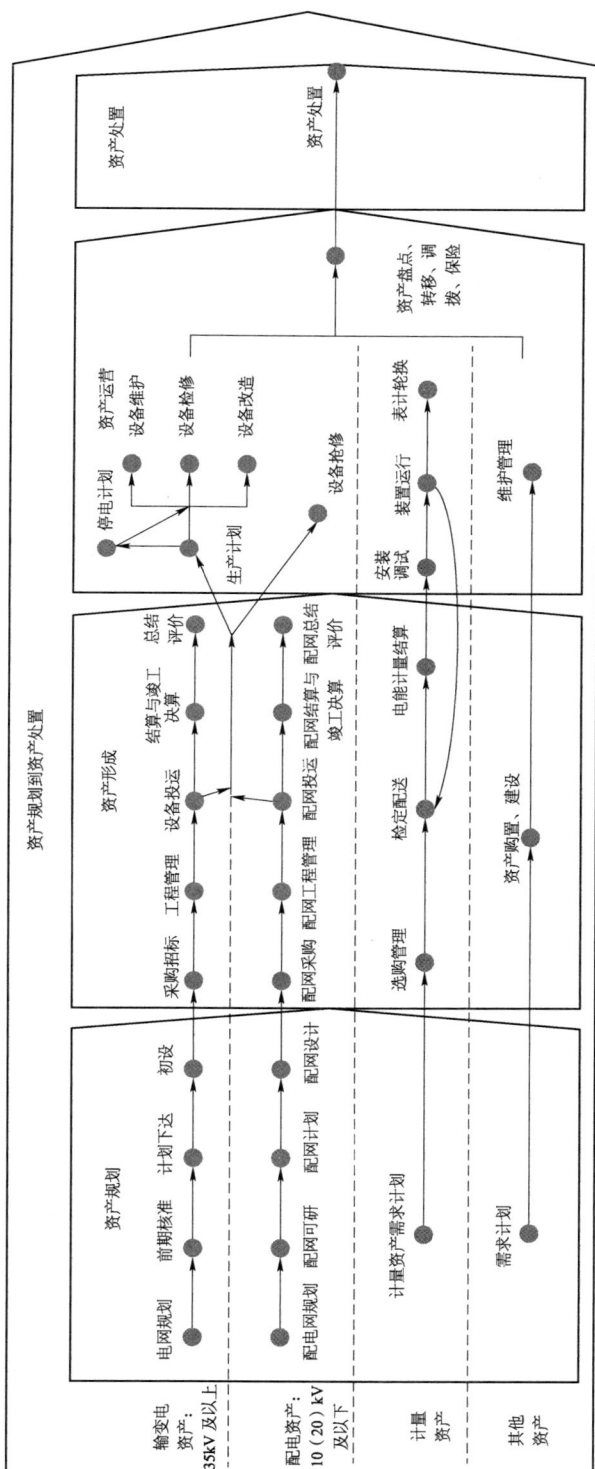

图 7-8 资产规划到资产处置端到端流程图

2）同一地区不同时期的流程绩效比较。包括不同时期流程总得分之间的比较、不同时期单个阶段之间的比较、不同时期单个节点之间的比较以及不同时期单个维度或指标之间的比较等，并从中发现问题或不足。

3）横向关联比较。不同流程之间的横向关联分析比较，以及同一流程不同阶段或节点之间的横向关联分析、不同维度或指标之间的横向关联分析等。

4）异动评价。基于流程绩效综合评价得分，通过钻取分析发现业务运转过程中的异动情况，找出问题的根源所在，并加以改进。

4. 专题分析

专题分析内容侧重于电网企业跨部门、跨专业综合分析。电网企业典型的专题分析有：

（1）投资精准管控分析。基于台区效能评价模型，关联配农网资金投放和资产价值，诊断投资效益。

（2）客户挖潜分析。基于海量数据分析模型，监测用户电价执行、电费收取情况。

（3）临时用电与潜在用电需求关联分析。基于业扩报装预测模型，辨识潜在用电需求，提高业扩协同效率。

（4）配网线损监测。基于线损分析模型，研究线损与配网投资的关联关系，支撑线损精益管理。

（5）电力改革新政下电网企业运营绩效研究。以增量配电业务改革试点区为样本，全程监测其运营和管理模式，分析对企业财务管理、生产运维和业务流程等方面的影响。

（6）配售市场改革后配网投资建设分析。构建配网投资分析模型，研究主配变容量规模、用户数及售电量、居配和接入工程建设情况等因素，分析配网项目可研科学性、投资时序协同性、建设过程合规性、结算决算及时性。

二、信息化管理

企业资产信息通过资产全寿命周期内的基础数据和业务数据体现。资产信息管理就是建立一个统一、全面、实时、准确的资产信息全集，通过信息化系统实现资产管理数据共享和追溯，推进资产管理关键业务流程跨部门、跨业务贯通，最终支撑资产全寿命周期管理体系的有效运转。

（一）信息化原则

1. 坚持战略导向

紧密围绕电网企业资产全寿命周期管理发展战略，服务企业创新发展和高效管理，为企业实现资产安全、效能、成本最优提供坚强保障。

2. 坚持创新驱动

当前信息技术飞速发展，为了更好地适应科技革命和产业变革，电网企业的发展需要创新驱动，激化创新活力，增强创新能力。

3. 坚持技术领先

信息通信技术作为智能电网关键核心技术，推动了智能电网技术变革，促进了管理精益化，推进了横向协同和融合创新。电网企业应强化信通技术领先，选定主攻领域，研究新技术，争取突破性成果。

4. 坚持应用广泛

将信息系统广泛应用到企业各级单位，覆盖全业务、全流程，才能通过信息化产生效益，提升效能，提高效率，提升应用水平，改进用户体验。

5. 坚持安全可靠

守护安全根基，确保关键信息系统的技术选择以"安全可靠"作为第一原则，建立安全产品和技术的审查机制，建立全面的信息安全体系，实现端到端的信息安全运行管理，为企业信息化发展提供坚强保障。

6. 坚持经济适用

准确定位企业信息化需求，合理测算信息化的投入产出，强化项目管控。注重应用效果，推动信息系统深化应用水平持续提升，结合现有设备和系统的继承和利用，确保信息化建设先进性、适用性、经济性和有效性的有机统一。

（二）信息化要求

在资产信息化管理方面，电网企业着重开展以下几个方面的工作：

（1）基础支撑。提升电网企业信息基础技术能力，完善包括网络传输、基础设施、数据资源、信息集成、应用构建、系统接入等在内的一体化平台建设，为资产全寿命周期管理各业务环节提供信息技术支撑。

（2）业务贯通。通过各信息系统的深化应用，信息系统将进行高度集成，统筹管理各业务环节。将前置业务环节的要求固化到信息系统中，并传递至下一业务环节，通过信息系统形成反馈机制，资产管理业务实现流程化、标准化，提高业务流程效率。

（3）信息共享。运用以数据共享资源池为枢纽的数据共享和应用管理模式，实现资产业务数据的统一管理。建立全业务统一数据中心，通过统一数据处理域、数据分析域、数据管理域，实现资产管理过程中各业务系统的数据共享与业务融合。

（4）新技术运用。运用移动应用、二维码、射频识别（Radio Frequency Identification，RFID）等新技术，解决由于专业管理差异带来的信息互联及共享的问题，实现电网资产全寿命周期的电子化管理和信息及时更新，全面提升资产管理精益化水平。

（三）信息化系统

电网企业在规划管理、建设管理、运维管理、调度管理、营销管理、财务管理、物资管理、运营监测等方面均应建立相应的信息化系统，覆盖资产管理各个业务阶段。通过信息化建设，实现资产管理业务流程固化、资产信息数字化、资产数据共享化，减轻资产管理者的工作负担，提升资产管理的工作效率。

规划管理方面，应建立覆盖所有电压等级和各专项、各层级的统一规划、计划应用系统，完成规划、计划管理功能的集成；应建立涵盖输电网、配电网的电网规划设计平台，归集社会经济、能源资源、电力供需等数据，充分支撑电网规划的科学性和前瞻性。

建设管理方面，应从业务规划、技术规划、效益分析、团队需求等方面进行研究和梳理需求，建立包含进度、安全、质量、技经、技术、参建队伍管理等功能的基建管理信息系统；应整合工程建设中的造价分析、标准成本、结算管理需求，建成技经实验一体化平台。

运维管理方面，应完善监控缺陷闭环管理、技改大修管理、系统数据纵向接入等功能，有效支撑智能电网生产运维一体化和检修专业化管理，应更深一步挖掘输变电移动作业、配电移动抢修、二次设备状态评估、电网安全事故规律性分析等功能需求；应建立电能质量监测、电网风险在线监测等功能，完善业务外包管控、安全监督管控等功能，构建安全监督标准体系及核心业务在线安全监督体系。

调度管理方面，建成并应用调度技术支持系统，支撑电网调度一体化运行，与 PMS 系统集成，实现电网生产调度、运行及检修工作的数据共享与流程贯通；应拓展市场交易管理等功能，实现交易信息的统一管理。

营销管理方面，应搭建计量生产调度平台和计量资产全寿命周期管理，有效保障计量生产设施的高效、可靠、稳定运行；应建成电能服务管理平台，面向各级电网企业、政府机构、用能企业和社会公众等用户，全面支撑节能服务及各项能效业务；应关注最新的电动汽车智能充换电服务网络运营管理系统，实现充换电服务网络运营的智能化管理。

财务管理方面，支持财务集约化管理体系建设，加强财务信息系统与前端业务模块的融合，实现财务业务的一体化应用。应通过财务数据质量管理实施、财务管控标准流程建设、资金计划应用建设、财务业务风险稽核管理建设，实现会计政策、会计科目、信息标准、成本标准、业务流程的线上统一管理，加强系统集团财务管控力度；通过凭证协同管理实施、会计电子档案实施、项目预算全过程管控建设、财务辅助分析和决策应用建设，提升财务管理水平。

物资管理方面，应落实物资信息"一本账"管理，实现了物资管理集约化、标准化、精益化。应充分考虑物资计划管理、采购管理、配送管理、废旧物资管理等功能需求，整合仓库资源，扩充供应商寄售管理功能、物资储备定额管理功能；完善供应商关系管理和供应链质量管理，优化协议库存、合同履约相关功能及接口。

三、新技术应用

大数据、云计算、物联网、移动互联、人工智能、BIM 技术等新技术的应用，不仅影响了信息通信产业的发展，也显著支撑了智能电网和能源互联网的实现。

（一）大数据技术

目前电网企业在信息化过程中积累的海量、多样数据资源，为数据深层次分析提供了良好条件，可围绕电网生产、经营管理、优质服务相关业务研究创新应用，通过应用大数据技术，开展数据处理性能提升、数据价值挖掘等工作，有效解决现有核心业务系统数据处理效率低、分析能力弱等问题。大数据技术应用如图 7-9 所示。

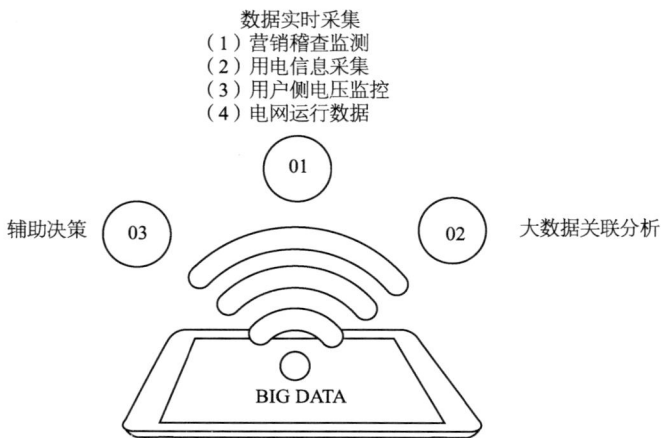

图 7-9　大数据技术应用图

大数据技术在电网企业各项资产管理业务中的一些应用如下：

1. 设备经济寿命预测及技改大修决策分析

利用大数据分析技术，自动判断经济寿命并预警，确保资产在经济寿命周期内，资产的产出大于资产的维护代价，实现资产的效能最大化。通过创建设备大修决策库，分析设备的使用年限、状态评估及检修记录与历史大修记录的相关性，结合设备状态、成本开展综合评估，辅助技改和大修项目的可行性决策。

2. 配变重过载预警分析

基于台账、用户档案、气象等数据，建立配变重过载预测模型，实现配变重过载风险短期预警分析与中期预警分析，有效提升配网供电能力，提高客户服务水平和支撑配网的投资技改。

3. 配网停电优化分析

基于配网停电优化的大数据应用，综合利用停电信息、故障信息、线路潮流等数据信息，并结合粒子群算法，实现停电管理优化及配网停电分析，为用户提供优质供电服务，促进电网的良性发展。

4. 政策性电价和清洁能源补贴执行效果评估

基于用户用电量、电网负荷等数据，评估阶梯电价、峰谷电价等政策性电价对鼓励节能、提升电能利用率等方面的影响，评估清洁能源发电补贴、客户侧分布式光伏发电免收备用容量费等相关政策对客户侧清洁能源发展的影响，为相关政策的进一步调整提供决策依据。

（二）云计算技术

云计算（Cloud Computing，CC）是一种基于互联网的计算方式，通过这种方式，共享的软硬件资源和信息可以按需求提供给计算机各种终端和其他设备。建设电网企业私有云计算平台，可以满足泛在智能电网中业务和技术发展的需求，解决信息通信平台支撑能力不足的问题，实现资源调配弹性灵活，数据利用集中智能，服务集成统一高效，应用交付快速便捷，实现云基础设施、数据、应用等互联网技术（Internet Technology，IT）资源的一体化管理。云计算技术架构如图 7－10 所示。

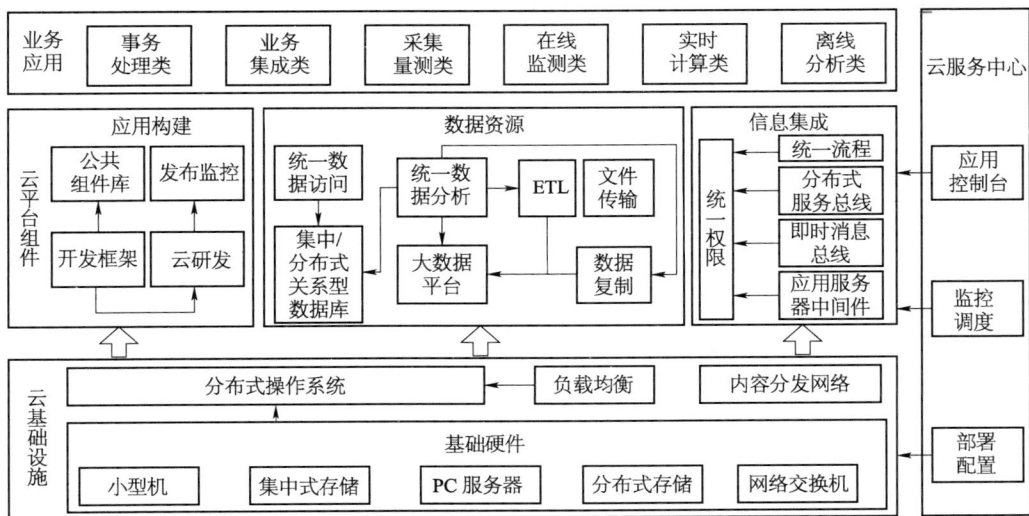

图 7－10　云计算技术架构图

云计算技术在电网资产数据管理中的典型应用如下：

1. 大数据应用支撑

通过云平台灵活提供存储和计算资源，解决大数据应用项目所需的超大数据规模、复杂数据结构、超高计算能力、实时分析展现等问题。大数据应用在设备经济寿命预测及技改大修决策分析、电力负荷预测分析、账卡物应用规律分析等资产管理关键大数据分析应用中具有不可替代的作用，有利于电网企业各类数据的接入与共享，为实时、高效处理数据提供了技术支撑。

2. 云主机部署

通过云平台提供的存储和计算资源，实现企业内网的无盘工作网络。云平台提供了本地办公主机所需的大部分存储和计算资源，实现了云端存储和计算资源的按需供应，具备较强的动态扩展和回收能力，在节约企业 IT 基础资产费用的同时，提高了 IT 资产全寿命周期管理能力。

3. 信息应用快速部署

通过云平台灵活标准、动态扩展、跨域分布的云端存储和计算资源，实现企业内部信息应用的快速测试、上线和部署，加强了应用间数据互通，均衡了应用间存储和计算资源利用率，满足了"微应用"时代不断增长的 IT 快速响应需求。

（三）物联网技术

物联网（Internet of Things，IOT）是一个通过新型通信网络实现众多末端设备接入互联网的技术，是电网企业推进资产全寿命周期管理的必备技术。物联网能够为电网企业的资产管理提供安全可控的实时在线监测、定位追溯、报警联动、调度指挥、预案管理、远程控制、安全防范、远程维保、在线升级、统计报表、决策支持、领导桌面等管理和服务功能，实现对所有资产高效、节能、安全、环保的管、控、营一体化。物联网技术应用如图 7-11 所示。

物联网技术在电网中的典型应用如下：

1. 移动盘点管理

采用现代移动计算技术、嵌入式开发技术、手持端设备技术，对固定资产盘点

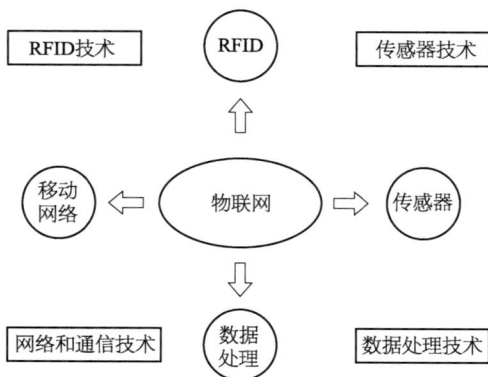

图 7-11　物联网技术应用图

进行管理，利用二维码、RFID 标签，对固定资产进行全程跟踪。借助资产移动盘点管理信息系统，以固定资产为核心，以盘点计划编制、盘点计划执行、盘点结果导入、盘点到位监测、盘点结果分析、盘点账务处理为核心流程，实现资产盘点业务的全过程管理。

2. 设备转资管理

验收人员采用移动设备在施工现场通过二维码或 RFID 标签读取竣工项目设备的详细参数信息和资产信息，确定资产与设备的对应关系以及主子设备关联关系，根据财务部门制订的固定资产费用分摊规则，自动向财务部门提交转资登记信息，完成转资登记。信息系统操作人员通过移动终端，接收工程现场人员传输的设备资产详细信息，分别创建设备台账和固定资产卡片。

3. 仓储管理

在仓储管理、库存资源管理、盘点管理、出入库管理、物资报废管理等环节，对在库物资粘贴二维码或 RFID 标签。对启用仓管管理的仓库粘贴存储类型条码、存储单元条码和仓位标签。通过移动设备，对在库物资的位置信息、批次信息、物料信息等属性进行识别。对于库内盘点、仓位转移等仓库作业，发生物资物理位置转移时，实时捕捉货物的移动信息。当发生出入库业务或库存物资报废时，通过移动终端设备捕捉相应的物料信息、仓位信息、凭证信息和业务信息。移动终端记录信息与信息化系统形成数据交互，完成实物位置转移和系统业务参数、位置参数等数据变更，提高仓储作业效率，缩短作业时间。

（四）移动互联技术

移动互联（Mobile Internet，MI）是一种通过智能移动终端，采用移动无线通信方式获取业务和服务的新兴业务，它是移动通信和互联网融合的产物，继承了移动通信随时、随地、随身和互联网分享、开放、互动的优势。移动互联在电网企业中的应用依赖于移动互联应用和电力无线专网的建设和发展。电力无线专网是电网企业自有资产，其资源分配、网络覆盖均可按需制订，对带宽、速率、延时、安全等方面有特殊需求的电网生产业务有着特殊的价值。移动互联平台如图 7-12 所示。

移动互联技术在电网中的典型应用如下：

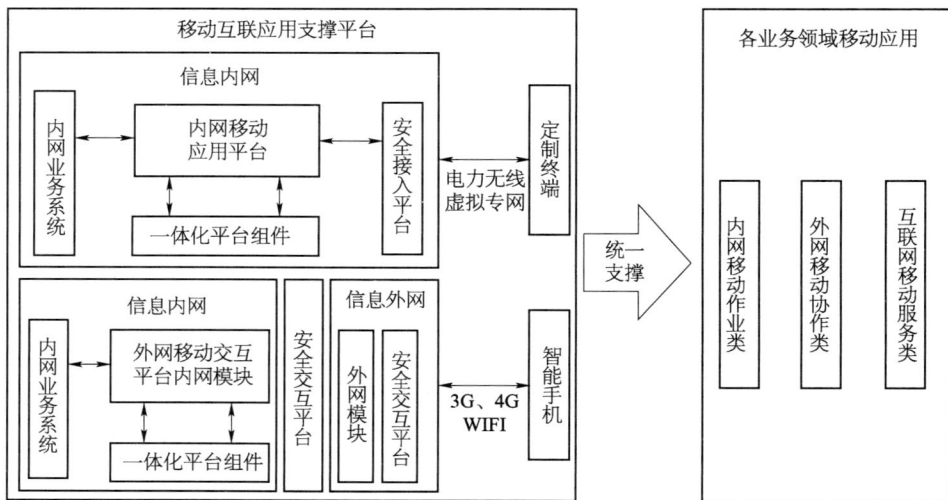

图 7 - 12　移动互联平台图

1. 移动办公

通过在员工移动终端建立移动企业门户，可为员工提供信息集群推送、待办提醒、即时通信、工作圈、公众号、客服报修、后勤服务、车辆申请等功能。为员工通信交流、信息共享、即时办公提供高效平台，为各部门和单位提供新闻资讯等信息发布渠道。进一步通过打通移动企业门户与企业内部电话系统和会议系统的接口，可实现短号拨通、不计流量的视频通话等功能，满足企业内部日益增长的移动音视频办公应用需求。

2. 输变配电设备运维的移动作业

通过将现场运维信号接入企业信息网络，实现生产现场与 PMS 等信息系统的数据交互。通过输变电设备运维移动作业，可以实现下载和上传变电设备状态数据，上传现场拍摄的照片，下载查询历史数据和规章，获取大数据分析服务，对数据完整性和实时性均有一定要求。通过将输变电现场作业和移动互联技术相结合，实现了输变配电设备运维的现场巡视、缺陷维护、危险源维护、现场检修等传统运维项目的随时随地沟通管理，实现了指标展示、大数据分析、云服务提供等多种现代化智能服务，提升了生产运维的精益化、自动化、智能化。

3. 面向用户的信息查询和需求管理

通过移动互联应用，方便电力用户开展电力业务办理，提高营销人员业务处理效率和质量，为用户提供电力业务查询、办理、咨询、搜索等"一站式"服务，为企业量身定制安全用电、节能降耗、降本增效方案。

通过提供在线登记、需求响应、效果展示等功能，为需求侧响应、有序用电的开展以及能效分析提供优质的在线平台。通过向客户发起有序削峰邀请，实现在线需求响应，以及实时监测企业内部用电并在线分析企业能源消耗情况等。

4. 财务移动应用

通过将电子凭证采集、报表数据查询、业务流程催办、远程账期管理等财务最关心的工作内容在移动端展现，面向企业全体员工，提供工作安排、数据查询和报销提醒等功能，同时也为财务人员提供信息分享交流的平台，实现财务办公移动化、智能化，丰富办公渠道，实现沟通交流高效、快捷。

5. 物资管理移动应用

通过从支撑物资现场作业、辅助日常办公等方面着手，在内部向前后端延伸，为相关部门提供通知、预警、查询等服务，在外部向供应商延伸，加强对供应商的监督及实时交互，提升物资管理工作效率及水平。

（五）人工智能技术

人工智能（Artificial Intelligence，AI）是一种用于模拟、延伸和扩展人的智能的理论、方法、技术及应用系统的技术科学。与数据分析相比，人工智能技术立足于神经网络深度机器学习扩展。人工智能利用输入的数据自行模拟和构建相应的模型结构，使其具有可以根据不同的业务数据而拥有自优化的能力（自学习能力）。

人工智能技术在电网中的典型应用如下：

1. 需求侧响应分析

对用户行为分析是基于历史数据的，面对大事件跨度、大用户范围、多类型行为等多重因素，数据规模庞大，关联关系不易分析。人工智能可以有效挖掘潜在的数据信息，进而得到更准确的用户行为分析，实现温度变化对用户用电行为影响分析等。

2. 电力负荷预测分析

电力负荷受到用户、温度、湿度、季节、天气等多种因素影响。利用大数据技术，完成相关数据转化，使用人工智能进行学习，构建用电负荷数据分析模型，实现用电负荷的特性分析，预测未来用电负荷曲线，助力电网削峰填谷，平稳运行。

（六）BIM 技术

建筑信息模型（Building Information Modeling，BIM）是以三维数字技术为基础，以建筑工程中的单一构件或物体作为基本元素，集成了建筑工程系统和资产全寿命周期管理过程各种相关信息统一的信息模型。BIM 的全寿命周期管理理念可为决策者提供可靠的依据，保障电网资产的智能化运行维护。

BIM 技术在电网中的典型应用如下：

1. 构建三维模型

利用 BIM 和 GIS 等技术使规划成果可视化，通过建立三维虚拟场景，确定主变压器、断路器、隔离开关、电压互感器、电流互感器、避雷器等单体设备，GIS、并联电容器组、换流阀组等成套设备，甚至包括螺栓、电力导线等装置性材料以及主控制楼、GIS 室、备品备件库、电缆沟、围墙、道路等建筑物或构筑物的空间位置、方位和走向，利用三维模型展示的平移、多方向旋转、缩放、全图显示、标注、场景漫游等基本操作和功能，与整个系统环境的协调性进行分析，开展模拟实验（能耗分析、紧急疏散模拟等），解决各专业之间的碰撞问题，减少设计文件中的错误，帮助上层决策者更好地理解规划设计的意图和效果，更为科学地进行方案评审和决策。

2. 管理模块数字化、信息化

在 3D 模型❶的基础上对关键技术方案和工程全过程进行模拟，对工期、成本和质量实时控制。为现场操作人员、设计人员、各职能管理人员提供统一的协同工作平台，进行可视化的技术交底，监控现场的施工过程、人员和设备，减少施工过程中安全事故问题，实现精细化管理。

---

❶ 3D 模型就是三维的、立体的模型，D 是英文 Dimensions 的缩写，也可以说是用三维软件建造的立体模型。

在电网企业资产工程的运行管理和健康监测中，通过 BIM 模型可以收集、储存、处理工程运行和健康状况信息，全面掌握系统的运行状况，对运行功能检测、健康诊断和维护、安全检测，定期检测设备和系统的安全和健康状态，对运行风险进行预测，及时进行系统维护等。

第三节　全寿命周期成本管理

全寿命周期成本管理是经济分析的一种方法，即从项目的长期效益出发，全面考虑资产的规划、设计、采购、建设、运行、检修、技改、报废的全过程，在满足安全、效能的前提下实现 LCC 值最小的一种管理理念和方法。通过设计全寿命周期成本管理总体流程、优化各阶段费用，归集费用信息，促进辅助全寿命周期成本精益化管理，支撑资产全寿命周期管理。

一、全寿命周期成本管理流程

（一）总体流程

电网企业通过对 LCC 方法的运用主要体现在规划、设计或采购等工作时，对单个或多个潜在方案进行 LCC 建模、计算，进行经济性评价，并选择最优方案，实现全寿命周期成本管理（LCCM）。这就要求企业打破传统的部门界限，将规划、设计、建设、运行等不同阶段的成本统筹考虑，以企业总体效益为出发点，寻求基于企业运营成本的最佳方案，避免各部门因仅关注本部门成本和效益而影响整个系统的成本规划和产出效益。为实现全寿命周期成本管理，电网企业应系统调整现有业务模式，在业务管理的各个环节制订、应用资产管理制度标准。全寿命周期成本管理总体流程如图 7-13 所示。

（二）工作过程

要实现 LCC 分析、评价和优化的科学性，必须构建连续、一体化的 LCC 核算过程。在资产全寿命周期管理中对 LCC 进行连续的预测、决策、计划、核算、分析和反馈，形成一个渐进的不断深化和完善的过程。LCCM 工作过程主要包括：

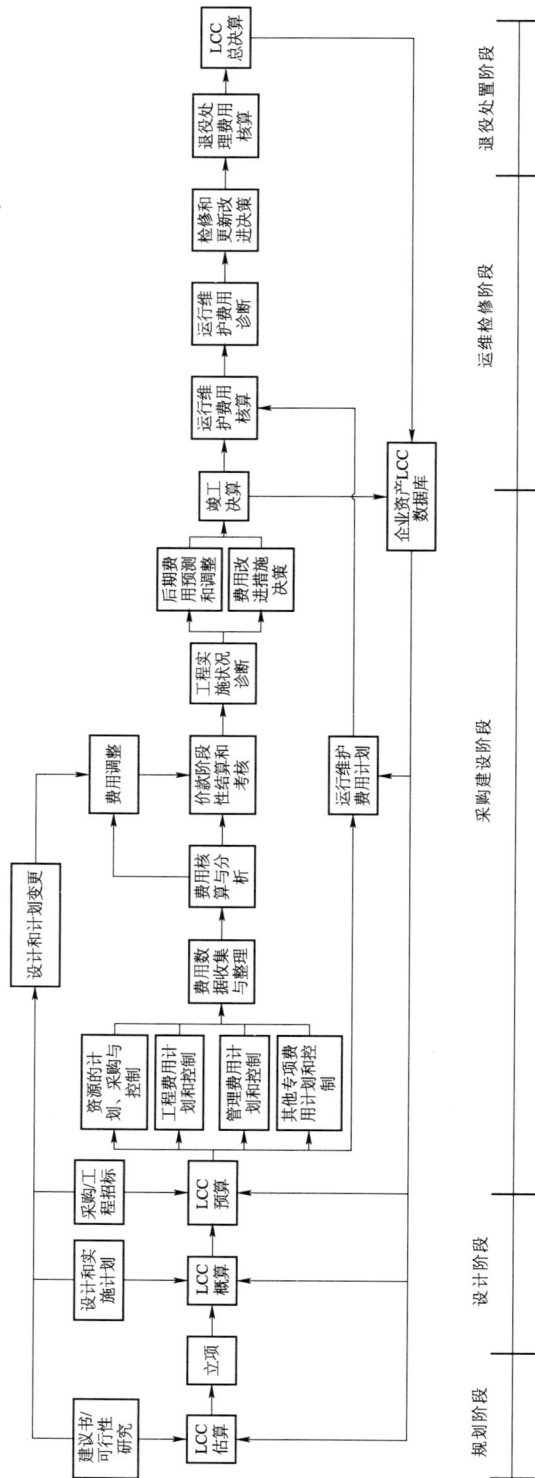

图 7-13 全寿命周期成本管理总体流程图

（1）资产规划（可行性研究）阶段，应根据资产规划目标、规模、环境条件、采购建设费用、运行所需流动资金和运行维护费用等初步估算 LCC，形成资产全寿命周期资金流，并进行资产全寿命周期经济性评价，作为投资机会筛选和决策的依据。

可行性研究报告批准后，LCC 估算值应作为资产规划、采购建设、运行维护方案的选择依据。

（2）设计计划阶段。设计和计划中，按照设计方案和计划的运行方案，可以对采购建设费用、财务费用、运行所需要流动资金、运行维护费用等进一步计算，形成资产 LCC 的概算。

（3）资产采购阶段。在设备或工程招标中，要求投标人在投标文件中，提出 LCC 概算，评价全寿命周期费用。

在签订各承包合同、供应合同、咨询合同后，可以要求设备供应商（或总承包商）提出工程（包括设备）的运行维护费用预算，包括运行能耗、维修费用等，这样可以比较准确地得到 LCC 预算值。

在此基础上，按照采购和建设工程合同，进行资源的计划、采购与控制，工程费用、管理费用、运行维护费用等各种专项费用的计划和控制；

（4）建设阶段 LCC 计算。在工程施工中，按照工程合同进行结算，通过计量和支付形成实际工程费用，若设计和计划修改，需要调整采购和建设费用。

（5）工程竣工决算。此时，LCC 中的建设费用已经是实际的准确值。在投入运行前，需要编制运行维护手册、培训操作人员、准备运行所需资源，可以对运行维护费用做比较详细的预算。

（6）运行维护阶段。根据资产每年实际运行维护费用，计算已发生的实际 LCC 值。根据资产运行健康状况、维修计划、更新改造计划等，预算下年度的运行维护费用。

（7）LCC 决算。在资产最终退役处理时，除拆除的人工费、材料费、机械费等以外，还要考虑可循环使用的设备、材料（如木材、金属等）和构件等的回收收入，最后才能得到准确的资产 LCC 实际值。在资产全寿命周期管理过程中的 LCC 所有数据应进入企业资产 LCC 数据库，最终的 LCC 实际值应作为资产管理各环节决策的基础性资料。

（三）基础性工作

LCCM 是资产全寿命周期管理的最主要内容和方法，但它的有效应用涉及如下方面：

（1）LCC 分解的标准化和 ABS 的标准化。

（2）LCC 核算流程的规范化。需要构建过程连贯的管理流程，涉及总体流程和详细流程；需要 ABS 核算和企业会计核算的一致性。

（3）LCC 信息体系建设。需要以 ABS 为对象进行 LCC 的核算、信息收集、信息流程，形成一个资产全寿命周期内的循环和整个企业资产的信息循环。

（4）企业资产 LCC 信息库构建。整合 LCC 分解标准、LCC 核算等信息，构建 LCC 信息库。

（5）在资产全寿命周期管理中，与 LCC 的评价、核算、优化相关的工作需要与资产管理过程中的组织责任体系、合同、招标投标、财务会计、各职能管理等实现集成化。

（6）一个企业资产 LCC 的评价、优化、计划和控制有效运作，需要一段时间的信息积累，需要有一定量历史 LCC 数据作为支撑。

（7）建立全寿命周期成本信息平台（其示意图如图 7-14 所示）形成以 ABS 为对象的台账。

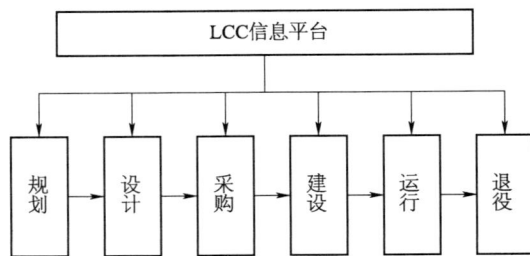

图 7-14 全寿命周期成本信息平台示意图

二、全寿命周期成本优化

全寿命周期成本要素优化管理，就是在确定资产功能的基础上，依托资产要素分解结构原理，对资产全部资源要素和价格要素进行确定和控制，即对基本构造要素工程量、基本作业要素工作量、单位价格进行确定和控制，实现资产资源和价格要素的最优限量。在电网企业全寿命周期成本管理中，需计算资产资本性投入成本、运行成本、维修成本与事故断供电损失的成本之和；运用现值法❶，通过运行年限、年利率和通货膨胀率的修正，得出设备选型的 LCC 数据，进行多方案的比较。

1. 优化原则

（1）坚持"功能定位正确"原则。功能定位应包括企业资产的物理特性、实用性、可靠性、安全性、环境要求、美观性、经济性等诸多方面，保持功能结构的合理，着重对基本功能、辅助功能、外观功能等进行分类、整理、评价，保证系统选择的功能是正确的、必要的，特别应注意既要适当考虑功能品位，又要有效抑止过剩功能，确保必要的、基本的功能。

（2）坚持"功能费用匹配"原则。将经济性贯穿资产全寿命周期，考虑企业资产一次投资的限定性、资产运营费用的长期性，努力追求满足运营功能下的全寿命周期成本降低。

（3）坚持"功能费用结构优化"原则。运用系统集成方法，研究各类目资产功能、单项运营功能及功能之间相互关系，功能与建设费用、功能与运营费用相互关系，力争寻找到一种较优的组合，使优化后的功能费用结构充分实现系统整体功能，放大各类目资产、单项运营的有益功能，实现功能合理的费用优化的目标。

2. 优化步骤

全寿命周期成本优化主要有如下四个步骤：

（1）项目费用要素重点对象选择。电网企业资产管理是对资产对象的初始投资，运营维护成本、技改报废成本中的各个资源和成本要素进行管理。主要资产对象包括输电线路、配电线路与设备、变电设备、用电计量设备、通信线路与设备、自动化控制设备与仪器仪表、检修与维护设备、生产管理用工器具、运输设备、生产与管理用房屋、生产用建筑物等的初始投资、运营维护成本、技改报废成本中的各个资源和成本要素。

---

❶ 现值法就是把对比的各方案，在其整个经营期内不同时期的费用和收益，按一定的报酬率，利用年金现值系数转化成 $n = 0$ 时的现值之和，在等值的现值基础上比较方案的优劣。

（2）项目功能和费用分析。资产功能分析是通过分析对象资料，正确表达分析对象的功能，明确功能特性要求，确定合理功能结构。资产费用分析是在满足功能要求的情况下，正确表达分析对象的费用，明确费用结构特点，确定最低的对象费用。

（3）资产投入方案创新与优选。全寿命周期成本管理取得成效的关键是对管理对象存在的问题提出解决的方法，创造新方案，提高价值，降低费用。

（4）项目费用降低与优化。项目费用是为获得相应资产功能所付出的代价，因技术进步、管理创新、供求关系等宏观或微观环境的改变，使得企业在不同的时间、地点、条件下，获取相同资产功能的成本费用不同，形成项目费用的差异性与变动性。在项目过程中，电网企业可以采用价值工程法，在不影响获得必要功能条件下，降低和优化项目费用。

3. 优化方法

全寿命周期成本优化的实现方法，包含确定和优化资产全寿命周期管理各阶段费用的组织方法、技术方法、经济方法和合同方法。

（1）组织方法，是指建立合理的费用管理模式，明确电网企业资产管理的规划设计单位、施工单位、设备供应商、运营单位等各方在费用管理中的任务分工及职责，建立费用管理机制，确定费用管理人员，将费用管理落实到资产管理实施的组织过程中，为费用管理的实现提供组织保障。

（2）技术方法，是指通过系统分析、价值分析、方案比较、限额设计、优化施工等手段，明确资产管理费用涉及的技术方案，为费用管理提供工作量基础和价格竞争，将费用管理落实在资产管理体系实施的技术过程中。

（3）经济方法，是指用经济奖惩手段等激励机制，调动设计、施工、供应、运营各方人员管理费用的积极性，在资产全寿命周期管理实施的经济过程中实现项目费用管理。

（4）合同方法，是指通过各种合同，如设备招投标合同等，为费用管理提供契约保证。供应商、施工、运营等各方就费用及费用管理形成某种约定，承担相应的职责，将费用管理落实到资产管理体系实施的合同过程中。

根据全寿命周期成本映射模型的结构，计算出各部分的比例，各专业可根据企业资产的实际情况，提出全寿命周期各阶段费用的优化措施，以降低或优化 LCC。

三、全寿命周期成本分解

1. 分解原则和要求

全寿命周期成本信息体系构建要依托以 ABS 为对象的台账，必须遵守整体性、系统性和可追溯性的原则，体现电网资产本身的特点和管理组织的特点，应符合以下要求：

（1）符合一般工程项目结构分解的基本要求，如内容上的完整性、隶属关系的不交叉性、各层次有相同的性质、项目单元应能区分不同的责任者和不同的工作内容等。

（2）为便于进行费用管理，ABS 单元之间应有对应的费用累加追溯能力，ABS 最底层的每一个单元都应与一个或多个费用统计点相联系。

（3）为便于进行技术状态控制，每个技术状态子目都应是 ABS 单元。

（4）为便于进行合同管理，ABS 单元的划分应便于与合同工作说明建立联系，每个合同项目都应是 ABS 的一个单元。

（5）为便于进行安排和协调，工作单元之间的界面彼此清晰。

在电网资产管理项目中，以资产全寿命周期管理阶段为主导，以企业固定资产类目为依据分解成子费用要素，由上到下、由粗到细分解成树型结构。

2. 分解方法

全寿命周期成本分解方法有按功能及按费用两种。

（1）资产分解结构。企业资产的运营，是企业所属各类资产综合作用的结果，按资产功能的结构分解就是按照企业固定资产类目划分各费用结构，如图 7-15 所示。根据分解原则，可以建立起电网企业资产成本分解结构的编码体系，共设置三到五个层次，编码每两～三位代表一个层次，最大允许长度 6～11 位，依次为资产大类、资产中类、资产小类、资产细类等等。第一层次为 18 类资产大类；第二层次为 58 类资产中类；第三层次为 113 类资产小类；第四层次为若干资产细类。细分程度根据电网资产项目特点调整，编码可以采用数字顺序编排的方式。

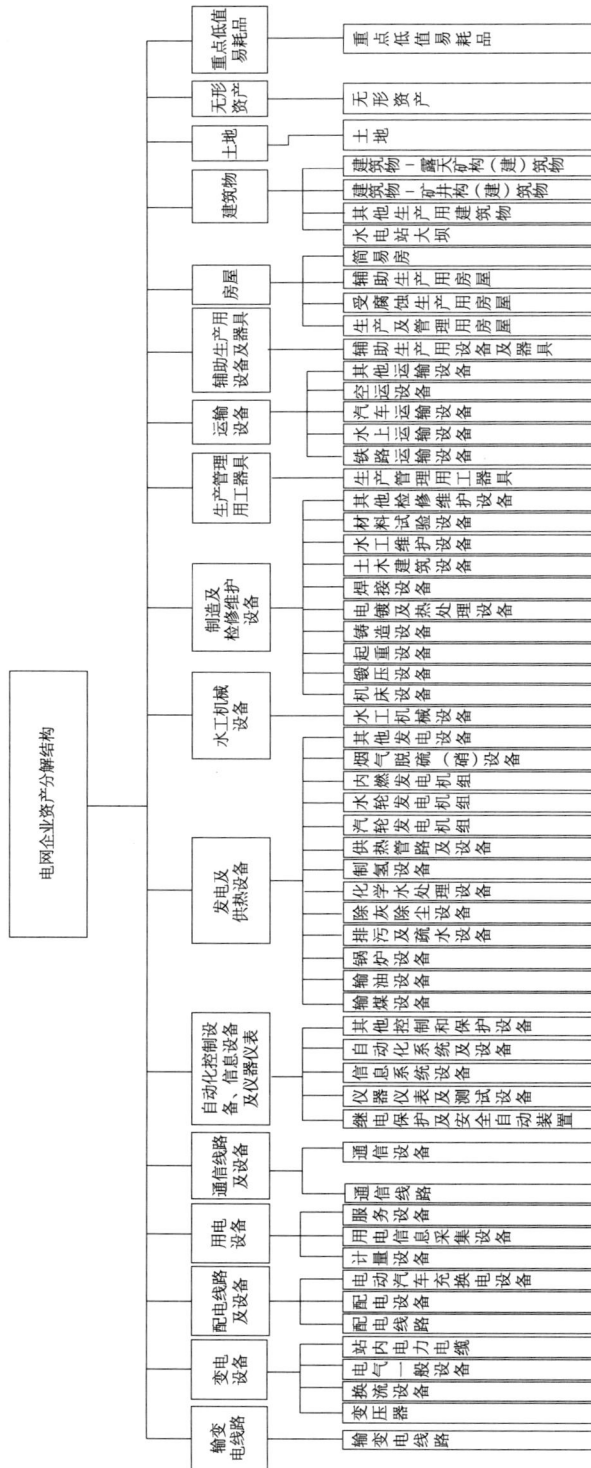

图7-15　电网企业资产分解结构图

（2）成本分解结构。按费用类别分解，就是按照电网资产投资角度对电网资产项目进行成本结构分解，可以分为资本性投入、资产运维成本、资产检修成本、资产故障处置成本和资产报废处置成本 5 大类，并可进一步细分为设备购置费、安装调试费、设备运维人工和材料成本、设备损耗、周期性解体检修、周期性检修维护费用、故障抢修人工和材料及台班成本、设备故障损失电量、资产提前退役成本、资产报废处置过程成本、报废资产处置收入、其他费用 12 类，如图 7－16 所示。

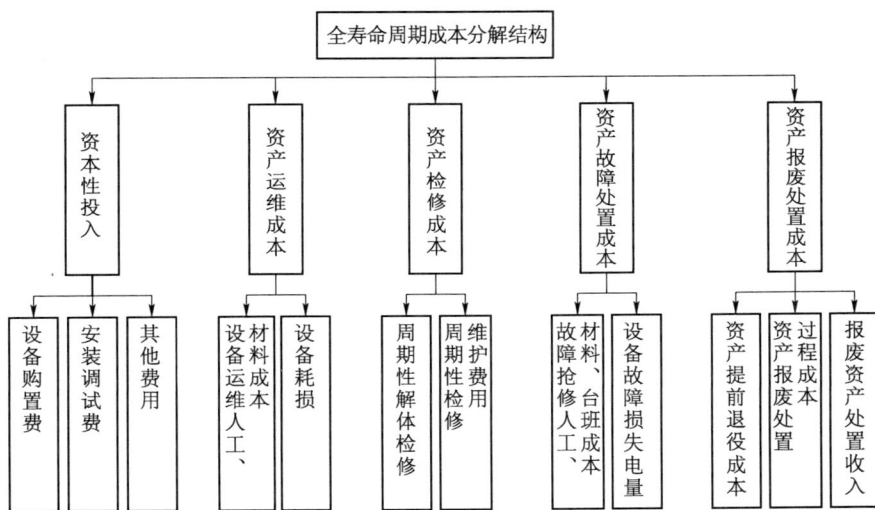

图 7－16　全寿命周期成本分解结构图

3. 全寿命周期成本映射模型

ABS 和 CBS 之间的分解详细程度是不同的。Teicholz 模型[1]可以在 ABS 与 CBS 之间建立一种映射（Mapping）机制，这种机制允许一个成本控制单元与一个或多个单元的任务有映射关系。应用这种模型构造费用结构可以反映出费用结构矩阵中费用维的底层费用单元与企业资产维的底层实体单元所消耗费用之间的映射关系。

电网企业全寿命周期成本映射模型如图 7－17 所示。图中通过分配的百分比标识了企业资产 CBS 中设备购置费对应于 ABS 上的多项资产的映射关系。CBS

---

[1] Teicholz 模型，即费用映射模型，由美国学者 Teicholz 于 1987 年提出。

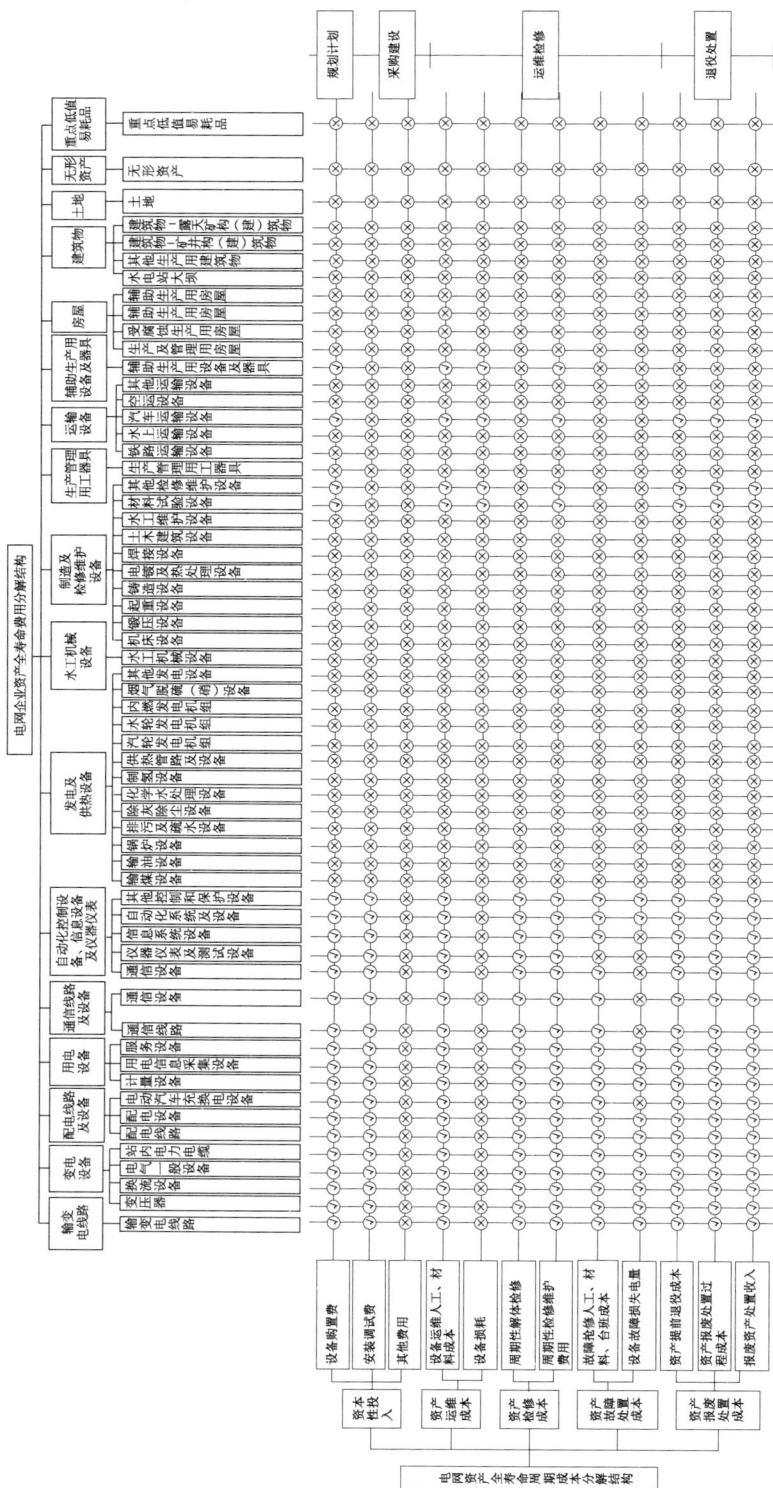

图 7-17 电网企业全寿命周期成本映射模型图

上安装调试费用成本单元的资源（工作时间、材料数量）应分配给 ABS 所有资产，而所有资产运维所耗资源（人工、材料等）之和应等于 CBS 上设备运维人工、材料成本下成本单元所指定资源的数量，从而建立 CBS 与 ABS 间的映射机制就建立起来了。

应用企业资产成本结构，能够有效地提高企业资产费用管理的水平，较好地实现企业全寿命周期成本集成化管理。其优势在于：

（1）便于在不同的层次组织汇总企业资产费用信息，便于在不同的层次对企业资产费用进行分析与控制；

（2）可以在企业资产成本全寿命周期管理流程的任意阶段对任意层次的费用管理单元的费用要素进行管理，对企业资产结构中任意层次的资产单元的费用要素进行组织，有利于各层次管理人员获得所需要的层次不同的费用情况；

（3）费用结构矩阵的二维分解得越详细，层次越分明，对企业资产费用有关信息的获取就越方便、准确，对企业资产费用管理的目的性就越强；

（4）同一性质的费用根据费用发生时所处阶段的不同，可以结合不同详细程度的企业资产分解结构，以适应费用管理流程中的各种复杂情况。

第四节　标 准 化 工 作

标准化工作是在科学、技术和实际经验的综合成果基础之上，通过简化工作、统一对象和优化目标将电网企业各阶段管理工作成果形成一套标准化流程，保证管理工作处于"可控、能控、在控"状态，以获得管理工作的最佳秩序与效果。电网企业通过开展标准化工作，能够提高企业的经济效益、内部专业化水平以及管理规范化水平，有助于资产全寿命周期管理目标的实现。

一、组织标准化

由于电网企业资产全寿命周期管理活动中组织形式多变、任务和责任承担者多样，需要建立专业的资产管理部门实现资产全寿命周期管理组织的标准化，优化电网企业现有资产全寿命周期管理的组织管理，处理各环节之间的工作界面和责任分配问题，使资产全寿命周期管理各环节产生的临时组织与长期组织共同形成完整的组织链，将职责具体到人，以避免无人负责、责任推卸等问题。

电网企业各类资产的形成和资产管理要素的作用体现于从规划计划到退役处置的全过程，但组织结构具有阶段性。因此，电网企业 LCAM 组织标准化需要实现从规划计划到退役处置横向管理的连贯和精炼，实现从管理层到组织人员纵向组织架构的完整和顺畅，以保证任何一个环节、任何一个时间都能找到对应的负责人员，保证整个组织具有统筹协调、灵活应变的能力。

1. 组织标准化的做法

管理层对资产全寿命周期管理总体目标进行分析，对资产管理的资产范围、组织范围和专业范围进行定义。

建立专业的资产管理部门，将资产管理目标、策略、计划进行分解，识别与资产管理相适应的业务能力，协调现有的规划、设计、采购、建设、运行、检修等各业务部门开展资产管理工作。

资产管理部门内部以及其他业务部门组织成员在组织中的责任、权利关系和界限等，以确保资产管理全过程责任体系的完整性。在资产管理部门内部需要形成统一的标准和做法，确保资产从规划计划至退役处置阶段具有专业人员进行监督和记录，将信息集成反馈至资产的规划计划和采购建设阶段，由资产管理部门组织归集资产信息，形成完整有序的资产信息库，以方便共享。

2. 组织标准化的成效

组织标准化使得资产管理全过程的人员安排有章可循，防止资产管理工作任务的重复和断裂，为企业节省了人力、财力和物力。通过建立标准的资产管理组织对资产信息进行管理，避免了资产信息不全、信息不便统一等问题，改善了电网企业的资产管理水平。

二、流程标准化

资产管理流程是资产管理体系的重点。资产全寿命周期管理工作跨度大，持续时间长，管理流程复杂且管理组织不统一，各细部流程着眼于各阶段短期目标，难以从资产全寿命周期的角度进行管理。通过管理流程标准化梳理和总结目前资产管理的整体流程，将资产管理流程简化、统一、固化，形成既定的标准模式，对各阶段工作进行指导，有效促进各部门、各层次无缝合作、优势互补和良性互动。将管理流程升华为管理标准进行总结和推广，有助于建立完备的企业标准体系，以日渐成熟的标准和制度为工作准则，提高资产管理工作的效率和水平。

资产全寿命周期管理流程标准化应以电网企业资产管理战略规划为导向，建立基于流程的资产管理标准体系。以业务流程为主线，引领标准化管理体系建设，形成专业融合、部门集成的运作模式。

1. 流程标准化的做法

以流程梳理为基础，对电网企业资产全寿命周期管理流程化成果进行优化和固化。按照流程梳理、流程评估、流程优化的步骤，对主要业务流程进行深入的分析与梳理，建立企业本部和基层单位纵横一体化的大流程，具体如下：

（1）立项流程。基于电网规划及设备状态评估结果，对基建、技改、大修等资本性和成本性投入项目进行可研、投资估算设计及编制。结合电网规划进行多方案的全寿命周期成本评估，不仅考虑电网建设项目的自身投资，还应对项目投产后服役期间的运维成本、使用寿命、安全可靠性等进行综合评估。

（2）招标采购流程。基于电网建设项目的物资需求，按照物资全流程管理要求进行统一招标或邀标采购，在评标过程中考虑供应商评估结果，强化设备监造和抽检管理，利用信息平台实现物资的统一采购、储备及配送，及时准确提供综合成本最优的电网建设项目所需物资。

（3）工程建设流程。根据年度计划预算确定的项目投资与规模，从进度、质量以及资金和成本控制角度对电网建设项目进行全过程管理。将电网建设项目预算执行从事后控制转为事前控制，项目执行中所发生费用应归结到对应科目，确保工程完工后及时准确地出具工程竣工验收清单和结算信息，支持投运转资工作。

（4）运维检修流程。基于资产策略、设备状态评估及运行检测结果制订运维检修计划。对运维检修任务进行精细化管理以提高工作效率、优化运维检修成本。将运维检修过程中收集的技术参数和资产表现信息反馈至资产状态评估流程。

（5）状态评估流程。根据运行检测和维护检修等流程所获取的设备性能、利用率、可靠性等检测数据和记录信息，对在线数据和历史数据进行分析，对电网设备当前状态和未来状态发展趋势进行评估，并将结果应用于指导技术改造和资产策略的动态更新。

（6）退役处置流程。根据电网设备状态评估结果对退役资产做出甄别，对其进行技术经济评估，根据评估结果选择再利用、转为备品、评估转让或报废处理等处置方案。规范退役资产的再利用、报废处置回收及处置评估工作，将退役设备处置的评估结果反馈至资产策略制订和供应商评估。

2. 流程标准化的成效

以关键流程的识别、优化和固化为基础，逐步将成熟的资产管理制度转化为资产管理标准，规范技术规程和业务流程，纳入电网企业标准体系进行统一管理，确保流程优化成果得到严格执行。建立资产管理标准子体系，促进资产管理与标准体系的融合。以电网企业标准体系建设为基础，由相关部门按职责分工，根据专业领域的业务分类进行协调建设。资产管理子体系是企业标准体系的一个子集，其标准的制修订应纳入企业标准体系统一管理。

三、信息化标准化

信息化是电网企业资产全寿命周期管理的核心手段之一。由于资产信息覆盖从资产规划计划到退役处置的所有阶段，保证信息的规范化、一体化、唯一性、贯通性和共享性，形成完整的资产全寿命周期信息体系，有利于资产管理各环节资产信息无障碍沟通，增强资产全寿命周期管理各阶段工作的关联度和紧密性。

1. 立项标准化

信息化立项由电网企业的信息化职能管理部门管理。信息化职能管理部门从资产全寿命周期角度组织编写企业信息化规划，制订企业信息化规划纲要及编制

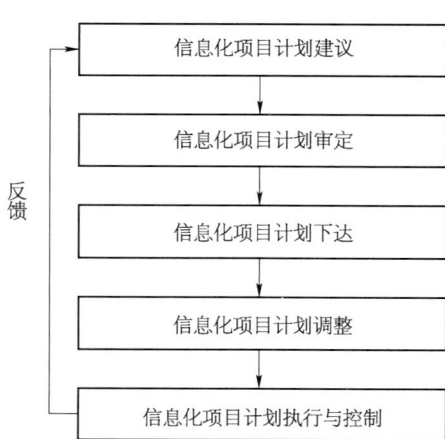

图 7-18　信息化立项流程图

信息化规划的指导意见，部署开展信息化规划的前期研究和编制工作，其他各业务部门结合自身专业配合编制信息化规划中业务应用部分。以资产全寿命周期管理思想为基础，推动企业信息化的闭环管理。信息化立项流程如图 7-18 所示。

2. 实施标准化

信息化实施标准化包括储备、设计、建设管理三个部分。

（1）储备管理。由电网企业信息化职能管

理部门负责，建立包含各个阶段所有信息的信息储备库。从信息化项目储备为起点，以信息化项目建设管理为终点，并及时将运行信息进行反馈，形成信息闭环。

（2）设计管理。具体通过制订电网企业信息化建设架构、应用架构、数据架构、技术架构（含安全架构），对电网企业信息化建设实行总体架构管控。设计管理需结合资产全寿命周期各个阶段特征，制订统一的信息系统技术标准和数据库接口标准，制订与信息共享有关的统一规定等。

（3）建设管理。综合考虑资产全寿命周期管理各个阶段具体工作，包括实行信息化项目招投标制度、编制信息化项目实施指南、进行信息系统上线运行前的测试和人员培训、建立信息化项目后评估制度并通过信息储备库进行反馈等。

通过信息化手段，将资产管理过程的信息集成并进行统一、专业的处理，避免信息不全、信息收集以及信息处理过程中人、财、物力的浪费，提高电网企业内部信息共享程度和科学化水平。

四、全寿命周期成本评估标准化

LCC 评估是电网企业资产全寿命周期管理的核心手段之一。以企业资产 LCC 数据库为数据支撑，在满足安全、效能的前提下以全寿命周期成本整体最优为目标，采用统一的评估流程和评估标准进行管理。

1. 规划计划阶段

建立 LCC 信息平台，采用统一的信息编码，保证资产信息的唯一性和独特性。使用统一的分解方法对全寿命周期费用进行分解，运用可行性研究方法对资产在未来全寿命周期发生的费用进行预测和估算，从而判断项目的可行性或确定最佳实施方案，并作为编制设计任务书的重要依据。

在设计阶段，结合现场勘测情况与设计要求，将限额设计方法应用到成本控制体系中。将各限额设计阶段的投资额分解到企业的各部门，在保证使用功能的前提下，各专业在限定的额度范围内进行方案筛选和设计，并且严格控制相关技术设计和有关施工图设计的变更，以保证总投资不被突破。

2. 采购建设阶段

以施工图预算、承包合同价等为目标，通过完善资产全寿命周期管理的各项流程制度、制订有关部门岗位的职责范围及奖惩规定、保证建设监督有效实行、建立建设变更审批制度等措施，严格把关采购建设的各环节，控制实际发生的工程费用，减少资金浪费。竣工时进行竣工决算，与投资估算、设计概算、施工预算等目标值比较，分析偏离水平、偏离原因及其合理性，总结经验与不足，提高成本控制能力及管理水平，以及对后续项目的规划计划阶段费用预测进行反馈和指导。

3. 运维检修阶段

对设备状态进行及时跟踪检测，保证对设备运行状态的准确把握，并进行折旧计算。以财务核算数据为依据，对运维检修过程的运行成本、维护成本和故障成本进行统计、归集，并及时做好记录，采用统一记录模式上传至 LCC 信息平台进行储存和处理。

4. 退役处置阶段

对退役设备的处置方案进行 LCC 评选，无法继续使用的设备进行报废处理，由物资部门接收办理入库，并建立台账，之后重新进行招标采购，对新购入设备成本进行对比核算。能够继续使用的退役设备转入备品或直接再利用，对此部分设备的价值进行合理估算并计入固定资产。由生产、财务和物资部门协调做好台账处理工作，注意环境恢复等成本的考虑。将退役处置的设备相关信息上传至 LCC 信息平台，形成从设备采购至退役处置完整的信息，为后续的设备采购提供丰富有利的信息。

采用一致的标准和记录模式进行成本评估，LCC 评估标准化确保了资产信息全寿命周期的统一，有利于资产信息的处理及共享。以 LCC 信息平台为支撑进行资产选择，保证资产全寿命周期功能定位准确，功能和费用匹配，放大资产有益功能，避免资产功能过剩。

第五节　企业文化建设

企业文化是企业的灵魂，是软实力的核心要素，是基业长青的重要保障。公司各项日常生产经营管理活动均体现和承载着企业文化。资产全寿命周期管理是企业经营管理的重要组成部分，着眼于资产全寿命管理，以专业的方法、专注的精神，不断进行优化改善，让资产管理工作更加科学高效。资产全寿命周期管理理念是开展资产管理工作的基本遵循，也是企业核心价值观在资产管理工作中的有效体现，是企业文化建设的重要组成部分，具体包括电网企业的信息共享理念、跨部门协调理念、社会责任感和历史责任感。

一、信息共享理念

随着大数据使用频率的增加以及影响范围的扩大，电网企业的经营管理工作已经呈现出了企业管理智能化、信息化、高速化的全新发展趋势。在知识经济的社会文化背景下，国际经济交流的日益频繁，促进了电网企业之间的交流。开放的格局、包容的文化，可以促进企业快速的发展。从数据集成到应用集成再到门户集成，所涉及的各项关键技术都经历了无数系统集成项目的实践。信息资源共享理念已成为电网企业的文化自信和思想共识。

电网企业的信息化有助于梳理现有业务系统流程和数据，引导各个系统按信息化建设规划的要求有计划、分阶段地进行渐进的业务流程重组，形成统一的信息整体，服务于企业的日常管理和整体运作，提高日常办公效率，并能为管理层快速有效地掌握企业数据提供便利。通过发展电网企业信息化建设，可提高系统规划建设的能力，认识管理信息系统间的信息关联，设计科学、标准的信息接口标准，形成电网企业系统建设规范，杜绝产生新的信息孤岛，系统的信息和功能会从根本上共享于企业并服务于企业。

二、跨部门协调理念

跨部门协调，即为达成组织的共同目标，使组织内职能关系密切的不同部门相互联系，通过共同努力的达成具有结构化与情感化的联系与合作。跨部门协调也是一个资源整合的过程，各部门的合作不是为了部门争利或是竞争，而是为了形成一种合作伙伴关系。相互合作、密切配合、实现共赢，已成为企业内部的文化，营造出和谐的氛围。

电网企业围绕企业战略目标，按照集约化、扁平化、专业化要求，统筹设计、典型示范、有序推进，加快构建资产全寿命周期管理体系框架下的组织结构管理模式和人力资源配置标准，实现各层级职能管理部门和支撑实施机构的有效沟通，并通过企业常设机构和非常设机构之间的集成，使各个部门的资源和能力优势发挥最大效益。电网企业各部门之间、企业内外之间良好的沟通协调机制，是实现电网企业资产全寿命周期管理的基础支撑。跨部门协调理念在电网企业范围内的集成和发展，对持续提升企业运营能力和劳动效率，推动电网发展和企业发展具有重要意义。

三、社会责任感

电网企业的社会责任主要指对企业资产的责任、对社会环境和其他社会群体的责任、对电力用户的责任。

首先，电网企业通过资产的规划计划、采购建设、运维检修和退役处置四大业务阶段，最终实现社会系统（如国家、地区、城市、企业）的整体战略目标和计划。其次，电网企业将公众的安全、健康和福祉放在首位，在社会及公众心目中树立良好形象。

电网企业的社会责任感要求企业要善待客户，以客户为中心，始于客户需求、终于客户满意。电网企业作为国家能源战略布局的重要组成部分和能源产业链的重要环节，在中国能源的优化配置中扮演着重要角色。充分发挥电网功能，保障更安全、更经济、更清洁、可持续的电力供应，促使发展更加健康、社会更加和谐、生活更加美好是电网企业的神圣使命。

四、历史责任感

电网企业资产的建设和运行不仅要满足当代人的需求，而且要能够在资产全寿命周期内持续地符合未来人们对工程的需求，承担历史责任，实现历史价值。电网企业坚持以客户为中心、专业专注、持续改善的企业核心价值观正是企业的历史责任感的体现。电网企业承担着为电力客户提供安全、可靠、清洁的电力供应和优质服务的基本职责，应坚持服务至上，以客户为中心，不断深化优质服务，持续为客户创造价值。除此之外，电网资产不仅自身应具有可持续能力，能够长期、健康、稳定、高效率地运行，使企业资产实现可持续发展，促进国家、地区、社会的经济健康、可持续的发展，经得住历史的检验，持续满足社会要求。

第八章

评价改进与管理提升

电网企业应建立以资产全寿命周期管理体系评价为手段的持续改进机制，通过合规性评价、体系审核、管理评审等多种评价手段，查找企业资产管理体系运转中存在的问题和不足，通过闭环整改，实现企业资产管理体系自我提升。

第一节 评价标准与方法

规范资产全寿命周期管理体系评价的方式方法，制订科学的评价标准与有效的评价方法，量化资产管理体系实施后所取得的实效及达到的水平，提高评价工作的科学性和实效性，推进资产管理体系在电网企业的常态运转和持续提升。

一、体系评价框架

结合电网企业自身资产管理体系的特点、评价目的和原则，构建资产全寿命周期管理体系评价框架，将资产管理体系评价分为资产管理要素评价、业务过程评价和管理绩效评价三个方面，如图 8-1 所示。

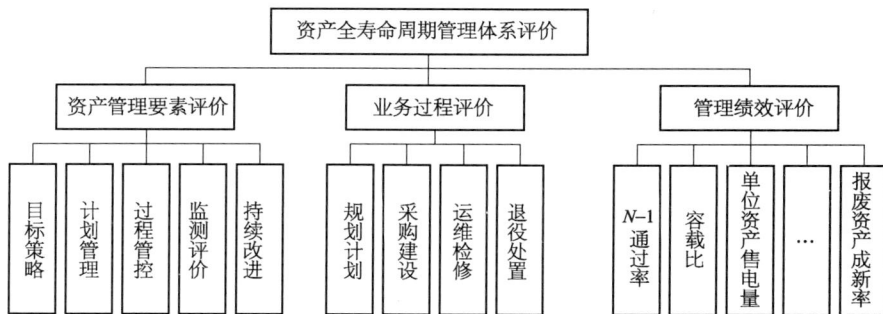

图 8-1 资产全寿命周期管理体系评价框架图

其中，资产管理要素评价包括目标策略、计划管理、过程管控、监测评价、持续改进五个模块。业务过程评价包括规划计划、采购建设、运维检修、退役处置管理四个模块。管理绩效评价包括 $N-1$ 通过率、容载比、单位资产售电量等指标。

二、资产管理要素评价

资产管理要素评价主要是评价各项资产管理活动是否满足资产管理体系 OPDCA 的规范要求，是否满足资产管理体系文件以及法律法规的相关要求。

（一）目标策略（O）

1. 现状评价

（1）评价要求。建立现状评价的工作机制，包括开展现状评价的时间、范围、内容及编、审、批、发布等控制要求。现状评价的内容应符合资产管理的实际需要，应对资产、资产管理、资产全寿命周期管理的现状进行总结评估，对存在的问题进行梳理剖析，提出具有针对性的解决思路和方案，对未来的发展趋势和需求进行分析预测，制订有效的工作思路和主体内容。现状评价内容应能够支撑目标、策略和计划的制订，符合企业实际情况，数据准确、完整。

（2）评价内容。评价内容包括：资产现状分析、内外部环境分析和企业资源分析。其中，资产现状分析包括资产状态评估、资产风险评价、全面风险报告、资产绩效水平现状分析和 LCC 分析等；内外部环境分析包括外部监管机构政策分析、外部经济变化分析、电网发展分析、电量需求分析与预测、企业资产结构分析等；企业资源分析包括人力资源现状分析、物资资源现状分析和财务资源现状分析等。

2. 目标管理

（1）评价要求。明确资产管理目标的管理范围、管理职责和管控流程。资产管理目标应包括总体目标、绩效目标和执行目标。资产管理目标应承接企业发展战略，综合平衡企业决策层、管理层、执行层以及利益相关方之间的关系，满足风险管理、法律法规、可持续发展、环境责任以及社会责任等要求，与企业质量、环境和职业健康等其他管理体系的方针保持一致。资产管理目标的制订应结合企业资产及资产管理特点，逐级分解、纵向承接，满足可衡量、可监测、可管控、可实现的要求。资产管理目标应在合理范围内沟通、发布和培训宣贯，保障目标考核压力能自上而下层层传导至基层岗位，使目标执行协同、高效。

（2）评价内容。评价内容包括资产管理总体目标、绩效目标（远期目标、近期目标）、执行目标的制订、审批、发布等过程记录；各层级资产管理目标分解与承接关系表；资产管理目标在各层级范围内实施、监测、沟通及协同记录。

3. 策略管理

（1）评价要求。明确策略管理的内容及覆盖的组织层级，建立相应的编制、审批、修订、实施管理制度和流程，承接资产管理总体目标，明确组织中不同层级的职责、业务接口和工作内容。资产管理策略应明确界定企业开展资产管理各项业务活动的管理原则和核心思路，指导资产管理计划的制订，考虑资产管理计划实施中的风险、控制等要求，确保在具体业务活动中得到贯彻。资产管理策略应结合资产现状评价结果，采用资产管理通用技术方法，综合平衡资产管理各环节管理要求，与企业的定位、战略以及企业资产管理总体目标、绩效目标、执行目标保持一致，与资产规模、业务特点、资源条件、内外部环境和管理方式等相适应，实现电网企业资产全寿命周期管理安全、效能、成本综合最优。

（2）评价内容。评价内容包括资产管理总体策略、电网发展策略、寿命周期策略以及职能策略的制订、审批、发布、持续改进记录；资产管理策略对通用技术方法的运用情况记录；资产管理策略对计划指导及实际应用记录等。

（二）计划管理（P）

（1）评价要求。明确规定资产管理计划的分类、管理职责、编制原则、内容要求，以及编制、审核、发布、实施、评估改进等管控流程。资产管理计划分为中长期计划、年度计划、执行计划以及资产管理体系改进计划，并涵盖资产管理相关业务。资产管理计划应与资产管理总体目标、策略保持一致，基于现状评价、风险评估，根据人、财、物进行综合平衡。资产管理计划的时间节点安排应合理，计划发生变更时应及时开展风险评估，履行相应的变更手续，建立保证计划实施的各项考核激励机制。

（2）评价内容。评价内容包括资产管理中长期计划、年度计划、执行计划以及资产管理体系改进计划的制订、变更或调整记录；资产管理计划与相关策略一致性记录；资产管理计划实施与监控记录等。

（三）过程管控（D）

（1）评价要求。明确资产管理活动的流程，以及与流程对应的标准、制度、岗位、绩效指标等要求。结合企业资源、内外部环境等条件，按照目标、策略、计划的内容和要求，对资产管理中的每个节点进行有效控制，从而达到资产全过程管控的要求。

过程管控涵盖资产管理活动中规划计划、采购建设、运维检修、退役处置四大业务过程及其各相关业务环节，制订全面的管控措施，保证安全、效能、成本得到有效控制。过程管控应满足流程运转高效流畅、业务问题反馈及时、资产管理通用技术方法运用深入、成本管理精细、管理成效显著等要求。

在各项业务全过程活动中落实安全、质量、进度、成本、技术、风险以及相关信息的管理要求，综合考虑人、财、物资源配置，并根据内外部环境、资源等因素变化进行调整，以确保与目标、策略和计划保持一致，规范各业务过程资料档案管理，对活动过程的信息及时记录、保存，并满足监测和评价的要求。

（2）评价内容。评价内容包括资产在规划计划、采购建设、运维检修、退役处置四大业务过程及其各相关业务环节的协同点，在资产管理活动中的标准、计划、方案、记录、报告及相关的信息系统等。

（四）监测评价（C）

1. 状态监测

（1）评价要求。根据资产的特点及其运行需要，充分识别资产管理中的重要流程节点，建立能够真实反映资产的状态监测机制，明确状态监测的监测方式、监测频率、数据来源、采集方式及统计分析要求等。执行状态监测的相关技术标准，对状态监测的结果进行统计分析，对状态监测发现的问题采取纠正和预防措施，进行闭环管理。状态监测的过程资料应完整，数据应真实、准确，为资产管理整体流程优化提供依据。

（2）评价内容。评价内容包括设备状态评估总结报告、生产设备运行分析报告、电网设备状态检修综合报告、异常设备评价报告、设备状态异动整改记录、输变电在线监测数据统计月报、继电保护设备缺陷记录、电力通信设备运行统计分析评价报告、网络与信息系统运行方式和设备状态数据等。

2.绩效监测

（1）评价要求。建立绩效监测机制，数据采集应满足绩效指标的监测方式、监测频率、数据来源、采集方法、统计分析等要求，采集的数据应真实、准确。建立覆盖安全、效能、成本的绩效指标，指标的设置应满足资产管理活动过程和结果的监测要求。电网企业应制订保障绩效指标实现的工作计划，定期开展定量的绩效指标监测分析，确保既定指标的实现。对发现的异动信息，应开展问题分析，并采取纠正和预防措施，进行闭环管理。

（2）评价内容。评价内容包括资产管理绩效监测分析报告、即时分析报告、数据质量报告、资产管理绩效指标监测专题分析报告、企业负责人年度业绩考核报告、同业对标分析报告等，其他相关指标分析报告、指标异动处理记录等。

3.审核

（1）评价要求。建立资产管理体系审核机制，明确审核准则、审核范围、审核内容、审核频次、审核方法及考核等要求。编制有针对性的审核方案，由具备能力和资质的审核员对资产管理体系进行审核，详细记录审核过程中发现的问题。审核的内容和深度应能够充分验证资产管理体系运行的有效性和符合性。编制审核报告，对企业资产管理体系进行综合评价。对审核过程中发现的不符合项进行整改，对整改过程进行管控、监督和闭环管理。

（2）评价内容。评价内容包括资产管理体系年度审核工作计划、审核工作方案、内审员培训的相关材料、内审自查报告、审核检查表、审核报告、不符合项报告和预防整改措施状态控制表等。

4.合规性评价

（1）评价要求。建立合规性评价机制，明确合规性评价的职责、流程、频次、考核等要求，针对特定的过程、业务、活动，对照法律法规条款和其他要求清单，开展合规性评价活动。详细记录合规性评价的过程，编制合规性评价报告，对合规性评价中发现的问题制订纠正和预防措施实施计划，对整改过程进行管控、监督、验证和闭环管理。

（2）评价内容。评价内容包括合规性评价计划、合规性评价方案、合规性评价记录、合规性评价报告、纠正预防措施实施计划和纠正预防措施执行情况报告等。

（五）持续改进（A）

1. 纠正和预防

（1）评价要求。建立资产管理体系纠正和预防措施管理机制，通过识别不符合项、制订措施、分析原因、实施和评估等过程，对资产管理活动开展纠正和预防，以确保资产管理体系有效运转。纠正和预防范围应覆盖所有资产管理相关日常活动，通过制订有针对性的纠正和预防措施，将纠正和预防所包含的控制内容（如制订、审核、批准等）进行分解，并落实至企业的不同层级实施纠正和预防，必要时应对资产管理体系进行调整，并对执行全过程进行详细记录及归档。

（2）评价内容。评价内容包括纠正和预防措施实施计划及纠正预防措施执行情况报告等。

2. 持续改进

（1）评价要求。建立资产管理体系持续改进管理机制，通过识别改进机会，明确持续改进所包含的可能的机会或途径（如目标、策略、监测评价、纠正和预防、管理评审、新技术新方法引入等），提出并实施改进措施，实现资产管理体系的持续优化。结合资产管理业务的管理现状、内外部环境及资源，将持续改进的活动控制内容（如分析评估、审核、批准等）落实至企业的不同层级。通过研究、调查和评估等手段，寻找、识别并获得资产管理相关新技术和实践方法，实施资产管理改进措施的评估和优化，确保资产管理体系持续优化。

（2）评价内容。评价内容包括资产管理体系持续改进计划和资产管理体系持续改进实施效果报告等。

3. 管理评审

（1）评价要求。根据输出文件调整组织机构或职责，对现有资源进行调整和优化，持续改进资产管理，进一步完善文件化管理等。资产管理体系管理评审的输出内容包括修订资产管理体系总体目标、策略、计划、增加或修改的资产管理体系文件。管理评审活动过程应符合资产管理体系文件要求（如定期开展、总经理主持等）。针对管理评审结果制订持续改进计划，并对改进计划的实施进行跟踪及效果验证。

（2）评价内容。评价内容包括资产管理体系管理评审会议相关通知、议题及纪要等，资产管理体系管理评审报告等。

三、业务过程评价

业务过程评价主要体现在资产管理各阶段的目标协同、流程衔接和信息反馈等方面，在具体开展业务协同性评价时，重点关注其岗位要求与其他要素的关联关系，以及其对上级要求的执行、对下级工作的指导情况和对同层级的业务横向协同状况。

（一）规划计划管理

综合考虑外部经济形势变化、重要利益相关方要求等约束，编制企业发展规划并滚动修订。结合实物资产现状评价结果、负荷需求、外部监管要求和 LCC 等信息，制订电网规划方案。电网企业规划部门应建立投资项目优先级排序方法，根据项目关键特性、所需投入以及未来收益、风险等因素，对储备项目进行优先级排序，结合资金等约束条件编制计划。

定期对电网规划编制的规范性、合理性进行评价，建立完善实用的投资项目评估机制，对项目执行过程的规范性、预期成效与实际成效、批复规模与实际规模进行对比评估，分析结果，总结经验，应用于下一年度规划编制工作。电网企业应及时了解相关行业政策变化对电网项目核准的影响，加强与地方政府相关职能部门的沟通，保障项目前期工作进度能够符合时限要求，满足电网建设与发展的需要。

（二）采购建设管理

编制设计方案时应考虑变电站、输电线路工程全寿命周期内功能匹配、寿命协调和费用平衡。以 LCC 作为经济性评价标准，对设计方案、选型方案进行比选，推行典型设计、合理控制工程造价；在实施方面，根据项目的性质可以采用业主项目部或者项目经理的管理模式，对项目实施进行管控，保障项目实施过程风险受控、质量优质、工期合理、造价适宜、环境友好、档案资料管理规范、存档及时，并对工程建设工作总结、评价、持续改进。

根据下达的综合计划开展电网建设，综合考虑施工队伍安全承载力等内外部人力资源情况，及时获取物资到货信息，根据资金计划统筹安排各类项目的实施计划。调度部门统筹各类项目停电申请，考虑人、财、物资源影响因素，编制并发布季度、月度综合停电计划，避免重复停电，保障供电可靠性。

统筹管理库存物资，综合平衡仓储物资储备种类和数量，统一调拨、统一利库，加快物资周转，提高资金利用效率和效益。合理运用预测模型，综合统筹年度需求计划，加强需求计划与综合计划及财务预算的联动，及时掌握工程项目动态，合理安排批次计划，确保物资计划安排满足工程项目进度要求；加强对设计单位的源头管理和考核，开展技术规范审查，保障物资采购供应有序进行。

综合考虑项目建设过程的风险、质量、进度和造价等因素，制订进度计划，确保进度计划与规划、设计、财务、物资等环节协调统一，有效控制项目选址、线路路径获取批复和开工遇阻等风险，确保应对措施落实到位。

将质量信息和 LCC 纳入招标决策中，并将设备在建设、运维检修各阶段的质量信息及时反馈到物资部门，作为对物资供应商进行考核、评估的数据信息支撑，实现物资质量管控与招标采购有效联动。

（三）运维检修管理

根据资产管理运维检修策略和运行维护管理标准，结合设备状态评价结果，对设备进行运行维护，实施技改和修理项目，管控过程风险，对运维、检修、技改等工作定期进行总结、评价，并持续改进，保证在运设备在寿命周期内安全稳定运行。根据抢修管理规定，管控抢修现场工作风险、进度等，对抢修工作及时进行总结、评价并持续改进，保证快速恢复供电。根据工器具、设施和装备管理标准，组织开展工器具、设施和装备的配置、购置、使用、评价、维护、校准、退役报废和过程管控工作，实现工器具、设施和装备的专业化分级管理，满足日常运行、检修与应急处置需求。

电网企业应加强电网运行的过程管理，实时记录电网运行过程信息，建立健全应急处置预案，及时规范处置电网突发事件，保证电网安全、可靠运行。根据设备运行要求，及时优化调整电网运行方式。运行方式的制订、审核、发布等过程，应充分沟通讨论，及时发布电网运行风险预警通知，采取防控措施。

综合协调物资、建设、调度、财务、生产等专业，有效管控技改大修项目物资、服务、进度、资金等，确保项目全过程信息记录完整准确。

协调物资、建设、财务、生产等专业，工程竣工验收投运后，进行实物盘点，对新投产设备进行确认，确保相关资料齐备，及时维护信息系统中设备台账，确保设备变动信息与资产价值变动信息保持联动一致，保证设备与资产信息数据记录准确、完整、及时。

（四）退役处置管理

协调生产、物资、财务等专业，做好退役、报废设备全过程精细化管理，资产报废管理成本和收益应归集至单体设备。

根据设备退役、废旧物资处置等管理办法，规范资产退役报废、处置，科学仓储再利用资产，防范资产退役过程风险。对资产退役处置工作定期进行总结和评价并持续改进，规范有序开展设备退役处置工作。

通过计划、组织、控制与协调，加快退出设备再利用效率。基于设备退役处置原则，建立健全工程项目利旧的监督、考核和激励机制。构建设备再利用信息管理平台，为再利用各环节提供准确信息支持。规范退出、报废资产处置程序，防范处置风险，确保资产保值、增值，最大限度发挥资产效益。

四、管理绩效评价

（一）评价思路

构建完善的资产管理绩效评价，充分利用各层级的业务流程数据，深度挖掘数据资产价值，立体评价企业运营状况，及时发现企业运营管理过程中的不足并剖析深层次原因，不断提高企业整体的运营管理水平；基于全方位、全过程的闭环管理要求，以不同层级的资产作为研究对象，统筹协调安全、效能、成本三者的关系，形成多层次、多维度的绩效监测指标，实现资产管理的综合最优。

（二）构建监测指标

依据资产全寿命周期管理体系要求，结合企业实际，建立一套系统完整、层次清晰、覆盖业务过程和结果的绩效指标。

1. 设计方法

对国内外相关管理理论进行研究，结合电网企业自身业务现状进行定量分析，形成指标设计方法和重点关注对象，通过以资产管理业务流程闭环管理为指导，整体构建系统评价指标。指标采用 QQCT 模型进行分析，即质量（Quality）、规模（Quantity）、费用（Cost）、进度（Time）。质量指规范完成业务流程的工作质量和程度，具体为准确率、超标率、完整率等；规模指按规定完成业务流程前后环节的信息传递或投入产出数量是否一致，具体为一致率等；费用指按规定执行流程各节点发生的费用，具体为费用完成率、费用控制率等；进度指按规定执行流程关键节点工作所需时间，具体为及时率等。

2. 指标构成

从安全、效能、成本三个维度，设立监测指标，对企业资产运营进行多层次、多维度的监测。

（1）指标范围。监测指标涵盖资产的全寿命周期各阶段，采用定量的形式，明确数据来源、采集方法、统计分析要求等。

1）安全类。以企业运营中的设备事故和人身事故的发生情况、业务执行中的风险点和防范情况、资产全寿命周期管理全过程中的安全措施执行情况、企业内外部环境的变化情况、应对紧急意外情况的备用资产情况等为监测对象，掌握企业资产、业务和管理的安全水平和效果。

2）效能类。以企业资产的性能和生产能力、人员的素质和技能、各业务运作能力、改进措施的落实情况等为监测对象，掌握企业资产效能、业务运营效率和管理活动水平，明确效能维持和提升的方向，提高企业资产利用水平。

3）成本类。以企业资产全寿命周期管理的各阶段资本投入、各业务流程节点发生的费用、应急资金的储备情况等为监测对象，并与业务进度、资产总量进行比对，监测分析流程节点的成本总金额和资产总量，掌握不同时间点企业资产规模的总量及成本消耗情况。

（2）指标结构。通过建立战略目标、管理目标、流程与执行指标的关联关系，实现指标在企业决策层、管理层和执行层三个层级的合理分解，最终形成逐层细化的"金字塔"形指标框架，如图8－2所示。

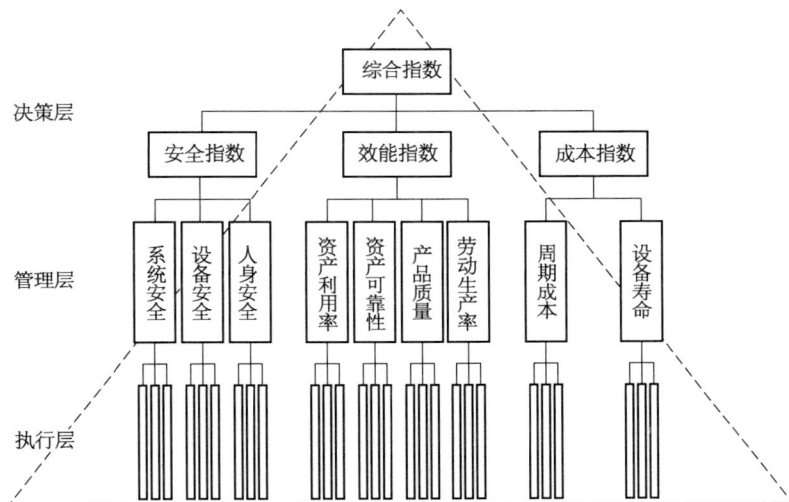

图8－2　监测指标整体框架图

监测指标应明确指标定义、监测目的、监测周期、适用范围、责任部门、频度、预警规则等信息。定量指标应设计具体计算方法、明确数据统计口径及数据信息来源等关键属性信息。

指标用于衡量资产管理实际结果和资产表现水平是否与战略目标相一致，主要用于决策层及管理层对资产管理目标的实现程度进行衡量，是对战略目标是否实现和实现到什么水平的评价。绩效指标框架示例，如图8－3所示。

绩效评价和业务监测都是以企业目标、计划为导向，其指标从本质上是兼容、统一的，二者共同助力于资产全寿命周期管理的安全、效能、成本的综合最优。

前述业务监测的指标同样适用于绩效评价指标，都是将企业战略通过目标设定落实到计划，再结合资产特点、业务范围、管理职能等层层分解，从及时性、效益性、合规性三个方面加以量化，最终得到统一兼容的指标。

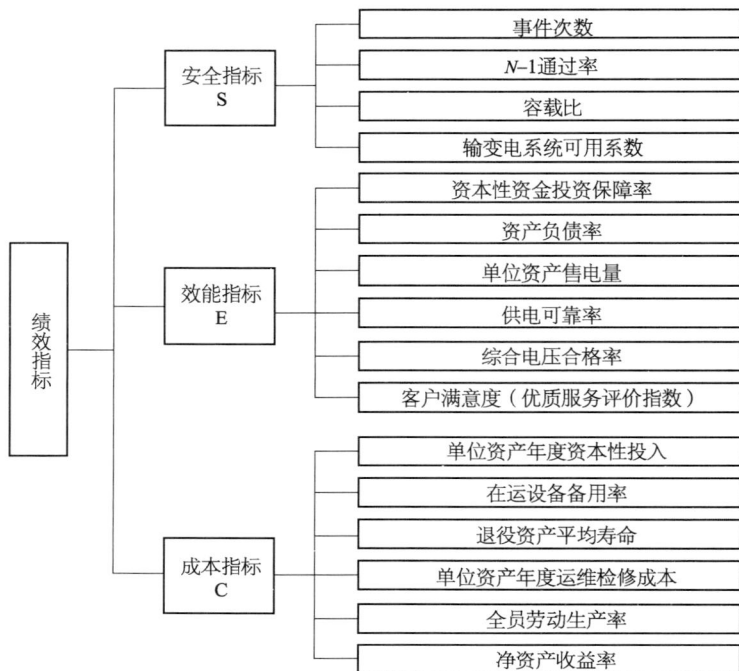

图 8-3　绩效指标框架示例图

（三）评价方法

资产管理绩效监测评价方法和分析视角主要包括横向比对、根因、同比和趋势等监测评价。

（1）横向比对监测评价。将同层级各下属单位的绩效指标排名、得分或单一指标的完成情况进行比对。对于设置目标值的指标，可进行进度比对或偏差比对。

（2）根因监测评价。监测关键业绩指标及其分解因子、关键考核因素的完成及变化情况，并对指标变动趋势进行汇总统计。

（3）同比监测评价。将排名、得分、指标完成值等与同期值比较，判断监测对象的同比优劣情况。

（4）趋势监测评价。对指标环比变化趋势进行监测，通过指标值与目标值的偏离程度，监测指标完成进度与目标值的匹配情况。

第二节 评价组织与实施

资产管理体系评价是资产管理体系持续运转的推手，评价范围应贯穿电网企业各个管理层级。电网企业应通过常态化开展资产管理体系评价，促使企业资产全寿命周期管理体系运转更加优化、充分和有效。

一、评价准备

（一）组建评价组织机构

电网企业资产管理体系评价与其他管理体系评价的组织形式基本一致，应组建独立的评价组织机构，根据评价目的、受评单位的规模、资产管理的复杂性等因素确定评价员构成，策划并实施评价工作。

评价组织机构由领导小组、领导小组办公室和评价工作组组成。评价工作组是评价工作实施的主体，由具备相应专业经验和评价能力的评价员组成。

领导小组办公室综合考虑电网企业资产管理工作开展情况和前次评价情况，确定年度评价计划。

评价工作组审核汇总电网企业的评价工作报告，形成汇报材料，报送领导小组办公室。

（二）制订评价计划

评价计划是对评价活动的具体安排，由评价工作组组长负责编制，评价机构批准确认。一般在评价前通知受评单位，使其有充分时间按评价计划做好受评价准备。

制订评价计划，包括确定评价的目的和范围、评价依据、评价涉及的人员和场所、评价工作组成员、评价日程安排、保密事项和要求、评价检查表等工作文件。

评价计划应考虑部门集合和过程集合，应考虑相关过程、流程和管理要素的组合。评价分组方面，应考虑组织规模特点、过程间关系和信息沟通的便利，避免分组过多减弱过程关联程度；评价顺序方面，可以先总体了解资产全寿命周期管理体系的建设及运行情况，以判断下一步评价中的关注点，依据资产管理体系运行过程及实际业务流程开展评价。

在编制评价计划时，应关注系统的目标及过程间的接口，关注过程的系统性，保证评价工作组内部有较为充分的沟通。

（三）制作检查表

制作检查表是提高评价质量、效率的重要环节。

1. 制作检查表的目的

（1）可以厘清评价目标，将与评价目标有关的样本内容、抽样等问题都在检查表中体现，确保评价的代表性和完整性。

（2）可以使评价紧扣主题，减少随意性和盲目性，使评价得以顺利进行。

（3）可以在现场评价受到干扰时，提醒评价员按照策划的评价内容和预期的目标进行调查取证，提高评价效率，防止偏离计划或缺漏项。

（4）可以确定评价路线和评价策略，保证评价的系统性和有效性。检查表也可以作为评价报告的历史参考文件，评价记录形式存档备查，实现评价记录的可追溯性。

2. 制作检查表的原则

检查表是抽样方案的具体落实，是现场评价的基本依据。检查表的设计要根据评价准则的要求，列出受评部门所需的内容和方式，详略得当，以提高可操作性为基本原则。编制检查表遵守如下原则：

（1）对照评价准则或文件，按受评部门或要素编写；

（2）选择典型的关键管理问题；

（3）突出评价区域的主要职能，如选出有代表性的样本，兼顾其他职能；

（4）选好准备评价的项目及寻找的客观证据；

（5）有可操作性，并确定评价策略；

（6）时间上留有余地，以便及时调整；

（7）检查表的格式可相对固定，内容相对稳定；

（8）覆盖评价准则的全部要素，不局限于标准方面的要求。

3. 制订检查表的要点

检查表一般包括评价内容、需寻找的证据、抽样的方法和数量、完成该项检查的时间以及所依据的文件要点。检查表的编制原则上由评价员负责编写，由于评价员的素质能力不同，评价员编写的检查表要经过评价工作组组长统一审阅、批准后才能用于现场评价，某些情况下可由评价工作组组长统一编制。必要时可以组织评价工作组集体讨论，以防止评价内容的遗漏或重复。

4. 检查表的使用

检查表可使评价工作按计划有序进行并提高效率，但也容易陷入机械呆板的泥潭。在按照检查表检查时，要灵活应用检查表，重视检查表以外的内容，以期发现一些未列入检查表中的问题。使用检查表时需要注意：

（1）不只采用"是/否"问答的模式，否则会导致评价失败；

（2）切忌从检查表的第一个问题开始，按顺序机械宣读问题，应把提问、评价、记录相结合；

（3）填写检查表是收集评价证据的关键环节，而评价证据是可验证的信息、记录或陈述，因此对收集的证据要客观、真实、具体、完整，做好记录，有可追溯性；对于符合评价准则的证据可作简要记录，对不符合评价准则的证据要做详细记录，需要把不符合项的事实（包括时间、地点、岗位或区域、仪器编号、记录报告文件编号等）描述清楚，便于不符合项的判定以及受评单位的确认和整改。

二、评价实施

明确评价的目标、范围、方法以及评价人员要求等。其中评价范围应覆盖整个资产管理体系，包括资产管理目标、策略、计划、实施、过程管控、绩效评估和持续改进全过程。一般的，评价实施主要包括对受评价单位开展的文件评审、现场评审及结果反馈。

（一）文件评审

文件评审是对受审方提供的资产管理手册、控制手册等资产管理体系文件进行审查，了解受审方建立的资产管理体系是否满足标准要求，初步确定评价的范围。在现场评价前评审受审方提交的文件，以确定文件所述的资产管理体系与评价准则的符合性。文件评审原则上由指定的评价工作组组长进行，必要时可由符合要求的人员进行，但文件评审结果，最终应得到评价工作组组长的确认。

文件评审范围包括资产管理手册、控制手册、管理制度及记录。评价内容包括以下几个方面。

（1）文件符合性：对资产全寿命周期管理体系文件内容与上级要求、行业标准和"5W1H❶"要求是否符合进行评审；

（2）文件适宜性：对部门职责和岗位说明书对职责描述是否清晰、是否存在重叠、交叉、缺项情况，以及文件规定与实际工作内容是否相符等进行评审；

（3）文件有效性：对资产管理体系文件描述是否清楚、部门接口是否顺畅、是否需要变更、流程节点是否明确、是否需要补充和完善、控制设计是否到位等情况进行评审；

（4）文件一致性：对资产管理手册、资产管理控制手册、记录中的表述进行梳理，评价文件内容是否一致，各资产管理手册、资产管理控制手册、记录等资产管理体系文件是否对应，是否存在漏项及缺项。

将评审结果写入文件评价报告并及时传递给受审方，受审方在规定的期限内对文件评审报告提出的不符合项和问题进行整改，评价工作组对文件修改结果必须进行重新评审或验证。文件评审完毕并符合相关要求后才可实施现场评价，在现场评价中仍应对资产管理体系文件的符合性、适宜性、有效性和一致性进行评审，并予以记录。

（二）现场评审

1. 首次会议

现场评价首次会议标志着实施现场评价工作的正式启动，由评价工作组组长主持，评价工作组全体成员、受评单位领导及有关人员共同参加的会议。首次会上，由评价工作组介绍评价工作方案，包括工作组织、分组情况、日程安排等。受评单位简要汇报资产管理体系建设成果。评价工作组就文档初步审查情况与受

---

❶ 5W1H（WWWWWH）分析法也叫六何分析法，是一种思考方法，也是一种创造技法。分别为 Why、What、Where、Who、When、How。

评单位开展讨论，并要求受评单位提供最新有效版本的资产管理体系文件。评价工作组与受评单位双方对评价工作安排达成共识，确认评价程序安排。

2. 现场审核

现场审核的主要目的是验证受评价单位资产管理体系运行的有效性，但并不排除对资产管理体系文件的进一步审查。

（1）本部部门（单位）评价。本部部门（单位）评价主要通过材料评价、员工访谈两种工作形式展开评价。针对每家受评部门（单位）独立组建评价组织机构，每次设总组长1名，下分6个小组。每个小组设小组长1名，所有人员采用回避原则从已取得资质的评价员中随机抽取。评价小组组长与评价员充分协商，将各阶段、过程、职能、场所、区域或活动的评价工作分配给评价小组每位成员。评价小组分组及人员分配情况见表8-1。

表8-1 评价小组分组及人员分配情况

序号	组名	人数	负责业务（16项业务）	涉及主要部门
1	综合组	1	资产管理体系建设	资产管理体系建设组
2	资产决策组	1	策略目标管理、规划计划	资产管理归口管理部门、规划部门
3	资产建设组	2	物资采购管理、工程建设	物资部门、建设部门
4	资产运维组	2	电网调度管理、电网运维检修管理、电网营销管理	调度、生产、营销、物资等部门
5	评价改进组	1	评价管理、持续改进管理、安全质量管理	绩效监测、安监、企业管理、人资、审计等部门
6	基础保障组	2	科技管理、信息管理、企业法制管理、规章制度管理、行政事务管理、财务资产管理、人资管理	科技、信息、法律、办公室、人资、财务等部门

受评单位需准备好相应检查资料，做好文档目录链接；准备相关信息系统登录账号和密码，安装必要控件，开放端口，确保能够访问所有信息系统。评价员须自备笔记本电脑、相机、录音器材等必要设备。

1）材料评价的主要关注点。受评单位的资产管理体系文件是否覆盖资产管理的全过程及资产管理规范所有要求；受评单位的资产管理体系文件是否结构层次清晰（承接关系），业务横向协同（引用关系）；受评单位的资产管理体系文件版本是否现行有效，并符合文件控制的要求；制度标准要求与佐证材料是否一致；是否满足法律法规等基本要求和业务需求。

2）员工访谈的主要关注点。不同管理层级、岗位人员是否了解岗位职责并按规定履行；对本岗位的职责及制度标准的掌握及应用情况；对本层级资产管理现状分析、目标策略的熟悉情况。

（2）下属单位评价。下属单位评价主要通过资料查看、员工访谈、现场验证三种工作形式展开。开展各下属单位评价时，可以根据需要重新进行分组。下属单位评价的范围、重点及人员调配由评价工作组组长决定。评价范围原则上覆盖一个或多个检修现场、工程施工现场、运维现场和仓库现场。现场评价主要查看设备管理、仓库管理、工程现场管理和工器具管理等。依据设备或工器具的特性，采用随机抽取设备及工器具进行现场勘查的方法进行评价，抽查现场实物与台账的一致性。资料查看及员工访谈主要目的是检查下属单位管理要求的落实情况，并重点关注如下要点：

1）依据上级单位的策略制订可执行的策略，以及执行策略的实施情况；

2）各级分解计划与上级单位下达计划的一致性；

3）计划执行与分解计划的一致性；

4）计划执行过程中的反馈及分析情况；

5）计划（停电、人财物资源计划等）执行过程中的协同情况；

6）基础数据（含各专业的台账数据和业务数据）的完整性、准确性和及时性；

7）设备状态评价和绩效监测目标的跟踪情况；

8）纠正和预防措施的实施情况；

9）本单位各岗位人员对本岗位的职责、制度标准的掌握及应用情况；

10）制度标准要求与过程实施的一致性；

11）本单位管控的风险信息库的识别、维护以及风险信息的应用情况；

12）根据要求对各业务阶段开展有效协同情况。

3. 日总结例会

评价小组定期讨论评价进展情况，根据需要重新分配评价小组成员的工作。

每天在完成诊断评价工作后，将材料评价、员工访谈、现场查证的记录进行汇总与分析，梳理受评单位在资产管理活动中存在的不符合项，根据评价细则完成评分，并形成评价工作报告。

评价工作报告包括评价结果、资产管理体系建设亮点、存在的不符合项及改进建议等内容。现场评价期间每天晚上，各评价小组组长间及时沟通评价进展与相关情况，重点关注以下几个方面：

（1）对于本小组获得的评价证据不能达到评价目的，如评价中收集的证据显示有潜在的管理短板，但仅凭本小组工作不能实现评价目的、需要其他小组配合查评时，各小组间及时有效地重新确认或修改评价计划、改变评价目的、评价范围或终止评价；

（2）对于超出评价范围之外的问题，指出并向评价工作组总组长汇报；

（3）在评价中收集的证据显示有紧急和重大风险时，及时汇报评价工作组总组长；

（4）随着现场评价活动的进展，如果出现需要改变评价范围的任何情况，均需通过评价工作组总组长的审批。

4. 末次会议

现场审核完成后，审核组内部需一定时间进行沟通、汇总、编制总体审核情况，并根据审核情况编写审核报告。在审核报告编制之前，评价小组与受评单位领导通过会议的方式进行沟通，由评价小组组长主持，主要内容包括编制评价报告的原则和思路、不符合项和评价结论等。完成审核报告编制后，需召开末次会议，末次会议出席范围与首次会议相同，会议内容主要包括评价小组组长公布审核工作的完成情况、查出的不符合项及审核结论（书面或口头），提出制订纠正和预防措施等后续工作的要求，受评单位对实施纠正和预防措施进行承诺，最后将不符合项报告登记发放给受评单位。

现场评价末次会议由评价小组组长主持召开，其程序和内容包含但不局限于：

（1）评价小组组长重申评价目的、评价依据、评价范围和评价方法，重申评价作为抽样调查的局限性和相对性；

（2）评价小组组长介绍评价总体情况，对受评单位资产管理体系符合标准要求的文件、过程的符合性和有效性，做出以客观证据为依据的确认，对受评单位资产管理体系的工作成效予以肯定；

（3）向受评单位介绍报告不符合项，包括书面的不符合项和口头的反馈；

（4）评价小组组长宣布评价结果和结论；

（5）受评单位领导表态发言；

（6）宣布本次现场评价结束。

（三）结果反馈

资产管理体系评价是推动受评单位不断优化完善资产管理体系、持续提升资产管理绩效水平的有效途径。通过对受评单位进行全面、系统和综合的评价，对受评单位资产管理水平给出整体的评价结论，并出具详尽的评价报告，包括总体评价报告、专项评价报告、不符合项报告和建议改进等内容，明确提出受评单位资产管理的不足和改进方向。

受评单位可以依据评价结论，进一步厘清管理思路、明确管理重点、找准工作目标，积极组织对评价不符合项进行分析和检验，辨别共性与个性问题，按照计划、实施、检查和改进的管理模式制订纠正与预防措施和实施计划，实现发现问题与改进提升的良性循环。

三、绩效评价实施

通过每月进行指标数据收集，常态开展月度分析报告。通过指标趋势、同比等各维度分析，展现企业资产管理水平，为企业资产管理提供决策支撑。

（1）核心绩效指标监测。根据资产管理绩效指标，电网企业应选择最能反映企业经营状况的关键运营指标重点关注，如经济增加值、资产总额等，通过同比变化情况、执行进度情况两个维度，综合分析企业运营绩效趋势与存在的问题，查找短板，及时改进。

（2）资产安全（S）绩效监测。电网企业应主要从投资情况、工程进度和生产运行三方面，开展具体监测评价。投资情况重点监测当月各类资本项目计划下达情况，成本项目总体执行平衡情况，具体指标包括农电成本、配网修理、安全措施、科技、环保等项目投资计划下达率、ERP系统项目创建率；工程进度重点监测线路工程、变电工程新开工、新投运进度规模情况；生产运行重点监测企业安全生产形势，调度最大用电负荷当期及同比情况、当期电压合格率、供电可靠率完成情况。

（3）资产效能（E）绩效监测。电网企业应主要从优质服务、电能质量和供电质量三个方面开展具体监测评价。优质服务重点监测故障报修业务量以及同比变化情况，监测故障平均处理时长等绩效指标、所辖区域投诉、举报和意见工单总量以及同环比变化情况；电能质量、供电质量重点监测电压合格率、供电可靠率指标当月完成及同环比情况。

（4）成本效益（C）绩效监测。电网企业应主要从经营效益和资源状况两个方面开展具体监测评价。经营效益重点监测企业经营状况，包括营业收入、营业成本、利润总额等经营绩效指标当月完成情况以及同环比趋势；资源状况重点监测人财物核心资源当月规模及变化趋势情况，具体监测劳动生产率、资产负债率等指标。

（5）绩效指标可视化展示。电网企业应结合资产管理绩效指标监测开展实际情况，实施绩效监测可视化场景项目，构建智能化绩效评价可视化场景，对企业进行整体宏观评价，反映企业的宏观走势，实现对企业核心资源、运营活动、经营绩效的集中监测和展示。

四、管理评审

管理评审是评价资产管理体系持续适宜性、充分性和有效性，并识别改进机会和变更需求的活动。电网企业应建立管理评审管理机制，以会议的形式（一般1次/年）开展，由企业最高管理者主持，对资产管理体系运行结果进行定期评审。管理评审的结果与企业战略规划相关联，为企业决策层制订和调整战略规划提供重要依据。

管理评审包括制订管理评审计划、管理评审实施、管理评审报告和持续改进四个阶段。管理评审流程如图8-4所示。

1. 管理评审计划

在管理评审实施两周前由资产管理办公室拟定管理评审计划，报资产管理委员会审批。管理评审计划主要包含评审时间、地点和方法；评审范围、内容和重点要求；评审所需的输入资料目录和提交部门；出席人员及评审的输出等。

管理评审流程图

资产管理委员会	资产管理办公室	各业务部门

管理评审计划

开始

1. 制订管理评审计划

管理评审计划

2. 审批管理评审计划 — N / Y

3. 发布计划

4. 收集管理评审输入材料

5. 汇总材料

评审材料

管理评审实施/报告

7. 提出评审意见

6. 组织开展管理评审

8. 编制管理评审报告

9. 审批管理评审报告 — N / Y

10. 发布管理评审报告

持续改进

11. 编制持续改进措施

12. 编制管理评审报告

管理评审报告

13. 制订持续改进计划

持续改进措施计划表

资产管理体系改进计划管理流程

14. 归档评审活动记录

结束

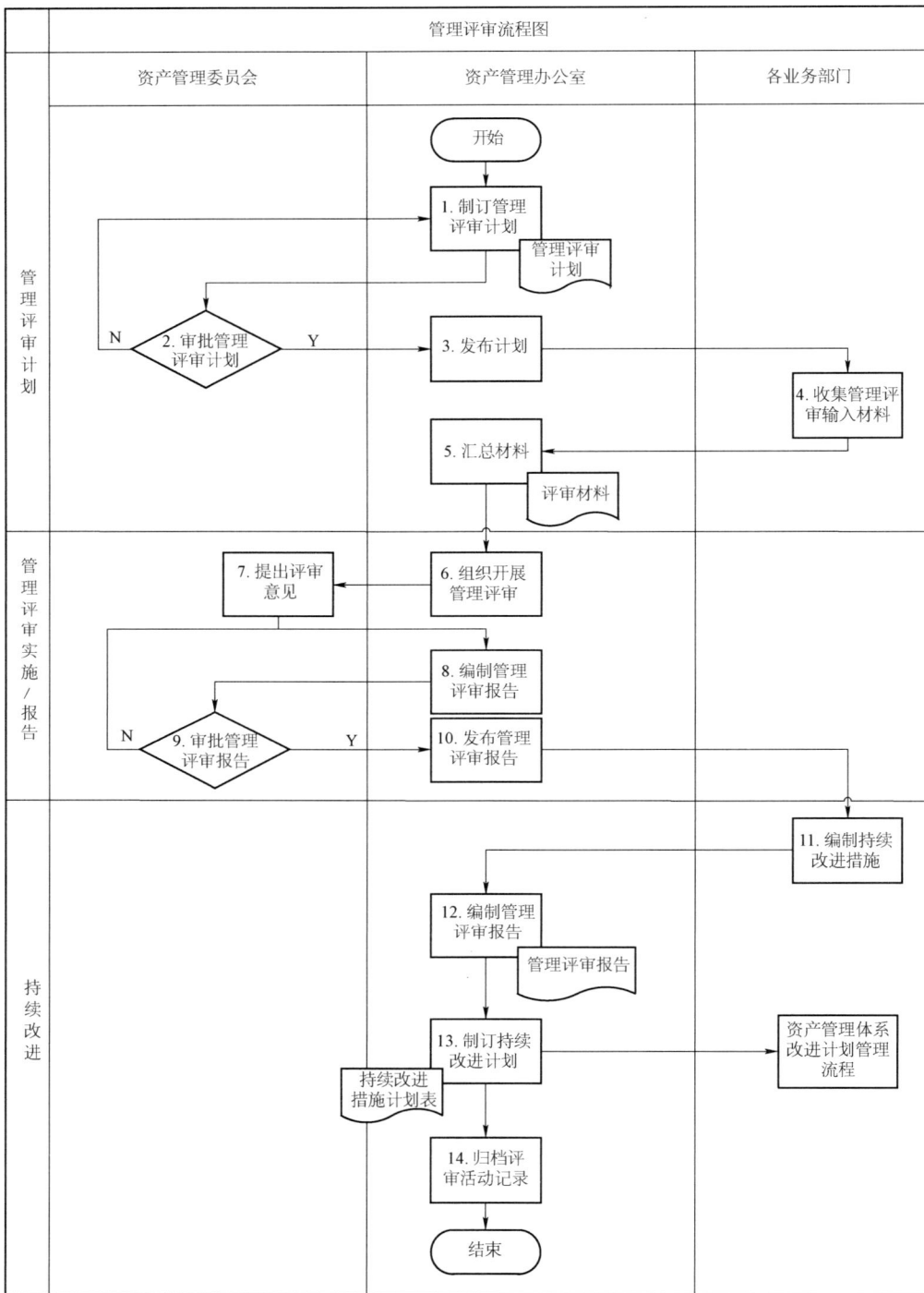

图 8-4 管理评审流程图

2. 管理评审实施

各相关业务部门根据管理评审计划的要求，收集并整理评审所需资料，提交资产管理办公室。主要包括内部审核结果和合规性评价的结果；与员工及相关方的沟通、参与和协商的结果；企业资产管理绩效的记录或报告；策略、计划及目标实现的程度；事故调查、预防措施、纠正措施的执行情况；环境的改变情况，包括与资产管理相关的法律及其他相关要求的变化和技术革新；企业客观环境的改变情况，包括与资产相关的法律法规及其他要求和技术革新；前期管理评审的后续活动等。

在完成管理评审会议资料的编制及汇总后，组织召开管理评审会议，提出评审意见，并对管理评审会议内容进行记录。

3. 管理评审报告

根据评审会议记录，在管理评审会议后起草管理评审报告并提交资产管理委员会审批。管理评审报告发放范围为资产管理委员会和各相关业务部门。

4. 持续改进

各相关业务部门制订本部门的持续改进措施提交资产管理办公室，由资产管理办公室编制形成持续改进计划，提交资产管理委员会审核。

资产管理办公室及时整理评审活动记录及资料并归档，归档资料作为下次管理评审的输入。管理评审基于持续改进的要求，对资产管理体系相关内容进行优化调整。例如，资产管理目标、策略、计划；资产管理绩效要求；资产管理所需资源；资产管理体系其他改进内容等。

第三节 结果改进与提升

电网企业应结合资产管理体系评价结果，针对资产管理活动和资产管理体系的运行情况，以及资产状态、绩效监测的结果和外部环境的变化，不断优化资产战略和各业务阶段的管理策略，改进工作流程、指标和保障机制，实现资产管理的持续改进和提升。

一、纠正和预防

针对资产管理活动中潜在的不符合项或风险进行识别和评估，必要时采取措施进行控制和纠正，纠正预防措施应与不符合项、事件或风险的影响程度相适应。

（一）纠正和预防工作的开展

通过开展对不符合项和潜在不符合项的识别、分析原因、制订纠正和预防措施、评估实施措施以及结果验证等过程，对资产管理活动开展纠正和预防，以确保资产管理体系运转的有效性。纠正和预防流程框架示意图如图8-5所示。

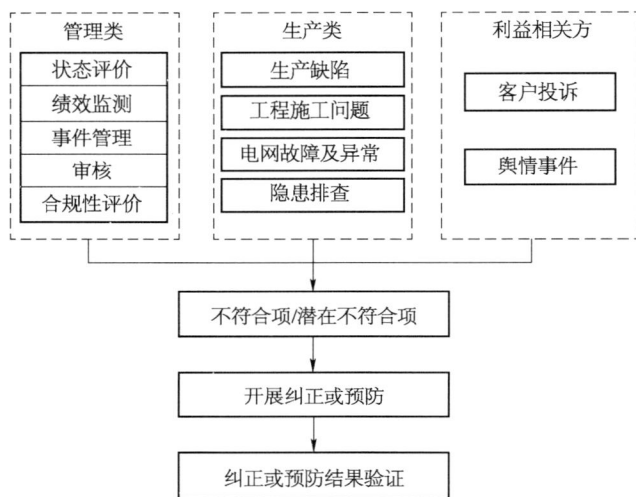

图8-5　纠正和预防流程框架示意图

1. 识别（潜在）不符合项

不符合及潜在不符合项的信息来源包括合规性评价发现的不符合项，审核发现的不符合项，状态评价、绩效监测、数据分析的结果和趋势判断结果，生产过程中缺陷或隐患，客户和利益相关方的投诉、建议和满意度调查结果等。

对监测评价环节的状态评价、绩效监测、合规性评价、审核、事件等业务中发现的不符合项、不合规项和安全质量事件，以及资产状态指标、资产绩效指标、资产管理绩效指标预警等情况采取预防措施，以降低或避免不符合项、不合规项、安全事件的再次发生，保障资产状态指标、资产绩效指标和资产管理绩效指标达到预期期望。

经过识别的不符合项或潜在不符合项，告知相关责任部门或人员，并按相关的流程进行管理。电网企业不符合项或潜在不符合项主要来源清单如表 8－2 所示。

表 8－2　　　　　　　　电网企业不符合项或潜在不符合项主要来源清单

序号	管理活动	牵头部门（单位）	配合部门（单位）	相关制度
1	状态评价	生产	调度、营销、安监、物资等部门	电网设备状态检修管理等相关规定
2	绩效监测	绩效监测	电网规划、企业管理、人资等部门	电网企业绩效监测相关管理制度
3	事件管理	安监	各部门	电网企业安全工作等相关制度
4	审核	企业管理	各部门	无
5	合规性评价	安监	各部门	电网企业各专业相关管理制度
6	生产缺陷	生产	各部门	电网设备缺陷管理制度
7	工程施工问题	建设	物资、生产等部门	电网企业工程相关管理制度
8	电网故障及异常	生产	调度等部门	电网企业故障及异常相关管理制度
9	隐患排查	安监	各部门	电网企业安全隐患排查治理制度
10	客户投诉	营销	各部门	电网企业营销业务管理制度
11	舆情处置	外联	各部门	电网企业新闻舆情工作制度

2. 开展纠正和预防

资产管理各业务部门（单位）定期开展对已识别不符合项的原因分析归类（判断为一般不符合项、严重不符合项），分析存在的问题和不足，制订纠正预防措施，明确实施内容、实施时间、实施人员、实施方法和措施的风险评价，并在实施过程中开展风险管控，防止产生新问题。对不能在短期内实施的纠正措施，应采取临时措施，并加强检查，具备条件后实施长期措施。

监测评价归口部门（单位）对发现的不符合项建立纠正预防实施管控跟踪表，及时记录有关信息，对识别出的不符合项进行闭环跟踪管控，对严重不符合项编制严重不符项总结报告。

3. 实施结果验证

监测评价归口部门（单位）对实施结果开展评估验证，确认纠正及预防措施的有效性。

（二）纠正和预防措施的落实

开展资产管理活动的常态化评价，结合事件处置、隐患排查治理和专项检查活动，识别已发生的不符合项和潜在的不符合项，对不符合项按级别分类，分析其产生原因，制订纠正和预防措施，落实责任部门、责任人和完成整改时间，对纠正和预防措施计划进行风险评价，形成不符合项纠正和预防措施状态控制记录文件，对纠正和预防措施实施跟踪、沟通和结果验证，实现闭环管理。

二、持续改进

持续改进是资产管理体系运行的核心，是实现战略目标、不断增加企业价值和增强企业活力的有效手段，是改善、优化、整合资源配置的先进方法，是在全员目标管理基础上的管理创新。

资产管理体系持续改进工作主要是结合资产管理体系运行存在的问题，识别持续改进机会，分析原因并制订纠正和预防措施，总结经验教训并寻找相关改进点，不断优化资产战略和管理策略，优化工作流程、指标和保障机制，确保符合资产管理体系标准的要求，以达到不断提升的目的。

（一）持续改进的方法

资产管理体系持续改进，关键在持续，重点在改进，落点在创新。

1. 基于"问题管理"的管理提升

问题管理就是借助问题进行管理。电网企业应以运营监测警示的异动问题和资产管理评价中识别的不符合项和潜在不符合项为基础，形成企业、部门、班组"三级问题库"，进行问题的关联性研判，分析问题成因，推动问题的及时解决，提升企业的经营效益。

2. 基于信息的持续改进点识别

收集整理优化业务相关信息，系统了解各方面目标期望和工作约束，是开展优化的首要工作。电网企业应根据优化的业务场景不同，在各方目标期望值、专业管理目标要求、资产历史运行状态信息和资产间关联关系信息等基础上，分析现状并识别持续改进点。

3. 基于目标导向的综合评价

建立评价模型，结合多方面要求，进行综合评价，平衡各方目标要求，关注能够为电网企业带来可量化效益的新技术、工具和方法，制订满足约束条件的最优方案。

4. 基于推广应用的改进实施

对优化方案，要落实到具体的工作计划中，对方案实施结果进行分析评估，并根据电网企业最新目标要求，进一步完善方案、挖掘潜能，确保改进效果达到相关项目的要求。持续改进成果通过与相关业务部门沟通后进行经验固化和成果应用，应用中要及时与管理层、员工及其他相关方保持沟通，保证持续改进成果被广泛了解及应用。

5. 基于创新的员工激励机制

建立员工创新激励机制，加强学习型团队建设，鼓励管理创新、群众性创新、合理化建议等工作，在各个环节上持续不断地进行改善，积小为大，最终达到整体上的创新飞跃。

（二）持续改进的内容

资产全寿命周期管理本质在于对企业整个生产过程进行优化，这种优化贯穿于业务组织、战略、策略、业务实施、流程、制度、标准、信息化的全过程，通过优化决策和管理，实现企业资产管理中实物流、价值流和信息流的有机融合，提高企业整体运营效率效益，促进企业安全、效能、成本的协调。

资产管理目标一般包括提高安全管理水平、降低 LCC、提高资产效益水平、提高资产服务水平等要求。持续优化的结果最终体现在资产管理目标的优化上。电网企业应根据利益相关方要求，从各方面要求出发，考虑目标体现安全、效能、成本综合最优，避免片面强调某方面目标要求，而忽视其他方面要求。例如若片面突出安全或服务水平，忽视资产效益，会导致企业积累不足，持续发展动力不足。

在具体实践中，通过对过程进行管控、资产运行绩效开展监测等手段监测资产目标或计划的执行情况。在横向上，通过对资产的规划计划、采购建设、运维检修、退役处置四大业务阶段的反馈与评估，持续优化业务过程。在纵向上，通过对执行层的监控，与原管理层设定的目标或计划内容进行比较，不断修正管理层目标或计划，当达到一定的程度或阶段时，修正决策层的资产战略，并为下一阶段的战略、目标及计划提供优化的依据。

（三）持续改进的机制

1. 横向闭环管理机制

利用资产管理各阶段前后或跨阶段的信息反馈和评估，建立业务过程之间的横向闭环管理机制（如图 8-6 所示），实现对工作成效进行全过程评估，优化工作策略；对比预定目标和执行结果，提高预测的准确性和全面性；利用其他阶段的信息作为本阶段工作的参考依据，提高决策的科学性；通过资产管理期间的分析评价，进一步优化资产战略等方面的目标。

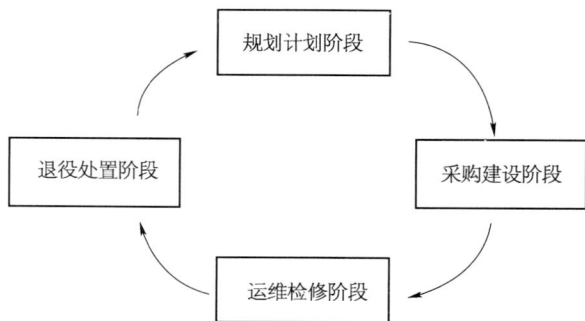

图 8-6 横向闭环管理机制图

2. 纵向闭环管理机制

通过决策层下达资产战略，管理层根据资产战略制订相应的资产策略，针对下达的分解任务和指标，执行层将执行情况再反馈到管理层进行评估，管理层将评估结果上报到决策层，决策层再根据评估情况下达考核结果，依据考核结果调整优化资产战略，从而建立与管理层之间的纵向闭环管理机制。通过这种闭环管理机制，可以将决策层的战略目标落实到执行层的每一个员工身上，执行情况能够及时地反馈到决策层，从而实现各层级的协调和统一。纵向闭环管理机制示意图如图 8-7 所示。

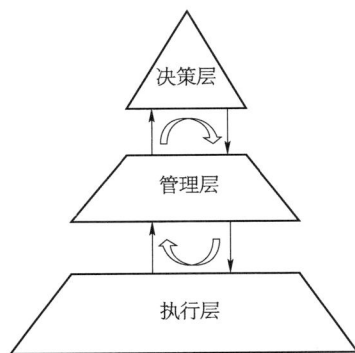

图 8-7 纵向闭环管理机制示意图

3. 建立持续改进长效机制

根据预定目标，明确工作策略，制订工作计划，计划执行后，利用绩效监测、过程管控、合规性评价、审核等方式将实际完成的结果与预定目标、计划、规范等进行对比分析，查找差距，开展原因分析，制订改进措施并形成改进计划。通过优化制订策略的方法和流程、完善制度标准等途径，从根本上消除管理上的薄弱环节，逐步实现螺旋式上升的持续改进。持续改进长效机制示意图如图 8-8 所示。

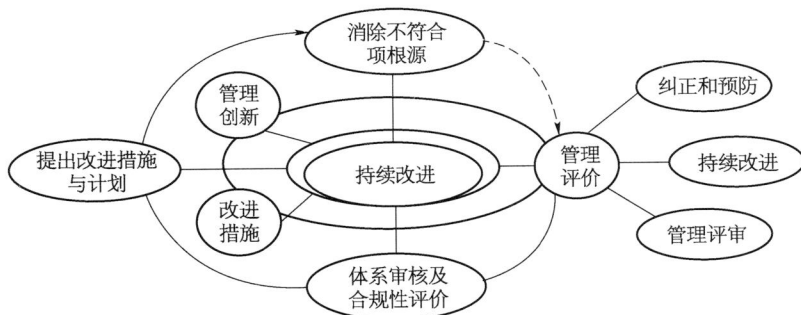

图 8-8 持续改进长效机制示意图

持续改进是根据资产管理体系评价结果，积极运用资产全寿命周期管理典型经验、管理创新及科技创新成果，组织实施持续改进，提升资产全寿命周期管理水平。这种持续改进机制可以应用于规章制度、管理策略、管理流程、管理方式等方面的持续优化，是一种易于掌握，并具有普遍意义的科学方法。

第四节　未　来　展　望

电网企业通过贯彻 ISO 55000 族标准的最新要求，研究探索资产全寿命周期新的理论和方法，构建适用于电网企业持续改进、螺旋上升的资产全寿命周期管理体系，在资产管理业务中发挥越来越重要的引领作用。电网企业的资产全寿命周期管理体系未来可以从资产质量、管理决策、国际视野等方面，全面提升资产管理水平。

一、重视提升电网资产质量

将资产管理体系要求真正落实到业务流程、日常工作和信息系统中，实现体系理念在专业管理中更广泛、更深层次主动应用。以整体资产观为视角，围绕安全、效能、成本综合最优的战略目标，带动企业质量变革、效率变革和动力变革，按照标准化、精益化、数字化、国际化的管理方针，推进企业高质量发展。贯彻资产全寿命周期管理要求，将"质量强网"理念贯穿电网规划、设计、采购、建设、运行等全过程，着眼提高竞争力和可持续发展能力，提升电网资产质量，提升电网内在预防和抵御风险能力，压减低效、无效资产，确保企业资产保值增值。

二、全面支撑资产管理决策

综合运用大云物移智等现代信息技术，实施精准管理、精准作业及精准考核，如通过电网资产统一数据中心建设，促进电网实物资产在规划计划、采购建设、运维检修和退役处置全寿命周期的状态、成本、缺陷等各类信息的互联互通，彻底打通实物资产管理的关键环节，从根本上解决长期困扰电网实物资产全寿命周期管理的难题，提高企业资产管理效率。建立高效的资产管理决策评价体系，优化资产管理决策流程，提高决策数据的全面性和准确性，实现资产管理决策的公开透明。构建基于量化分析的资产精益化决策模型，挖掘海量数据资源价值，以数据驱动资产管理变革和转型升级，提高企业经营运作效率。

三、务实开展国际协同合作

以建设具有国际领先水平的资产管理体系为契机，推动电网企业资产管理创新成果向国际标准转化，增强企业在资产管理领域中的话语权和影响力，提升企业品牌的认同度和知名度，加强与建立资产管理体系的国际同行标准互认、对接和合作，带动技术、装备、管理等全方位走出去，统筹利用国际国内创新资源，积聚协同创新合力，建立资源协同、体系完善、产出高效的资产管理国际化创新生态，助力国家"一带一路"建设，推动全球能源互联网创新发展。

第九章

典 型 实 践

本章以国网江苏省电力有限公司（简称国网江苏电力）资产全寿命周期管理实践作为典型案例，系统介绍资产管理体系建设、运行、评价各阶段的实践经验，展现工作成效与特色亮点，为其他电网企业开展资产全寿命周期管理工作提供借鉴与参考。

案例一 资产管理体系与"五位一体"协同机制有效融合

电网企业在资产管理体系建设过程中，应考虑避免与其他管理体系重复或冲突。本案例主要阐述了国网江苏电力如何将资产管理体系与"五位一体"协同机制有效融合、促进两个管理体系共同完善提升的案例。

一、与"五位一体"协同机制融合的背景

1. "五位一体"协同机制介绍

"五位一体"协同机制是指将多种管理体系的内容和要求，以流程为基础进行一体化整合，建立协调统一的标准流程、岗位职责、制度标准、考核评价、风险控制体系。其核心内容是将与流程相关的管理要素（组织、制度、标准、指标等）进行拆分或细化，匹配到流程最小单元（流程环节），再以岗位为视角，整合岗位所承担的职责和需要遵守的全部管理要求，进而形成体现与业务活动及管理要求关联互动的岗位职责。

2. 面临的困难

国网江苏电力在资产管理体系建设初期调研时发现，虽然资产管理体系与"五位一体"协同机制在管理对象、运作机制和模式等方面有所不同，但两者均是以

流程为主线衔接整合制度、考核、风险等内容，若两者不进行有效融合，资产管理体系建设与运行将会面临以下问题：

（1）体系建设难以落地。资产全寿命周期管理是以电网实物资产为主要管理对象，通过采取进一步完善管理流程、明确工作职责、强化业务协同等手段，达到提升资产风险管理水平的目标。缺乏"五位一体"协同机制的支撑，资产管理体系在"职责、流程、标准、制度、考核"等方面，将难以与资产管理各项业务紧密结合。

（2）体系运行难以管控。资产管理体系需要将具体业务的工作要求细化到各个流程环节和工作岗位，实现资产管理各项要求与业务的融合。缺少"五位一体"协同机制为载体和工具，资产管理"职责、流程、制度、标准、考核"相关要求难以落实至具体岗位和业务中，端到端流程运转也缺少有效的监测手段。

二、与"五位一体"协同机制融合的做法

国网江苏电力在充分调研"五位一体"协同机制及其运转状况的基础上，制订了以资产管理流程为重点、以"五位一体"协同机制为载体和工具的资产管理体系建设工作思路，并对两个体系的职责、制度、标准、考核、风险、信息和价值等内容，进行了全面的梳理、补充和融合。

1. 流程的融合

充分承接"五位一体"协同机制成果，在"五位一体"既有 559 项专业资产管理流程中，梳理修订了涉及规划、建设、物资、运检、调度、财务、营销等专业管理核心流程 187 项，新增合规性评价、管理评审等体系流程 18 项，以及实施计划统筹、审核等业务流程 7 项，均以集成信息系统体系架构❶（Architecture of Integrated Information System，ARIS）流程图形式录入"五位一体"信息系统。同时，对"五位一体"相关内容进行梳理，分析了与资产管理实物流、信息流、价值流的对应关系，形成了包括资产管理价值属性的流程对应关系表，将资产管理全过程的 176 个价值点全部融入"五位一体"信息平台，从而在流程上保障了"两个体系"的和谐统一，促进了资产管理流程"三流合一"的有效落地。

---

❶ 信息系统体系架构（ARIS）是由德国 IDSScheer 公司（爱迪斯）开发的世界领先的企业流程建模、优化和分析的工具，是帮助企业将流程管理（BPM）落到实处的一套优秀的软件产品。

2. 标准、制度、职责的融合

在资产管理体系设计过程中，国网江苏电力编制了资产管理体系文件 22 份，梳理了省、市、县全覆盖的资产管理规章制度 476 条、技术标准 3796 条、岗位职责 1886 条，明确了合规性评价、审核、管理评审等 7 项资产管理新增业务对应的岗位及职责，并全部逐项分解落实到"五位一体"相关业务流程对应环节，依据"五位一体"运行管理办法全部融入"五位一体"信息系统，实现了资产管理体系管理标准、制度、职责与"五位一体"的充分融合。

3. 考核的融合

国网江苏电力依据资产管理顶层指标，将资产管理关键绩效指标（Key Performance Indicator，KPI）分解至相应"五位一体"流程环节，形成了资产全寿命周期管理端到端流程指标体系，完善了"五位一体"流程绩效指标体系，促进了资产管理绩效由"结果导向"向"过程和结果并重"转变。资产管理绩效指标如图 9-1 所示。

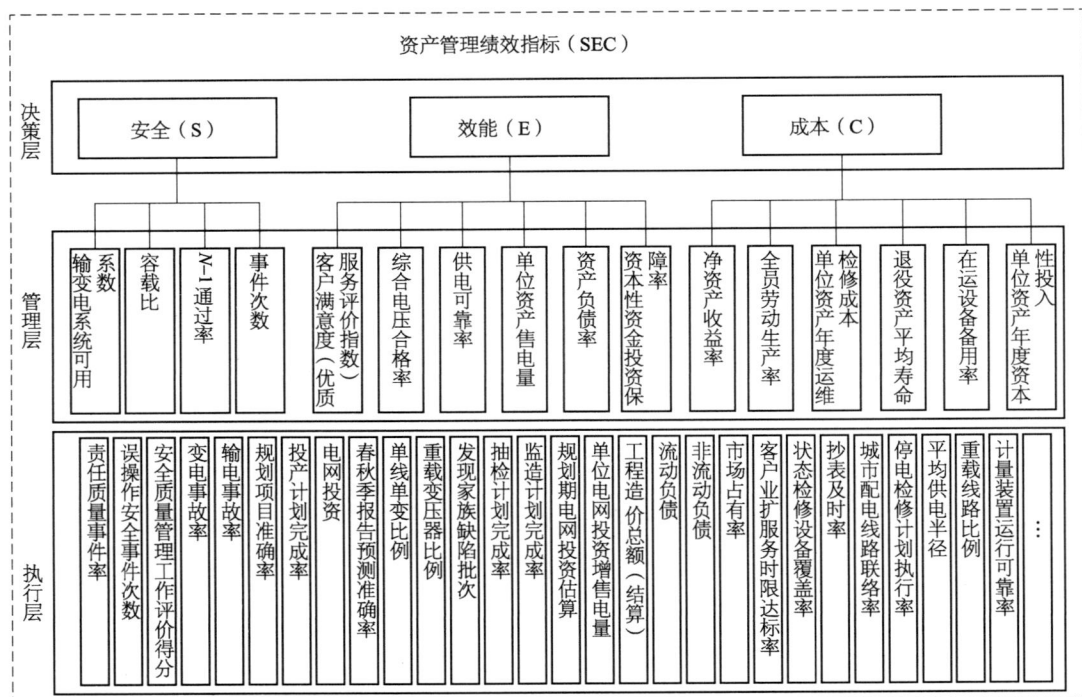

图 9-1　资产管理绩效指标图

4. 风险的融合

国网江苏电力全面承接风险管理的四级架构,开展 69 项业务对应的风险点识别,实施分类管理,并对风险的描述按照资产风险管理要求进行补充、定义。资产管理四级框架如图 9-2 所示。

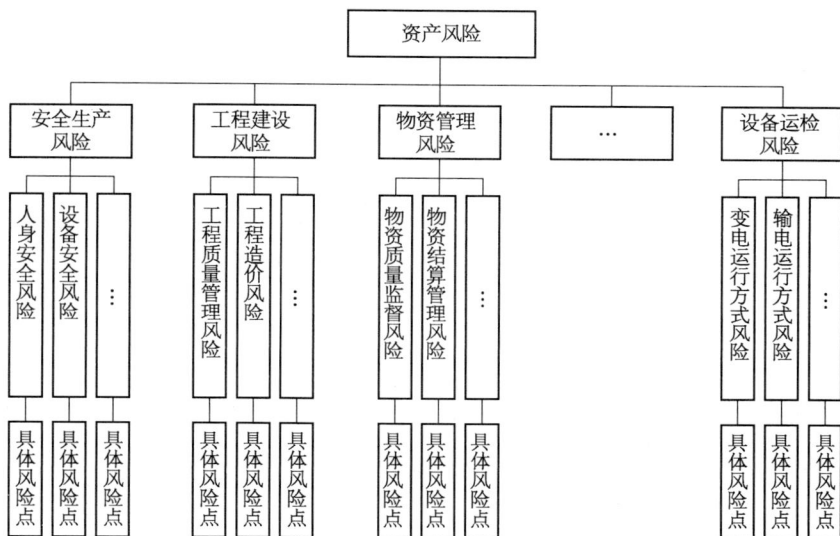

图 9-2 资产管理风险四级框架图

风险梳理过程中,结合"五位一体"协同机制中的风险内容,梳理与资产管理相关的业务风险,完善资产管理风险。识别企业、部门、基层三个层级的 13 大类风险点,形成了全面的资产管理风险信息库,并以此为基础,开展资产管理风险的评价、监控和应对。

5. 信息、价值的融合

按照"三流合一"流程,国网江苏电力"五位一体"信息平台建设拓展了对信息、价值的要求。其中资产管理信息流主要表述各业务节点信息源、信息流向及信息间的引用、加工关系,从文档、信息和记录的视角开展资产管理。资产管理价值流明确了资产形成过程中的财务关键管控点,定义全寿命周期成本的构成及形成过程,规定了资产规划期、建设期、运行期和退出期各个阶段如何归集阶段成本,为全寿命周期成本的精细化管控提供了支撑。

三、与"五位一体"协同机制融合的成效

资产管理体系与"五位一体"协同机制融合运转是不断验证、完善、提升的过程，随着两个体系工作的推进，相互间的促进、补充、融合得到进一步加强，"1+1＞2"的效果日益显现。

1. 相互融合共同提升

资产管理体系与"五位一体"协同机制的相互融合，推动了两者的共同提升。资产管理体系随着"五位一体"协同机制的不断深化运行，实现了体系建设和运行的有效落地和持续提升。"五位一体"协同机制通过不断融合吸收资产管理的理念，进一步强化了闭环管理，实现了以目标为导向的过程管控。

2. 夯实资产精益化管理基础

借助"五位一体"信息平台，完成了资产管理规划计划、采购建设、运维检修、退役处置全过程的价值流标注，为未来精确核算资产（资产组）LCC、计算投资收益、适应电力改革需求等提供了基础数据支撑。

3. 节约体系建设成本

在资产管理体系建设过程中，充分利用和结合"五位一体"的建设成果，节约了大量制度、流程、职责等设计、建设成本，又避免了管理活动间的交叉冲突、工作人为条块分割，强化了部门间、业务间、各管理活动间的协同。

案例二　电网资产统一身份编码建设

本案例主要阐述了国网江苏电力运用资产全寿命周期管理理念，以电网实物资产为主要对象，综合运用系统论、协同论、信息论的思想与方法，研发、应用电网资产统一身份编码（简称实物"ID"）。该编码充分运用二维码、RFID 等移动物联技术，固化物料、设备、资产间的分类对应关系，打通部门间业务与信息的传递瓶颈，优化资产管理各业务阶段流程及管控要求，贯通项目、WBS、物料、设备、资产等各类专业编码，实现实物资产在规划计划、采购建设、运维检修、退役处置四大业务阶段的信息共享与追溯，促进资产管理精益化水平进一步提升。

一、电网资产统一身份编码建设背景

1. 资产全寿命周期相关编码介绍

国网江苏电力资产全寿命周期全业务关键环节，主要包含项目、WBS、物料、设备和资产等五种不同的编码。编码的产生和传递主要涉及立项申请、项目立项、需求计划管理、合同管理以及后端的设备资产运行检修管理等业务环节，相关编码在各个阶段逐步生成及运用，具体过程如图 9-3 所示。

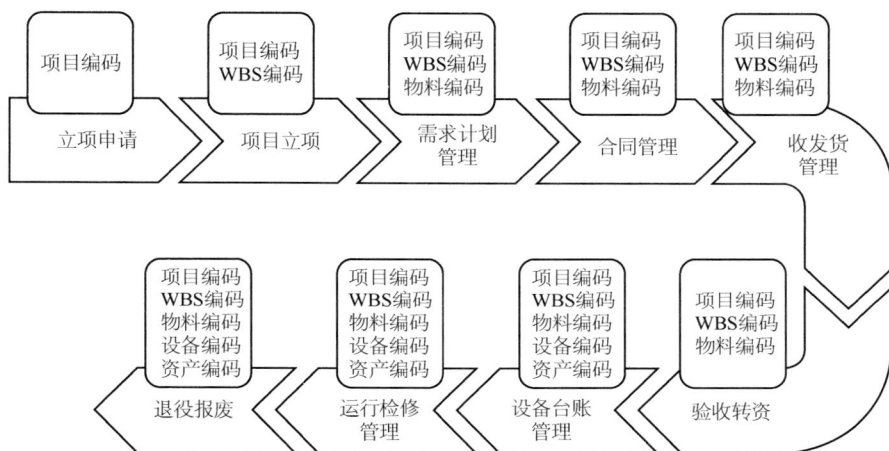

图 9-3 资产全寿命周期编码生成过程图

项目编码由规划部门归口，在项目储备完成后、下达年度计划前产生；WBS 编码由建设部门归口，在项目立项阶段根据企业标准 WBS 结构产生；物料编码由物资部门归口，在需求计划管理阶段引入，项目类的物资计划须基于项目 WBS 编码提报；设备编码由设备生产部门归口，在项目竣工验收后、创建设备台账阶段产生，并与 WBS 编码关联；资产编码由财务部门归口，在验收转资转入设备台账时，联动产生资产编码。在资产全寿命周期管理过程中，还包括电网运行前期产生的临时调度编码、物资退役报废阶段产生的废旧物料编码等。

2. 编码互联互通存在的问题

物资、建设、生产、财务等部门，由于本身业务关注点不同，对资产管理信息的需求存在差异，造成各部门使用的项目、WBS、物资、设备、资产等信息之间缺乏有效的贯通，不能满足资产全寿命周期管理的协同要求。主要存在如下问题：

（1）物料和设备未建立明确的对应关系，资产分类不统一。由于物料和设备的管理要求不一样，造成两者的分类维度不统一，如变压器在设备台账中分为主变压器和所用变压器，而物料分类中是按照电压等级和型号分类，导致设备与物料无法直接对应，设备台账和物料编码无法逻辑关联。

（2）资产全寿命周期管理各阶段编码缺乏有效的联动管理。各部门业务管理职能不一致，无法从资产全寿命周期管理的角度综合考虑编码信息融合需求，存在断点，主要体现为物资采购物料编码信息与运维检修设备编码信息不贯通。

（3）部分业务过程不规范，关联信息不准确。在物料申报过程中，存在着物料挂接层级不准确、物料对应的设备分类错误等问题，导致物料编码与 WBS 编码对应关系出错；在工程竣工验收过程中，由于预验收设备清册条目过多、数据冗余造成验收清册设备参数不齐全，导致后续设备台账无法新增或新增台账数据质量不高，未能实现设备信息与物料信息的紧密耦合。

（4）信息系统的新建或变更，影响编码关系的对应。目前，国网江苏电力的业务系统数据统一存放在数据中心，但数据仍按照原专业系统的架构进行存储，不同系统对数据的定义和适用存在差异，对各类编码信息融合造成较大影响。随着信息技术的不断深化，各业务系统陆续更新换代，分散存储于各系统中的编码信息变动较大，部分数据原有关联关系丢失，如 PMS 系统上线后，受编码规范变更、固定资产打包规则调整等因素影响，部分设备编码与资产编码关联关系丢失。

二、电网资产统一身份编码建设内容

为解决资产全寿命周期跨业务信息贯通不畅的问题，国网江苏电力着手研究开展电网资产统一身份编码建设，设计实物"ID"编码，建立项目、WBS、物料、设备、资产等各类专业编码之间的关联对应关系，并引入物联网、移动应用等新技术，优化资产信息在资产管理各阶段的流程及管控要求。

（一）制订实物"ID"编码技术规范

1. 明确实物"ID"编码规则

设计实物"ID"编码规则时，国网江苏电力综合考虑以下三个原则：

（1）适用性。采用企业自定义编码，而非国际通用的电子产品编码，解决电子产品编码应用现状不乐观、适用对象不匹配、编码管理受制约等问题。

（2）兼容性。自定义编码应能够满足贯穿电网资产全寿命周期的要求，与各专业编码（物料编码、项目编码、设备编码、资产编码等）不冲突、不取代，能够共存。

（3）通用性。统一身份编码为无意义码，每个编码在全网范围具有唯一性，规则通用，通过后台数据库实现信息的索引和查询。

基于上述原则，国网江苏电力研究设计了一套采用 24 位十进制数据组成的电网资产实物"ID"编码，代码结构由公司代码段、识别码、流水号和校验码四部分构成，如图 9-4 所示。

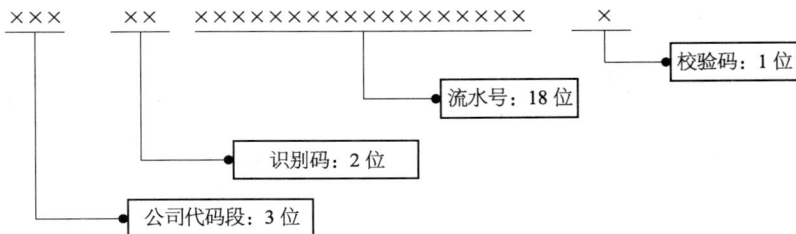

图 9-4 电网资产实物"ID"编码构成图

其中，公司代码段为 3 位，用于标识电网资产实物"ID"单位的代码；识别码的位数为 2 位，用于区分不同业务应用生成的电网资产实物"ID"；流水号的位数为 18 位，按照数字序列自动生成；校验码的位数为 1 位，用于检查电网资产实物"ID"编码的准确性，采用模数 10 的加权算法计算得出。

2. 统一实物"ID"编码规范

结合电网资产种类繁多、寿命周期长及运行要求严格等特点，国网江苏电力从物理性能、读取距离、标签成本等方面，开展分析论证，确定了以二维码标签和 RFID 标签两种标签类型，作为电网资产实物"ID"的可用载体。

针对二维码标签和 RFID 标签的不同材质和制作工艺，根据户内、户外、高空、地面等设备的不同运行环境、不同外观特征，开展了实验室观测和现场实测，确定了增量设备、存量设备相对统一的物联网标签样式、外形尺寸、安装方式、安装位置等标准（如图 9－5 所示），制订了《电网资产统一身份编码技术规范》。

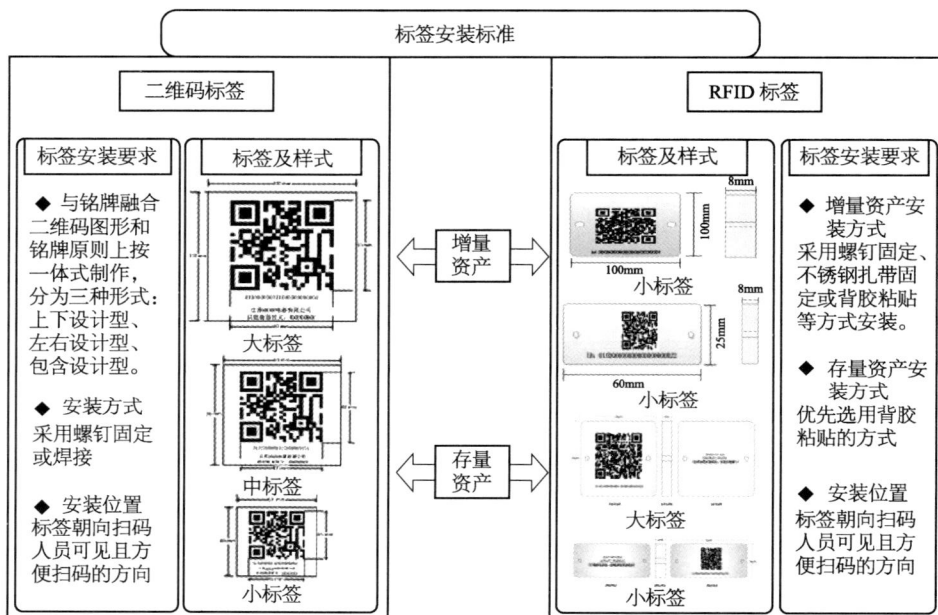

图 9－5　物联网标签安装标准图

（二）实物"ID"的业务流程优化

国网江苏电力深入分析实物"ID"对现有业务的影响，梳理优化资产管理业务流程，制订了《电网资产实物"ID"管理办法》，以保障实物"ID"在各业务环节的协同贯通。

（1）物资计划环节。项目管理部门通过 WBS 识别码与物料组的对应关系，完成物料编码与项目编码、WBS 编码的准确对应。

（2）招标采购环节。物资部门在招标文件中明确实物"ID"标签的制作和安装规范，要求供应商在设备出厂前完成实物"ID"标签安装，在信息系统中录入设备参数信息。

（3）合同签订环节。在合同或补充协议中明确供应商进行实物"ID"标签安装和信息录入的相关要求，依据实物"ID"编码规则自动生成实物"ID"编码。采购订单生效后，实物"ID"编码与项目编码、WBS 编码、物料编码自动关联。供应商在设备出厂前完成实物"ID"标签的安装。针对部分出厂前物标分离的设备，要求供应商将实物"ID"标签跟随设备一起配送，并在项目现场完成实物"ID"标签的安装。

（4）物资验收环节。现场物资验收时，项目建设管理单位组织施工、监理、物资、供应商等单位检查实物"ID"标签的完整性和规范性，依据货物清单核对实物及配件数量、资料，完成现场物资收发货。库存物资基于实物"ID"完成物资收发货。

（5）设备安装调试环节。项目管理部门组织参建单位核对实物"ID"，在信息系统中录入设备安装调试和交接试验信息，形成与实物"ID"对应的安装调试和交接试验报告。

（6）工程竣工验收环节。项目管理部门组织实物管理部门、财务部门、物资部门使用含有实物"ID"的项目验收清册核对现场实物资产，核查供应商预置的设备参数信息作为竣工验收的必备条件之一。

（7）台账新增环节。实物管理部门根据现场实物验收移交结果，关联实物"ID"与设备名称，在设备台账中引入设备参数，依据新投设备信息在 ERP 系统申请新增资产，财务部门负责审核创建与实物"ID"关联的固定资产卡片。

（8）工程转资环节。财务部门依据业务部门提供的"竣工投产报告""暂估工程成本明细表"，含有实物"ID"的"工程现场盘点验收清单"和"设备转资清册"等资料，转增固定资产价值。竣工决算完成后，对原暂估资产价值进行调整。

（9）设备运维检修环节。设备运检单位在登记设备缺陷、隐患及运行记录等信息阶段，使用信息系统进行记录，并优先采用实物"ID"开展相关工作。

（10）实物盘点环节。实物管理部门应用实物"ID"开展实物盘点工作，核查相关系统和实物信息一致。

（11）存量设备标签制作环节。设备运检单位统筹开展存量设备实物"ID"

标签制作工作，根据实物"ID"生成规则生成实物"ID"编码，并按照技术规范要求制作标签。

（12）存量设备标签安装环节。设备运检单位根据设备特性，结合日常运行、检修等工作，统筹开展存量设备的实物"ID"标签安装工作。

（13）退役报废环节。实物管理部门检查待退役或待报废设备实物"ID"标签的完整性，核对实物"ID"在信息系统中所对应信息的准确性，履行固定资产报废审批程序。

（14）设备拆除环节。电网实物资产拆除后，由项目管理部门与使用保管单位通过扫描实物"ID"盘点退役资产拆除情况，检查待拆除设备实物"ID"标签的完整性，检查与拆除设备对应的准确性。

（15）废旧物资处置环节。项目管理部门与使用保管单位通过扫描实物"ID"盘点退役电网实物资产拆除情况。使用保管单位与物资部门办理废旧物资移交及入库手续，通过扫描实物"ID"标签，核实废旧物资入库基本信息，获取废旧物资编码，完成废旧物资入库，使废旧物资和实物"ID"同步移交。

（16）退役设备再利用环节。实物使用保管部门检查实物"ID"标签的完整性和准确性。

（17）废旧物资销售出库环节。物资部门在系统中创建废旧物资销售订单，在销售订单中记录实物"ID"信息，在废旧物资销售出库后，归档实物"ID"编码。

（三）实物"ID"信息化建设改造

国网江苏电力以专业部门的业务需求为出发点，确定了"以服务资产全寿命周期管理为指导思想、以现有信息系统为基础、以系统局部改造和数据治理并重"的建设思路，对规划计划、采购建设、运维检修、退役处置四大业务阶段涉及的信息系统进行升级改造，实现了项目、物资、设备、资产的信息贯通。如图 9-6所示。

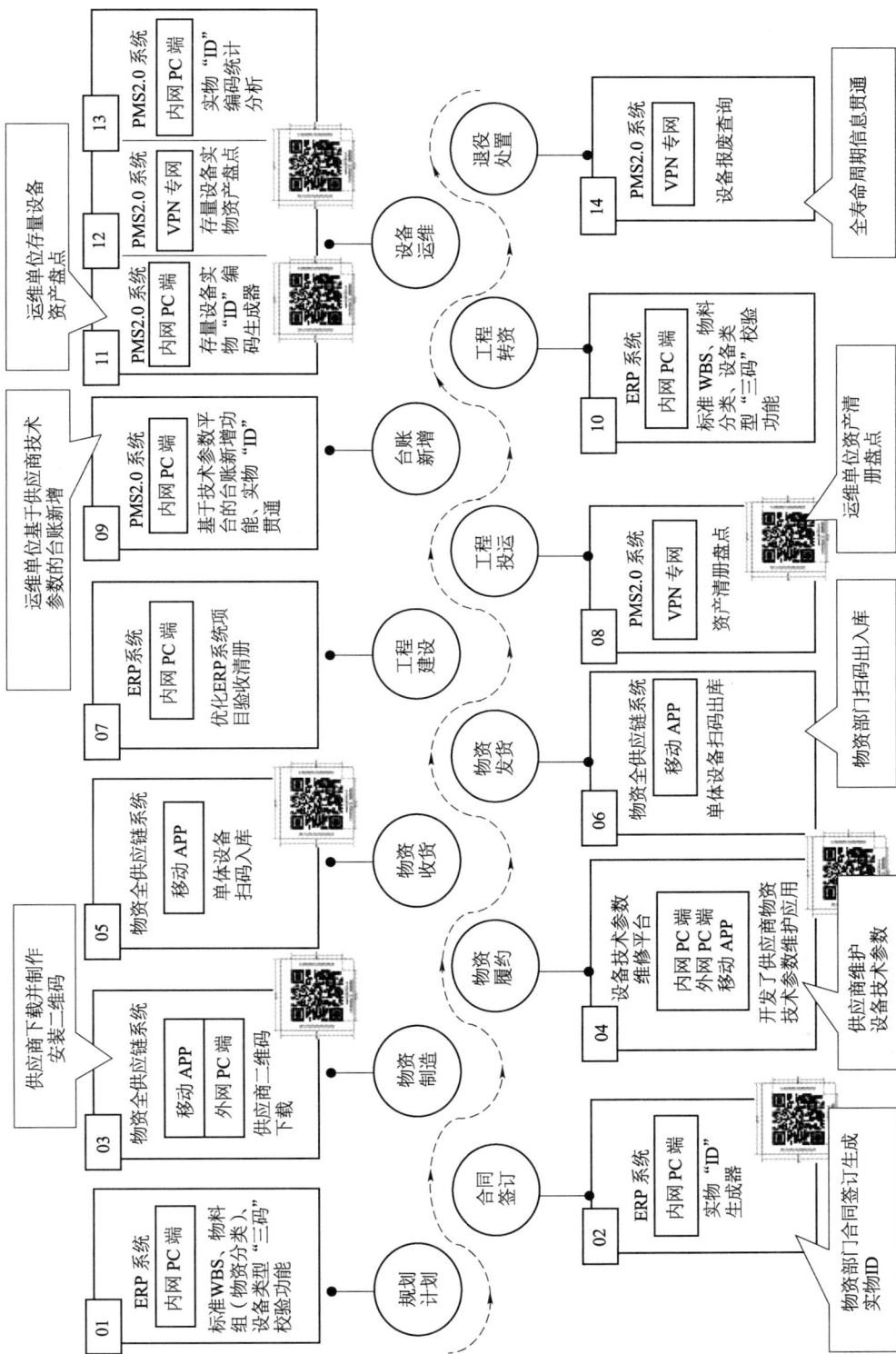

图 9-6 信息化系统建设改造全景图

1. 实物 "ID" 系统贯通功能开发

广泛征集各专业部门实物"ID"信息化建设改造的业务需求,明确了涉及 ERP、PMS、物资全供应链等业务系统的 101 个改造功能项, 如图 9-7 所示。

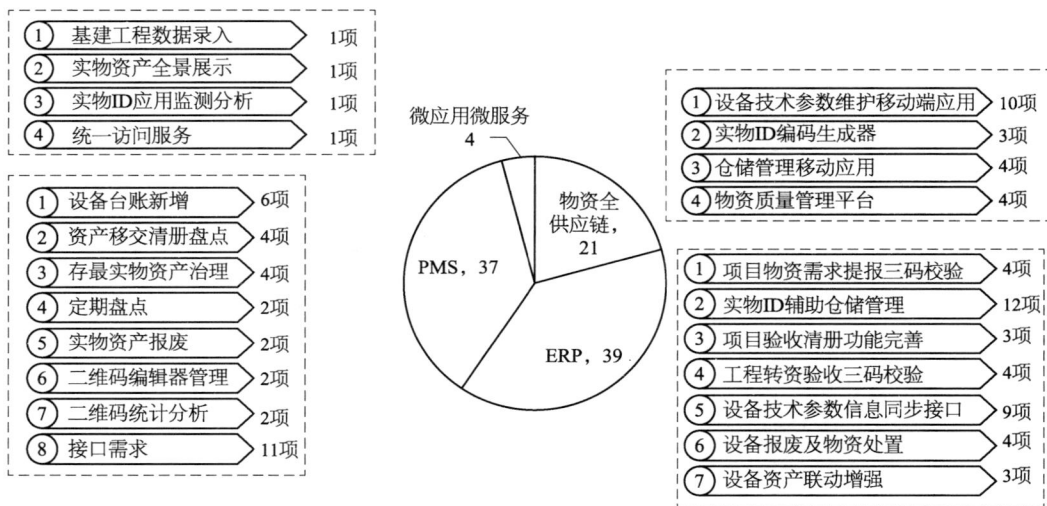

左上方框：
① 基建工程数据录入　1项
② 实物资产全景展示　1项
③ 实物ID应用监测分析　1项
④ 统一访问服务　1项

左下方框：
① 设备台账新增　6项
② 资产移交清册盘点　4项
③ 存量实物资产治理　4项
④ 定期盘点　2项
⑤ 实物资产报废　2项
⑥ 二维码编辑器管理　2项
⑦ 二维码统计分析　2项
⑧ 接口需求　11项

饼图：微应用微服务 4；物资全供应链 21；PMS 37；ERP 39

右上方框：
① 设备技术参数维护移动端应用　10项
② 实物ID编码生成器　3项
③ 仓储管理移动应用　4项
④ 物资质量管理平台　4项

右下方框：
① 项目物资需求提报三码校验　4项
② 实物ID辅助仓储管理　12项
③ 项目验收清册功能完善　3项
④ 工程转资验收三码校验　4项
⑤ 设备技术参数信息同步接口　9项
⑥ 设备报废及物资处置　4项
⑦ 设备资产联动增强　3项

图 9-7　信息化功能改造图

(1) 规划计划环节。优化了物资需求清册,固化了物资、设备、资产三者的分类对应关系, 提高后期工程转资、自动竣工决算的准确性。

(2) 采购建设环节:

1) 合同签订, 实现采购环节实物 "ID" 编码生成功能。

2) 物资制造, 实现供应商在线下载实物 "ID" 标签。

3) 物资履约, 实现供应商设备技术参数在线维护。

4) 物资收货, 实现单体设备扫码入库、盘点业务自动化。

5) 物资发货, 实现单体设备扫码出库,并强制与 WBS 编码关联。

6) 工程建设, 实现基于实际领料信息和物资、设备、资产三者的分类对应关系自动生成设备验收清册。

7) 工程投运, 实现现场实物与设备验收清册清查, 确保账实相符。

(3) 设备运维环节:

1) 台账新增, 实现基于实物 "ID" 的设备台账创建, 实物 "ID" 在 ERP 和 PMS 系统中实现贯穿。

2）设备运维，实现存量设备实物"ID"批量赋码，以及二维码的生成、打印功能。

3）工程转资，实现价值的自动结转和分摊，提升项目转资精准度。

（4）退役处置环节。实现基于实物"ID"的设备退役与资产报废处置信息查看。

2. 实物"ID"深化应用功能开发

在实物"ID"系统功能贯通的基础上，开展实物"ID"深化应用功能开发。物资专业组织基于实物"ID"的智能物流、智能仓储、质量监督等功能的应用开发。建设专业构建工程建设数据录入平台，实现调试报告、试验报告等数据结构化存储。运检专业开展基于实物"ID"的移动运检、设备生命大事记等功能开发，辅助缺陷、故障、状态评价等信息的统计分析。财务专业组织实物"ID"在智能盘点等功能的应用开发。安监专业建设实物"ID"监测平台，监测全业务流程实物"ID"应用及业务流程超期、断链、价值异常等信息。

三、电网资产统一身份编码应用成效

随着电网资产统一身份编码建设的全面推广和深化应用，国网江苏电力实现了电网资产全过程信息的互联共享，资产管理关键环节的管控能力明显提升。

1. 打破瓶颈，夯实信息基础

基于资产全寿命周期管理数据贯通的信息化建设与改造，进一步提升了资产信息的标准化和规范化水平，打通了物资与运检系统数据贯通的关键节点，突破了信息化数据瓶颈，实现了电网资产在全寿命周期内状态、成本、缺陷等各类信息的互联互通。以实物"ID"为纽带，解决了台账与实物难以完全对应的难题，提升了基础数据质量，实现了资产关键信息干净透明、一致有效，源头一次录入、终身共享使用。

2. 强化协同，穿透业务流程

以"流程驱动"为导向，上游业务服务支撑下游业务，推进业务流程在各专业、各层级穿透贯通。技术参数由物资制造环节贯穿到运检环节，大幅提高建账效率质量，工程台账创建时间缩短50%以上。制造商出厂试验报告和调试单位交接试验报告、缺陷隐患信息电子化，有效支撑运检环节设备状态准确评价。基于实际到货物资生成项目验收清册，解决以往手工录入带来的设备验收清册交叉引用等问题，进一步提升项目自动转资质量。业务管理信息的高效追溯与共享，促进资产分段管理模式向资产全寿命周期管理模式转变，提高了资源综合统筹平衡能力，精准辅助电网投资决策。

3. 注重实效，深化精益管理

创新建立"实物 ID +"管理理念，全面推进实物"ID"在相关专业内部和跨专业关键环节的深化应用研究，进一步强化电网资产的全过程精益管理。

在专业管理方面，实施智能物流应用，建立实物"ID"与现有运输管理系统的关联关系，实现物资运输过程的全程跟踪，实时掌握物资的运输状态，保障物资供货的及时性。推行智能仓储应用，将实物"ID"与仓位码绑定，搭建物资、自动化设备、仓位之间的桥梁纽带，实现了"物—物"互联的仓位级应用，提升仓库物资管理精细度。开展智能移动运检，基于实物"ID"标签实时获取设备运维"线上"数据，实现现场巡检、缺陷、隐患等信息与 PMS2.0 实时交互，提升设备状态管控力和运检管理穿透力。应用实物"ID"身份标签，建立信息系统与设备的关联，突破了智能运检应用研究的技术难点，结合虚拟现实技术，初步实现了可视化运维、智能化抢修和标准化检修，提升了精益化管理水平和作业现场安全管控能力。

在跨专业管理方面，构建实物"ID"监测分析平台，多层次、多维度透视实物"ID"在各单位、各专业的应用，实时监测 12 个核心环节的业务协同运转情况，分析跨专业管理存在的问题，提升资产全业务链实时管控能力。建立电网资产全景信息平台，实现规划计划、采购建设、运维检修、退役处置等资产全寿命周期各环节信息的追溯、归集和共享，有效提升了项目储备和后评价、投资预测和成本分析、运维计划和检修策略等业务管理能力和效率。完善运检设备生命大事记，打破实物资产管理的时间和空间限制，通过实物"ID"追溯设备投运前端环节信息，开展基于生命周期的综合统计分析，助推设备采购和运检质量提升。拓展全过程质量监督管控手段，实现设备在监造、出厂关键点见证、抽检、建设、运维等全过程质量信息的收集与追溯，为完善物资采购策略，从源头提升物资质量提供支撑与保障。

案例三　电网规划方案比选应用

本案例主要阐述了昆山市供电公司 2013 年在电网规划设计中，充分运用全寿命周期成本评估的方法，综合考虑电网前期设计、项目施工、维修与运行，以及电网后期扩展改造直至最终退役处置的整个寿命周期，针对规划计算期内的成本和效益进行全面分析，并采用 IPC 方法，引入土地机会成本、风险量化成本，开展动态规划比选，指导网络优化、设备选择等规划方案，使电网规划达到可靠、经济、环保、整体最优的效果。

一、电网现状

昆山市（县级市）隶属于苏州市，地理位置优越，经济发达，土地资源稀缺。其 220kV 电网分为 2 个供电片区运行，北部石牌片区独立为一片，南部玉山片区与相邻的太仓电网合为一片。220kV 电网结构如图 9－8 所示。

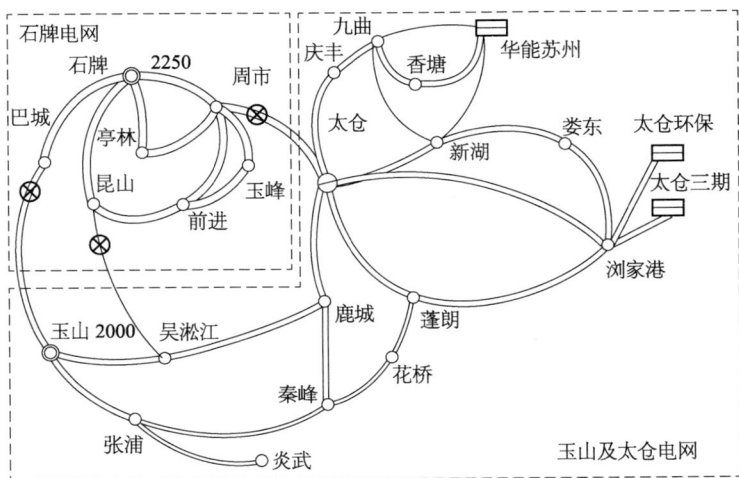

图 9－8　220kV 电网结构图

◎—500kV 变电站；○—220kV 变电站；⊗—开断运行；
▭—发电机组；2000、2250—变电站容量，MVA

目前，昆山电网主要存在以下问题：

昆山电网分为 2 个 220kV 供电分区运行，给下级配电网的运行带来不便，不利于电网安全运行。

北部石牌片区仅由 1 座 500kV 石牌变电站供电，无 220kV 电源，安全可靠性不高，极端故障方式下损失负荷较大，有可能达到《电力安全事故应急处置和调查处理条例》规定的一般及以上电网安全事故等级。随着昆山负荷的持续增长，昆山电网已无法满足供电需求，急需采取措施提高供电能力。

南部玉山片区与太仓电网间存在跨通道电磁环网，当上级电源发生故障时，会发生大规模潮流转移，易引发电网安全事故。

二、负荷预测

根据苏州市电网发展滚动规划，结合苏州地区近年来负荷实际发展情况，按照国网江苏电力统一规划条件，2020 年苏州市负荷预测（基本水平）最大负荷预测为 2770 万 kW，"十三五"年均增长率为 3.34%，预计 2030 年苏州电网可达到约 3700 万 kW。

苏州供电公司结合地区发展实际，也提出了未来苏州市地区负荷预测水平（高水平），预计 2020 年昆山电网最大负荷为 479 万 kW，2030 年最大负荷 650 万 kW。

三、电力平衡

随着昆山地区负荷的持续增长，2020 年昆山 220kV 电力缺口达到 400 万 kW，在现有 500kV 降压容量的基础上，还有约 210 万 kVA 变电容量缺口；2030 年昆山 220kV 电力缺口达到 550 万 kW，还有约 450 万 kVA 变电容量缺口。

若采用苏州供电公司预测的高水平负荷，2020 年昆山 220kV 电力缺口达到 440 万 kW，在现有 500kV 降压容量的基础上，还有约 270 万 kVA 变电容量缺口；2030 年昆山 220kV 电力缺口达到 610 万 kW，还有约 550 万 kVA 变电容量缺口。

四、电网规划方案比选

（一）方案设想

为了提高昆山电网的供电能力和供电可靠性，按照将北部石牌片区与南部玉山片区合环运行、整个昆山电网合为一片、断开与太仓电网联络的总体思路，初步考虑两种输电网规划方案，如图 9-9 所示。

方案一，将 500kV 石牌变电站更换为 3 台 1000MVA 高阻抗主变压器，并实施部分网络调整，实现北部石牌片区与南部玉山片区合环运行。

方案二，将 500kV 石牌变电站 220kV 母线分段开关打开，并新建 220kV 输电通道，实现北部石牌片区与南部玉山片区合环运行。

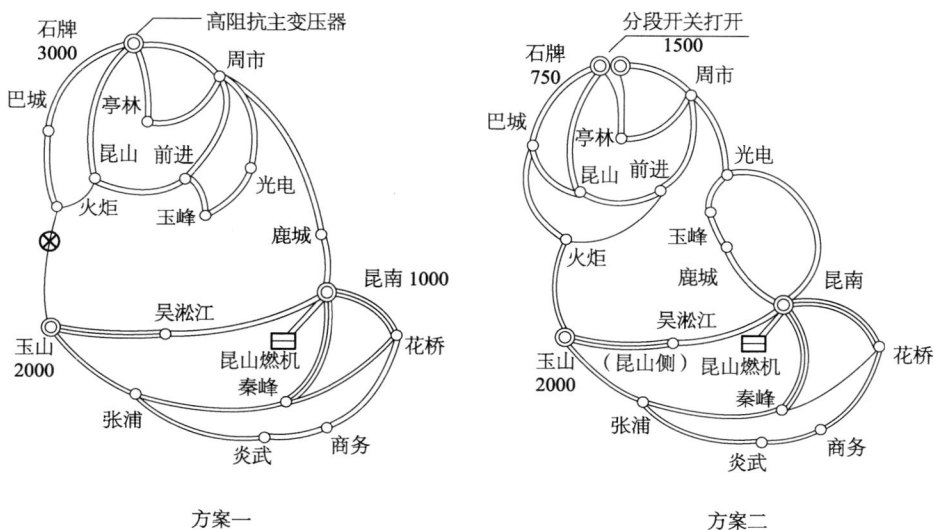

图 9-9 输电网规划方案图

◎—500kV 变电站；○—220kV 变电站；⊗—开断运行；

▭—发电机组；750、1000、1500、2000、2250、3000—变电站容量，MVA

（二）比选模型

IPC 法是一种借鉴资产管理理论和方法，综合考虑经济和社会因素，根据电网风险指标和土地价值指标确定方案比选计算期内的总支出，并折算为规划综合成本作为方案比选依据的动态规划方法。

1. 综合成本的计算

规划方案 i 的综合成本计算公式如下。

$$LCC_i = PV\left(C_i + \sum_{t=1}^{T} O_{i,t} + \sum_{t=1}^{T} R_{i,t} + \sum_{t=1}^{T} F_{i,t}\right) \tag{9-1}$$

或

$$LCC_i = AV\left(C_i + \sum_{t=1}^{T} O_{i,t} + \sum_{t=1}^{T} R_{i,t} + \sum_{t=1}^{T} F_{i,t}\right) \tag{9-2}$$

式中　PV——求取现值；

　　　　AV——求取年费用；

　　　　T——整个方案比选的计算期，与设备运行寿命相关；

　　　　C_i——方案 i 的初始投资，与设备选型相关，此外还包括了设备一次征地的场地征用及清理费；

　　　　$O_{i,t}$——方案 i 第 t 年的运行费用，主要受到所选规划方案、设备等因素影响，体现了单个设备和整个系统在运行期内的全寿命周期价值。由初始投资 C_i、年损耗费用 $L_{i,t}$ 和年其他费用 $H_{i,t}$ 组成，$O_{i,t}$ 计算公式为

$$O_{i,t} = \alpha_{i,t} C_i + L_{i,t} + H_{i,t} \tag{9-3}$$

式中　$\alpha_{i,t}$——运行费率；

　　　　$R_{i,t}$——方案 i 第 t 年的风险费用，与选取方案和设备选型相关；

　　　　$F_{i,t}$——方案 i 第 t 年的后续投资，与方案确定、设备选型、土地机会成本相关。

为了适应不同规划计算期的方案比较，本案例采用年费用（AV）进行计算。

2. 土地机会成本模型

假设规划计算期为 N，规划在第 n 年进行征地，两方案的征地差异为 M，单位征地成本为 P，征地成本年增长率为 α，考虑不同的征地时间带来的机会成本，则第 $n+i$ 年征地相对于第 n 年征地的土地机会成本计算公式为

$$F_1 = MP[(1+\alpha)^{n+i} - (1+\alpha)^n] \tag{9-4}$$

式中，$0 \leqslant i \leqslant N-n$

在计算期 N 内，考虑两方案征地差异为 M，规划在第 n 年进行征地，则此后第 i 年由 M 导致的土地机会成本计算公式为

$$F_2 = MP[(1+\alpha)^i - (1+\alpha)^{i-1}] \tag{9-5}$$

式中，$n \leqslant i \leqslant N$

3. 风险评估模型

（1）负荷削减概率 PLC（Probability of Load Curtailments）计算公式为

$$PLC = \sum_{i \in S} \frac{t_i}{T} \qquad (9-6)$$

式中　S——有负荷削减的系统状态集合；

　　　　t_i——系统状态的持续时间；

　　　　T——总模拟时间。

（2）负荷削减期望持续时间 EDLC（Expected Duration of Load Curtailments，单位：h/年）计算公式为

$$EDLC = PLC \times 8760 \qquad (9-7)$$

（3）期望缺供电量 EENS（Expected Energy Not Supplied，单位：MWh/年）计算公式为

$$EENS = \frac{8760}{T} \sum_{i \in S} C_i t_i \qquad (9-8)$$

式中　C_i——系统状态 i 的切负荷量，MW。

（4）期望负荷消减频率 EFLC（Expected Frequency Load Curtailments，单位：次/年）计算公式为

$$EFLC = \sum_{i \in S} \left(\sum_{j=1}^{m(s)} \lambda \right) \frac{t_i}{T} \qquad (9-9)$$

式中，$m(s)$ 为不考虑降额状态下的系统元件总数。

（5）负荷削减平均持续时间 ADLC（Average Duration of Load Curtailments，单位：h/次）计算公式为

$$ADLC = \frac{EDLC}{EFLC} \qquad (9-10)$$

式中　C_i——系统状态 i 的切负荷量，MW。

本案例中，系统总风险指标由基于潮流过负荷校验和基于暂态稳定性的风险指标构成。

（三）方案比选

1. 采用传统方法的初投资和年费用比较

方案一、方案二 500kV 变电容量建设、网络结构调整方案不同，建设时序也存在差异，以 2018 年作为规划方案比选的起始年，两个方案建设时序表见表 9-1。

表 9 – 1   规划方案下 500kV 变电容量建设时序表

方案	年 份					
	2018	2020	2027	2030	2035	2050
方案一	石牌变电站增容		昆南变电站扩 2 号变压器			昆南变电站扩 3 号变压器
方案二		昆南变电站扩 2 号变压器		昆南变电站扩 3 号变压器	石牌变电站增容	昆南变电站扩 4 号变压器

采用传统年费用比较方法，两个方案在计算期内全部支出费用折算成现值后计算等额年费用，进行投资比较。220kV 线路工程未考虑征地费用，同时两个方案无变电站征地。从表 9 – 2、表 9 – 3 中可以看出，方案一年费用高于方案二，方案二经济性较好。

表 9 – 2   方案一总投资与年费用   单位：万元

年份	方案一总投资与年费用						
	更换石牌变电站	新建/扩建昆南变电站	220kV 网络调整	征地费用	投资（折算到起始年）	年运行费用（折算到起始年）	
						维护费	网损费
2018	23 000		200		23 200	970	6050
2027		9500	2000		5753	222	3070
2050		9500	2000		980	38	617
折算到起始年总投资					29 933	36 188	10 5361
折算到起始年年费用	14 996						

表 9 – 3   方案二总投资与年费用   单位：万元

年份	方案二总投资与年费用						
	更换石牌变电站	新建/扩建昆南变电站	220kV 网络调整	征地费用	投资（折算到起始年）	年运行费用（折算到起始年）	
						维护费	网损费
2018			1800		1800	40	6482

续表

年份	方案二总投资与年费用						
	更换石牌变电站	新建/扩建昆南变电站	220kV 网络调整	征地费用	投资（折算到起始年）	年运行费用（折算到起始年）	
						维护费	网损费
2020		9500			8145	342	5971
2030		9500			3773	158	2880
2035	23 000		2200		6811	274	1840
2050		9500			809	34	617
折算到建成年总投资					21 337	18 845	114 673
折算到起始年年费用	13 542						

注 1. 折现率取 0.08，GDP 年均增速 8%。
　　2. 维护费：变电假定取 4.2%、线路假定取 2.2%，表中所列维护费为新增工程对应增量，总维护费用每年累计（该维护费率为估算值）。
　　3. 网损费：电价 0.52 元/kWh，最大负荷利用小时数暂取 5000h，相应损耗小时数暂取 3400h。

2. 计算期延长对年费用的影响

两个方案起始年为 2018 年，建成年为 2050 年，计算时间为 33 年。同样在上述前提下，根据 LCC，考虑设备的全寿命周期，选择计算期 45 年进行比较，可以得到表 9 – 4 所示结果。

表 9 – 4　　　　　　　　不同计算期内的年费用比较　　　　　　　单位：万元/年

方案　＼　计算期（年）	33	45
方案一	14 996	14 162
方案二	13 542	12 789
年费用差（方案二减方案一）	– 1454	– 1373

由上表可见，当计算期不同时两方案年费用绝对值和相对值均有变化，当计算期延长时，方案的各项投资在更长的周期内得以均摊，两方案的年费用均有所降低，年费用差异有所减小。

3. 计及线路走廊用地损失对年费用的影响

以江苏省 2012 年 GDP 为基准，单位面积土地产出为 3863 万元/km²。从表 9-5 中看出，考虑 220kV 线路走廊用地的产出损失后，方案一、二的年费用均增加。由于方案二初期即进行较多 220kV 线路建设，计算年费用大于方案一，方案一经济性反高于方案二。计及线路走廊用地损失后的年费用比较，如表 9-5 所示。

表 9-5　　　　　计及线路走廊用地损失后的年费用比较　　　　单位：万元/年

方案	不考虑线路走廊用地	考虑线路走廊用地
方案一	14 996	17 520
方案二	13 542	18 133
年费用差	-1454	613

注　计算期为 33 年。

4. 计及风险费用后对年费用的影响

（1）暂态稳定风险分析。经过暂态稳定计算分析可得，两个方案下常规机组发生单一三永故障时，继电保护装置正确动作，系统均不发生振荡、失稳，能够保持安全稳定运行。

（2）$N-1$ 风险分析。经过潮流计算及 $N-1$ 校核，方案一、方案二在规划期内均能满足最大负荷时正常运行方式下潮流分布合理，$N-1$ 方式下无主变压器、线路过载现象。

（3）$N-2$ 风险分析。对昆山电网进行 $N-2$ 校核，最大负荷时刻，对于同杆并架输电线路，双回线路同时故障，计算结果显示 $N-2$ 方式下无主变压器、线路过载现象。

（4）主变压器 $N-1-1$ 风险分析。对昆山电网进行 $N-1-1$ 校核（见表 9-6），区域电网一台主变压器检修时，另一台主变压器发生故障，校核是否发生主变压器、线路过载。

表 9-6   **80%负荷条件下 N-1-1 校核结果**

方案	校核主变压器	过载主变压器/线路	时间
方案一	无		
方案二	石牌变电站一台检修一台故障	石牌变电站剩余主变压器过载 80~340MW	2020~2034 年

计算期内在给定的计算前提下，考虑度电产值为 2 元/kWh，进行风险指标及风险损失计算，可以看出方案一可靠性高于方案二。

表 9-7   **N-1-1 风 险 指 标**

结果	方案一	方案二
损失电量（MWh）	0	6823.6
损失（万元）	0	1543

表 9-8   **计及风险损失后年费用比较**   单位：万元/年

方案 ＼ 费用	不考虑风险损失	考虑风险损失
方案一	14 996	14 996
方案二	13 542	15 085
年费用差	-1454	89

注   计算期为 33 年。

从表 9-7 和表 9-8 中看出，考虑风险损失，方案二的年费用增加。由于方案一将石牌变电站更换为大容量高阻抗主变压器，供电可靠性提高，方案一经济性反高于方案二。

5. 方案比选结论

综合上述分析可知，两个方案均能够满足电网发展需求，但建设时序以及可靠性水平不同，各影响因素包括计算期、风险费用和土地成本增长等对于方案经济性都会产生影响。传统方法下方案二的经济性较好，采用规划综合成本法之后，方案一的经济性高于方案二。其中土地因素、建设时序严重影响方案的经济性结果。

方案一首先將 500kV 石牌變電站增容擴建，初期投資較大，但昆南變擴建時間較晚，同時供電可靠性較高，220kV 線路初期改造工程量小。方案二通過 220kV 網絡結構調整實現合環運行，初期投資小，但昆南變擴建時序密集，同時供電可靠性較差。

僅考慮建設投資以及運行維護，方案一經濟性低於方案二，若同時考慮網絡調整產生的土地產出損失以及風險損失費用，方案一經濟性高於方案二。從資產全壽命周期的角度考慮土地價值以及風險損失，方案比選結果推薦方案一，"十三五"末將石牌變電站增容擴建，昆山 220kV 電網合為一片運行。

五、成效分析

將資產全壽命周期管理理論應用於電網規劃，在電網規劃過程中不僅考慮方案的初始投資，同時考慮整個系統及設備的設計、運行、維修、故障概率和後果，以及土地資源價值，核心是對系統規劃有關的各種因素在規劃計算期內的成本進行分析計算，以量化值作為決策的基本依據。全壽命周期成本評估框架內涵蓋了規劃計算期確定、土地機會成本評估和風險評估等多種方法，組合得到規劃綜合成本。針對規劃設計中的不同方案，採用 IPC 法進行方案比選，開展技術經濟分析，實現電網供電能力、供電可靠性、經濟性最優。在電網規劃中應用資產全壽命周期管理理論，有助於提高電網供電能力、提升電網安全水平、優選出"安全、高效、低成本"的綜合最優方案。

案例四　基於資產組的電網價值管理

本案例主要闡述了國網江蘇電力分析內外部形勢和信息化時代背景，結合自身生產經營實際，以解決網絡狀電網資產經濟評價難題為初衷，以推動公司戰略目標實現為方向，以電網物理原型和技術特點為依據，探索開展基於資產組的電網價值管理。

一、基於資產組的價值管理背景

當前正處於經濟結構調整、轉型升級的陣痛期，售電量增速放緩，公司業績提升难度加大；同时特高压、智能电网、城农网改造等硬性投资需求繁重，中长期财务资源统筹保障任务艰巨。"新常态"下，公司发展方式迅速从"外延式"向"内涵式"转变，迫切需要牢固树立"投入产出"意识，强化财务资源的精益管控，夯实"依法理财"基础，培育"高效理财"理念，向管理要效益。随着新一轮的电力改革，公司盈利模式变化，投资和成本空间压缩，外部监管力度进一步加大，公司将全面进入"市场化"环境。

国网江苏电力在落实财务集约化、深化业务与财务融合过程中，遇到了如下问题：

（1）财务与业务在信息融合上深度不够。各专业系统的标准和口径不尽相同，信息孤岛和壁垒仍然存在，数据价值未能得到充分挖掘利用。

（2）项目经济性、资产有效性评价手段仍显不足。资源投入"重技术指标、轻经济评价"，项目经济性前评估、后评价手段相对缺失，一定程度影响了资源配置的有效性。

（3）财务支撑企业战略、引领价值创造的作用有待提升。受观念理念、技术手段等影响，财务评估分析企业业务活动如何影响价值增长较少，价值管理与引领作用发挥不够。

二、基于资产组的价值管理做法

基于资产组的价值管理，是以资产组体系为基础和工具，以整体价值链为主线，以人财物时间空间对象、细胞化一体化特征、信息化智能化手段和人才创新保障为支撑，通过价值创造场景的数据还原，实现实景与信息镜像的交互推动，着力提升价值管理的规划、决策、控制、评价能力，最终推动实现企业整体战略目标，总体思路如图9－10所示。

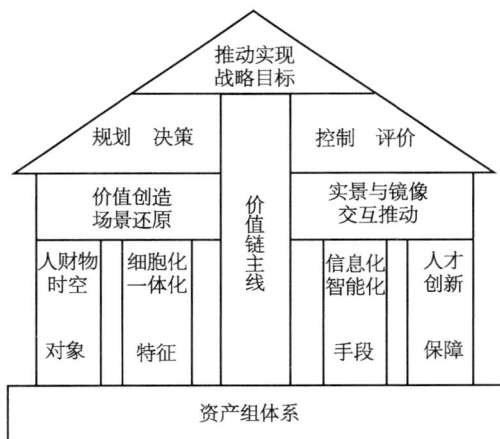

图9－10　基于资产组的价值管理总体思路图

（一）概念

国网江苏电力利用电网运行拓扑关系，将 220kV 及以下的电网进行分级分类划分，构建涵盖"台区—中压线路—变电站"的"套娃式"资产组体系，每个资产组具有资产可计量、收入可统计、成本可归集的特点，集成涵盖包括设备效能、财务投入、管理能力、营销服务等业务与财务信息，实现电网资产、业务活动与价值创造贯通融合，如图 9－11 所示。

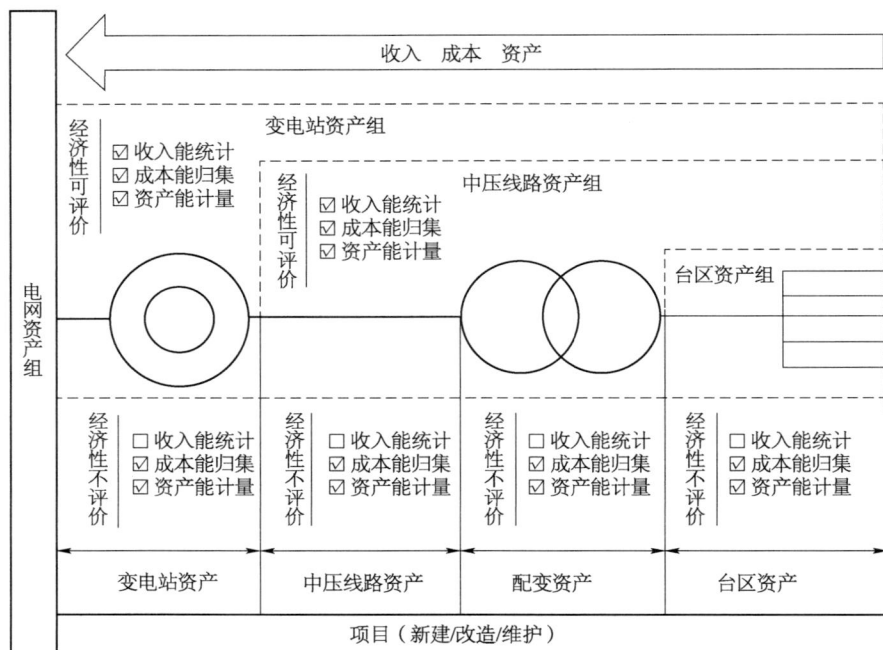

图 9－11　电网"资产组"技术结构图

基于资产组的价值管理，将从原先的利润中心、成本中心细化到台区资产组、线路资产组和变电站资产组，管理对象从原先的组织维度细化到电网每一个创值单元；时间频度从原先传统报告的月、季、年维度细化至"时点—时段—周期"实时对接，实现中、长期目标的短期分析、实时控制；价值评价维度从原先的财务指标，拓展至单个资产组围绕企业战略目标的指标。通过管理维度的变革、时间频度的细化和价值评价维度的拓展，公司管理颗粒度（维度）是传统的 35 万多倍，每年静态数据达到 45 亿条次。

（二）规划

资产组体系作为数据、目标、管理的"载体"，是对专业细分制度的有益改进和补充，适度超前发展与前景预测的结合，为企业远景规划提供新框架和新思路。通过面向未来的管理思路让电网规划适应市场需求、兼顾社会（地方）经济发展的合理诉求。通过技术、经济规划融合，实现公司内部资源的有效配置。

1. 基于细胞单元的电量、负荷预测

电网具有显著的区域特性，随着城市化进程、居民生活水平提升、高耗能企业的限制，不同区域、不同时期的农村与城镇、市郊与市中心的用电、负荷特征均不相同。以前电量预测是基于整个企业的电量预测，无法做到单个对区域用电的有效预测，预测结果可用价值不高。现在将电量预测对象精细到资产组，以气温、人体舒适度、负载率、节假日等因素为 x 变量，在系统中部署多种预测模型，由系统根据历史数据自动计算选择预测最准的模型，试行定制化选择。通过对区域资产组预测的实现，解决未来投资的精细化控制问题。

2. 不同资产组层级间规划

以资产组为载体，搭建具有全局性、综合性、全面性特点的企业级信息管理平台，增强对生产经营的反应能力，为管理者直观、科学地进行各资产效率效益评价与取舍提供直观参考。如资产组价值地图，借助"单位资产售电量"指标，在 GIS 地图上用不同颜色标识高效资产组和低效资产组，直观展示区域价值分布特征，为电网规划、投资安排、生产运行等提供决策支撑。

3. 变电站布点经济性规划

电网是一个连续、系统的整体，根据电网拓扑运行关系将电网划分为"台区—中压线路—变电站"三个资产组层级，宏观资产组分级效益比对，查找短板，结合"电压合格率""供电可靠率"等技术服务指标，以及"电量增长率"等发展趋势，合理确定投资方向，避免单个层级过度投资或简单的平均分配资源，确保"好钢用在刀刃上"，通过内在"套娃式"结构促进整体与局部的协调。

（三）决策

资产组体系覆盖电网投资决策管理，以提高每个项目的投资效率为目标，进而提高整个企业的价值创造水平。传统投资决策时更多考虑的是技术指标，即非财务因素的影响，对经济性评价缺乏有效的数据支持，主要停留在项目造价管控方面，经济指标和经济性评价的结果精确度较低，对于企业整体价值提升有限。现在通过资产组的框架，获得更多准确数据信息，电网问题精准制导，同时融合多专业目标，寻找技术与经济的最佳契合点，提升投资决策的效率效果。

1. 投资智能辅助决策

原先电网投资主要依托基层技术人员现场勘察上报投资需求，因区域差异以及人员因素导致相关标准难以有效落实，整个电网资源缺乏一盘棋考虑。通过建立电网运行基础数据库，根据电网安全、技术、经济、服务目标设置量化标准库，以问题为导向由系统自动筛选形成投资建议问题库，并根据电网运行逻辑针对问题提出智能化解决建议。通过投资智能辅助决策模块的开发，有效提升公司投资一体化水平，协调大供电区域内整体投资布局。

2. 储备项目自动审核

实现资源投入产出最大化，是财务经济性评估的重要内容。通过资产组数据结构框架，获得更多准确数据信息，经营问题精准制导；同时融合多专业目标，寻找技术与经济的最佳契合点，提升投资决策的效率效果。

如储备项目自动审核，从规范性、合理性、经济性、协调性方面开展储备项目审查，对于甄别出的低效储备逐项排查；结合储备项目与空间效益地图叠加，分析是否存在"应投未投"情况，提升财务资源配置能力。

（四）控制

以资产组为基本单元，通过计算机系统对于电网运行、施工状况进行监控，管控企业运行的效率和状态，反映企业各区域、各部门（单位）的价值创造能力水平。

1. 现场时点经济性控制

以资产组为基本单元，通过信息系统对于电网运行、施工状况进行监控，查找分析经营作业行为对效益效率的影响，通过改善行为提升企业价值创造能力。如检修时点经济控制，以不同区域用户的用电特征为导向，以检修停电"企业损失最小、用户满意度最高"为目标，针对不同区域、不同用户类型开展个性化检修时点以及方式的选择。

2. 项目预算安排综合排序控制

通过将项目对应到资产组，分别对台区、中压线路和变电站资产组按照技术维度和效益维度进行星级排序，确定项目施工的轻重缓急，合理安排项目下达执行，在保证电网安全、技术、服务目标的同时，最大化保证项目安排时序的经济高效。

3. 基于资产组的多维曲线控制

将项目对应到资产组，通过集成项目开、竣工时间、停电时点、财务结算曲线、日售电量信息、气温信息等，对财务结算时效性进行在线控制。通过多维数据集成，能够将业务流、信息流与现场实际进行衔接，运用数据组合查找发现问题。

（五）评价

基于资产组构建企业的价值创造地图，借鉴存货 ABC 分类管理方法，将电网资产根据资产组体系进行分类管理，不同类的资产组采取不同管理强度和管理手段，在传统管理维度增加时间和空间属性，搭建囊括技术、经济、安全、服务的电网立体化的综合评价体系，增强企业对业务的反应能力和控制能力，为管理者直观、科学地进行各资产效用效益评价提供有力的抓手。

1. 电网评价具象化

评价电网运行效率最好的指标就是"单位资产售电量"，传统的电网效益评价仅能落实到公司纬度，即"省—市—县"，无法客观有效地评价电网某一个区域的运行效率效益，通过资产组体系将管理颗粒度进一步细化，可以从原先的评价纬度进一步拓展至电网的任意区域，直至电网的最小细胞单元"台区资产组"。

2. 单个资产组综合体检

根据收集到的资产组指标信息设置资产组体检指标清单，单个指标的阈值可调，通过将体检指标对应到公司战略，形成综合公司整体战略目标的体系设置。通过可调整的指标阈值，根据电网发展阶段、战略实施阶段、公司领导意图、区域发展特征等实现对个性化的监测。根据设置的体检指标清单，由系统定期对数据库进行梳理，以体检指标为维度筛选各单位问题资产组，以每年为周期进行两年指标体检切片比对，通过体检指标的波动变化进一步评价行为（投资、管理）的针对性和有效性。

三、基于资产组的价值管理成效

（一）电网投资提质增效，实现企业创值

国网江苏电力 2015 年应用资产组平台功能对 2016 年度农网成本、资本储备项目和配网成本储备项目开展经济性、规范性、合理性、协调性、针对性审核，共计规范投资 3.27 亿元，优化投资 3.6 亿元，工作时间由原先手工审核约两周时间压缩至"一键式"，显著提升管理效率和投资效益。

（二）经营管理体系优化，实现创值合力

1. 建立上下互动的立体管理体系

传统公司内部管理单元采取纵向管理模式，即上级授权、下达考虑指标、落实管理责任。而通过从技术维度根据价值创造单位搭建的横向独立、纵向拓扑的资产组体系，横向上实现自身多维指标的自动集成实现自我综合评价，纵向上通过公司整体指标的细分实现纵向管控，实现"纵横交错"的立体管理维度。

2. 形成公司内部价值创造合力

以细胞单位融合人财物生产要素。狭隘的管理认为人财物中财就是收入，人和物就是成本（人工成本、维修成本、折旧等），而通过将价值创造的过程透视到公司资产组创值细胞单元，揭示"物"的效能、"财"的投入和"人"的管理对实现价值创造的综合影响，实现生产要素之间良性互动和组合效能提升。

以"一体化"管理促进公司价值创造合力。以公司为载体的专业化分工，公司整体战略目标因各专业之间因局部目标不同易造成壁垒，出线局部最优而非整体最优。而将原先作用于公司维度的经济、技术、服务、安全管理直接作用于每一个资产组"细胞单元"，通过综合数据量化评判，协调多专业目标，融合"多业务语言"形成公司"整体价值创造语言"，通过点的融合推动公司整体价值创造合力。

（三）电力供应可靠保障，实现用户增值

1. 精益化停电管理提升用户用电可靠性

利用"资产组"分层分级分区功能，深入研究不同区域用户用电特征，规避区域用电高峰，选择用电低谷期间开展检修停电，减少停电损失和影响；梳理分析停电、设备、投资、管理之间的关系，以问题为导向，利用系统筛选设备问题及时修理改造，2016 年全年配网线路强停故障同比下降 20.05%。

2. 以用户体验为导向强化电力保障供应

基于中央提出的"供给侧改革"方向，坚持以"建好网、供好电"为己任，利用资产组集成的设备、负荷、价值、区域用电等信息数据，分析地方经济发展和客户用电需求，探索开展用户需求的订单式投资，结合对"5A 级电力客户"用电安全、能效、优化用电结构等靠前综合体检服务，保证客户用电安全经济，提高存量资产优化管控和增量资源高效配置，解决供需矛盾，平衡电力消费与电网投资之间的关系，提升电力保障供应和服务水平。

案例五　计量资产全寿命周期质量管理提升

本案例主要阐述了国网江苏电力按照资产全寿命周期管理要求，深入推进计量资产管理，构建计量资产二维管理体系，从"批次资产的宏观视角""单个资产的微观细节"两个不同的角度和管理需求出发，通过建立精益化的分析模型、全面量化的指标体系、标准化的评估流程，实现计量资产全寿命周期的状态分析、质量分析、寿命评价及供应商评价，识别影响计量资产寿命的关键因素，监控供应商的产品质量，全面提升计量资产精益化管理水平。

一、计量资产精益化管理的背景

国网江苏电力的计量资产包括各种类型的电能表、计量互感器、用电信息采集终端、计量标准（实验）设备等，传统的管理模式一般存在如下问题：

（1）智能电能表供应商数量多，监造、验收任务繁重，导致产品质量的监督、把关等工作面临较大压力；

（2）智能电能表规范化分拣数据的统计分析，目前主要应用于业务开展情况的监督，对应用于资产全寿命周期质量管控的分析策略尚有待进一步深化；

（3）成品计量器具的正向配送与分拣故障表计、返修委托检定表计的退库返配送业务同时开展，增加了配送计划制订的复杂性，在满足正反向配送业务需求的同时，如何规范配送业务执行、优化多点配送管理策略、兼顾配送成本控制，是计量配送业务亟须研究解决的问题。

二、计量资产精益化管理的做法

国网江苏电力统筹管理采购到货、设备验收、检定检测、仓储配送、设备安装、设备运行、设备拆除和资产报废八个计量资产全寿命环节，梳理每个环节的关键节点，提升精益化管理水平。计量资产全寿命周期管理概要如图 9-12 所示。

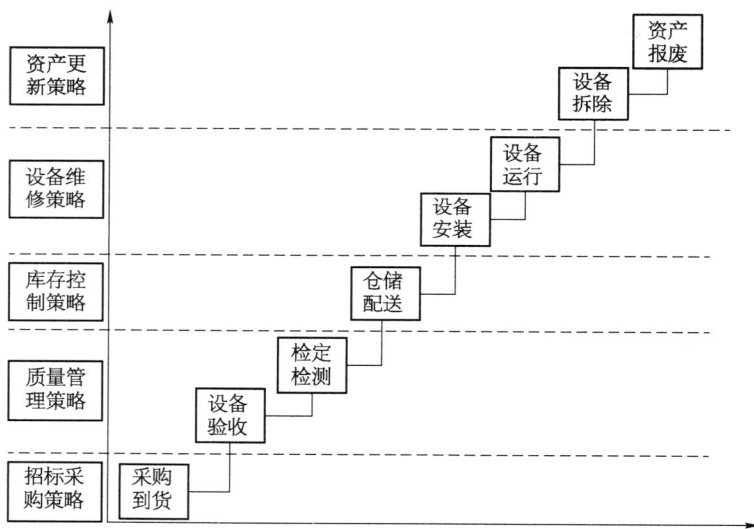

图 9-12 计量资产全寿命周期管理概要图

1. 采购到货环节

（1）建立需求评测模型。严格管控全省计量资产需求报送，利用信息系统建立需求评测模型，分析配送、资产库存、周转等关键数据，每月自动生成全省二级库单体库房需求表，科学合理制订月度到货计划。将预测信息与基层单位报送需求进行符合度验证和报送准确度评测，并建立应急需求申请及审批机制，提升计量资产需求报送业务的规范性和准确性。

（2）建立计划联动机制。计量器具集中检定配送涉及上游供应商、下游基层单位用表以及集中检定基地配送等多个环节的协调同步，在到货、检定、配送计划的统筹过程中，明确计划之间的相互关系与变动的规律性，实行全省统一掌控使之相互匹配。结合库存及生产实际需求，提前告知供应商到货计划，从生产前送样、驻场监造及供货前送样环节，实时掌控供应商的生产进度，确保供应商及时供货。

2. 设备验收环节

（1）核查元器件一致性。要求所有中标供应商在送样检测时，提交元器件清单及三套主要元器件实物散样进行核查，同时建立所有供应商的元器件库，将实物进行归档保存，便于事后核查和驻厂监造比对，防范供应商随意更改投标方案、降低成本造成质量隐患。

（2）应用激光三维检测技术进行智能电能表型式检测。为准确检测中标供应商生产的智能电能表型式尺寸和公差是否符合技术标准的要求，国网江苏电力在智能电能表的型式检测中引入了基于光学三角测量原理的激光三维检测技术，采用激光扫描图像中心提取算法，准确提取扫描线轮廓中心，测量精度可达 0.05mm，检测时间仅需 30s。

（3）建立电能表长期运行稳定性考核平台。建立覆盖招标批次、供应商所有类型单相及三相智能电能表的长期运行稳定性考核平台。搭建用采微系统，随时抄读数据并监测电能表、采集器、集中器全套设备的实际运行状况，及时发现表计运行故障，并在用采系统中对故障表同批次电能表进行故障或缺陷的追溯与排查。

3. 检定检测环节

（1）优化计量资产生产调度控制。借鉴智能制造、工业 4.0 先进理念，开展差异化、定制化、自动化兼容检定技术研究，提高车间智能协同运行水平。开发计量中心一体化运营管理平台，集成调度控制、集中检定、生产调度、AGV 调度、机器人控制、自动化库房调度等系统，由调度控制系统统一管理和控制，实现千万级电能表检定装置底层控制标准化、流程化，通过分散型增强控制对数百台设备实时智能调度，根据检定进度、设备可用情况综合决策任务分配。应用 3D 精细虚拟仿真技术，采用高仿真模型组建计量中心检定基地，并与全自动检定调度控制系统实时数据对接，同步展示现场实际工况、设备状态、任务进展，提高作业设备运行监控水平与展示效果。

（2）构建自动化系统智能运维检修体系。创新研制适用于超大规模自动化检定车间的可穿戴智能巡检装备，解决了信息被动筛选、故障发现及往返时间延误等问题，提升了系统运行的稳定性与可靠性。改变以故障为驱动的被动运维方式，在统一的运维检修平台上进行设备信息维护、运维工单处理、检修计划制订、备品备件管理，分析影响系统整体运行的各种因素，评估故障隐患发生概率，有针对性制订运维计划，实现故障提前预警。

（3）建立跨省协同自动化检定机制。建立数字化车间协同作业平台，针对各公司自动化检测线规模不同，检定生产能力存在差异，系统独立作业、关联程度低，无法实现协同配合生产的情况，建立了以云计算为平台、生产大数据为基础、智能引擎为核心、全息可视化为手段的数字化车间协同作业平台，运用镜像模型运行状态分析方法，形成了嵌入数字化车间工作流程的作业协同域；提高底层硬件设备的兼容性和调度系统的适应性，将仓储、输送、检定、封印、配送等环节无缝衔接。

（4）定期分析检定数据。定期对检定数据进行大数据分析，如从厂家的验收合格率、从项目不合格率进行针对性地分析研究等，将研究结果反馈至相关部门，加强在送样环节对厂家和项目重点检测，同时将此类信息反馈至相应供应商，使其在研发、生产和测试阶段重点关注，实现在设备验收和检定检测环节对表计质量的闭环管理。

4. 仓储配送、设备安装环节

（1）优化配送方案，节省物流成本。基于二级表库的地理位置，运用改进节约算法，建立配送路线的选择模型，将全省分为 N 个配送区域。基于最优路径选择模型，根据配送点及配送数量的变化实时制订最优配送方案，提高配送效率的同时减少配送成本。

（2）监控配送安装数量，提高库存周转率。按月度对各单位的配送数、安装数及库存数进行统计、分析，计算安装计划完成率、库存周转率等指标，实现需求报送、检定、配送直至安装的信息闭环管理。根据分析结果找出需求报送和安装使用之间的差异，进行原因分析，逐步提高需求报送的准确性和库存周转率。

（3）优化装接流程，降低串户风险。在表计安装过程中，按照"大电流接线端子—表计—出线开关"的顺序，对所有二次线缆装设号码管。装表后，逐户送电，对出线开关进行通电试验。若用户家中有人则对用户家中插座进行通电试验，若家中无人则张贴"友情提醒告知书"，告知用户表计编号、出线开关编号、用电注意事项及计量工作人员联络电话；针对房屋空置情况，应与当地物业公司做好交接工作，由物业公司电工配合完成通电试验工作。实践证明，通过有针对性地实施上述优化后的装接流程，有效降低了串户风险。

5. 设备运行环节

（1）拓展计量装置运行状态在线监测手段，科学制订换表计划。国网江苏电力充分依托用采系统和营销系统，通过对智能电能表运行工况进行动态化、实时化、自动化、预警化监控评估，对异常信息进行多条件关联判别和多维度分析，提升运行异常分析效率，精准定位异常，科学指导换表计划的生成。利用全省用电信息采集建设全覆盖的契机，在用采系统中开发了终端时钟对时和电表时钟对时模块，通过主站每月透抄筛选出时钟偏差清单，对偏差在 1h 以内、1h 以上的智能电能表，分别采取除拆表外的不同方式进行有针对性的处理，减少了现场换表数量，在节约成本的同时也降低了投诉风险。

（2）建立智能电能表故障处理的横向协同预警机制。为及时地发现和解决故障，防止故障发生范围扩大所引起的舆情风险，在营销部、省计量中心、95598客户服务中心、各市（县）供电公司等各相关部门、单位之间建立一个有效的横向协同的纽带，将社会舆情、智能电能表检测、运行和用户报修等四个主要故障处理环节的工作成果集成贯通，形成一个高效、快速响应的电能表质量管控协同联动机制。

6. 设备拆除、资产报废环节

（1）建立表计拆回分拣规范化管理模式。将原来的各市、县公司自我管控的返厂维修模式优化为以市、县公司为拆回表分拣责任主体，开展故障表集中复核鉴定、供应商履约处理以及拆回智能表全过程质量管控的规范化管理模式。应用自主研发推广的智能电能表分拣检测装置，优化分拣检测方案，灵活开展针对常见故障项的快速判定，规范分拣业务流程及资产分类处置原则，由市县公司办理分拣合格表计的返修及检定再利用，分拣鉴定不合格的故障表计统一由省计量中心完成返厂更换或报废处置。利用营销业务系统对智能表的拆除、入库、分拣及后续处置进行全流程、全方位的管控。

（2）开展数据及指标一体化统计分析。通过一体化信息管控，对市、县公司分拣情况和检测数据进行统计、查询，实现对拆回智能表分拣信息和实物状况的核查。依托营销系统的分拣信息，建立了三级评价指标体系，通过精确计算得到各市、县公司分拣工作质量的评价结果。根据指标得分，利用 PDCA 法，对薄弱环节有针对性地提出解决方法，并且建立分拣工作的定期通报制度，实现分拣工作水平的螺旋式提高。全省拆回表计分析处理如图 9-13 所示。

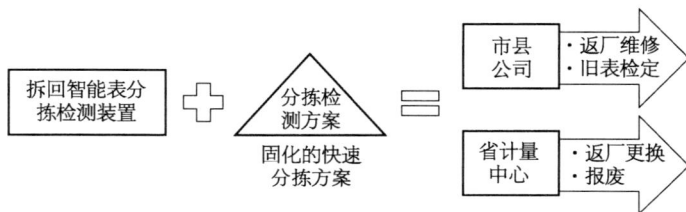

图 9-13　全省拆回表计分析处理图

按月组织对全省拆回智能表底度示数异常情况进行统计分析，对营销系统、用电信息采集系统及表计实物上的底度数进行比对，将有偏差的表计进行初步筛选，在此基础上利用一定的判别规则将偏差为异常的表计进行剥离，最后对这些偏差异常表计系统流程的业务规范性进行逐一分析，持续开展电能表无故障装拆比对分析，重点核查无故障表计的拆回原因，非故障流程拆回表计在装拆业务执行或库存管理流程中的不规范情况，督促各资产管理单位强化业务管控。针对各市、县公司的偏差异常表计，根据偏差原因进行分类，形成督办单后下发各市、县公司相应管理部门，并监督处理过程和整改情况。定期开展拆回智能表分拣检测数据与故障拆除原因的比对核查，督促各市、县公司加强装拆业务管控，减少无故障拆表情况，提升计量服务品质，实现了资产管理与业务管控的双向闭环。

（3）开展报废表计的破坏性处理。研发并应用报废表计的破坏性装置，在表计送物资部门前对表计进行破坏性处理，防止电网企业招标的智能表外流，减少管理风险。

三、计量资产精益化管理的成效

1. 形成基于资产全寿命周期管理的长效提升机制

通过运用约束管理对计量资产全寿命周期管理进行整体效率效益的分析，寻找制约整体效益提升的约束"瓶颈"，制订措施消除影响资产寿命及成本效益的缺陷，并基于约束环节的优化，实施对资产全寿命周期管理其他关键环节的同步提升，可有效协调资产全寿命周期管理各关键环节之间的动态匹配，基于投入、库存、运行的平衡管理，形成推动整体管理效益提升的工作成效，并在验证整体效益改善的同时分析新的约束"瓶颈"，建立形成螺旋式的长效提升，从而全面规范计量资产集约化管理方式，提升计量管理水平。

2. 加快资产库存周转，提高资产管理的成本效益

拆回表计资产通过返修、更换、报废、检定再利用分类处置方式及时周转，有效减少了库存占用，可进一步优化有限的库存资源配置，减少日常管理及资产新购成本，实现了资产管理的持续降本增效。

3. 减少资源消耗，有利于建设资源节约型社会

随着累计利旧使用资产的不断增加，计量资产的使用寿命将有效延长，拆回计量资产的部分利旧使用，可有效减少企业新购资产及库存管理成本的投入，节约管理人力及仓储资源。返修资产的再次利用可减少用于生产、制造计量器具的资源消耗，有利于建设资源节约型社会，实现绿色可持续发展战略。

案例六 资产全寿命周期管理体系评价细则

本书第八章从评价准备、评价实施、结果反馈三个阶段，详细介绍了组建评价组织机构、制订评价计划、制作检查表、评价实施全过程以及形成评价报告等资产管理评价工作的方式方法，但对评价的具体细则未进行介绍。

本案例以国网江苏电力资产全寿命周期管理体系评价为案例，重点介绍了评价细则及评价条款。评价细则分为常态化、业务融合、技术方法的研究与应用评价三个方面，实际应用中各条款的具体得分可依据实际情况进行平衡，在本书中不再赘述。

一、常态化评价

资产全寿命周期管理体系常态化工作，可以从组织管控、培训宣贯以及各管理要求的执行三方面进行评价。在制订评价细则时，通常把组织管控及培训宣贯合并在一起，而对于各管理要求，则依据实际情况分别制订评价细则。

1. 组织管控与培训宣贯评价细则

（1）评价内容。资产管理的组织结构、人员能力、培训等内容，为资产全寿命周期管理提供基础保障和支撑。

组织结构是指组织的全体成员为实现组织目标，在管理工作中进行分工协作，在职务范围、责任、权利等方面所形成的工作组织。

人员能力管理主要指通过建立人员能力评价方法（模型），明确评价流程、评价的时机和周期，开展人员能力评估以判断是否具备了相应的能力水平，并根据评价结果提出提升或保持人员能力的措施。应清晰界定哪些岗位为资产管理的相关岗位，并明确规定资产管理相关岗位所需具备的知识和能力要求。

资产管理培训包含识别培训需求、制订培训计划、记录培训过程及内容、对培训结果进行评估等环节。应对培训过程及考核结果进行记录，并建立员工个人培训档案，开展培训效果评估，持续改进提升培训质量，实现教育培训管理工作的制度化、规范化和科学化，培养和造就适应发展需要的高素质员工队伍。组织管控及培训宣贯评价细则见表9-9。

（2）评价细则。

表 9-9　　　　　　　　　　组织管控及培训宣贯评价细则

序号	评价要点	评价方法	评价标准
1	资产管理组织机构及岗位职责	资产管理组织机构发文及岗位职责清单	发文成立资产管理组织机构且相关岗位职责明确
2	联络人沟通机制	资产管理体系运行网络联络人员名单	建立联络人沟通机制且联络人及联系方式更新及时
3	日常管控	日常管控会议相关记录文件，包括联系单、会议纪要及其他沟通材料	日常管控相关记录完整

续表

序号	评价要点	评价方法	评价标准
4	培训宣贯	人资部门年度培训计划，是否包含资产管理培训内容，是否按照计划开展培训工作；培训记录（包括培训签到表、培训材料、考核记录）是否完整	制订资产管理培训计划并按计划开展培训，培训记录完整

2. 现状评价细则

（1）评价内容。现状评价是资产战略、目标、策略、计划制订的前提和输入。应在做出资产战略决策之前，对内外部环境进行系统分析，至少包括：国家层面关于国资国企和电网行业改革发展的政策、法律法规，以及有关监管部门、社会等相关方在资产管理方面的期望和要求；当前及未来一段时期，国内外竞争环境、企业自身的竞争能力、资产及资产管理的现状和具备的资源等；国内外经济社会发展形势，未来电力需求、环境控制、清洁能源发展等；特高压、智能电网、大容量储能、物联网、云计算等新技术的发展应用，以及对资产管理的影响。现状评价细则，见表9-10。

（2）评价细则。

表 9-10 现 状 评 价 细 则

序号	评价要点	评价方法	评价标准
1	现状评价开展情况	资产及资产管理现状评价报告完成情况，是否涵盖下属单位、基层单位两级；上一年度现状评价管理提升计划是否执行，形成有效的管理闭环	完成下属单位、基层单位资产及资产管理现状评价，上年度提升计划有效执行
2	资产现状统计分析涵盖的范围及各部分统计的口径	电网资产现状评价报告评价维度是否涵盖资产价值规模、技术规模、年龄结构、健康水平、利用率、退役情况、账卡物一致性、技改及运维预测等；评价重点是否涵盖输电线路、变电设备、配电线路及设备、计量设备、信息设备、通信设备、自动化控制设备、继电保护装置等	资产现状评价报告评价涵盖资产价值规模、技术规模、年龄结构、健康水平、利用率、退役情况、账卡物一致性等，评价范围涵盖输电线路、变电设备、配电线路及设备、计量设备、信息设备、通信设备、自动化控制设备、继电保护装置等

续表

序号	评价要点	评价方法	评价标准
3	现状评价数据的准确性、及时性、有效性	电网资产现状评价报告数据是否及时更新，资产规模是否与 PMS 系统、ERP 系统数据保持一致	现状评价数据及时、准确
4	现状评价输入项是否全面	资产管理现状评价报告输入项是否符合规范要求，是否包括内外部需求分析、电网发展分析、风险分析、绩效水平分析、资源水平分析等	现状评价输入项全面
5	资产管理业务现状分析是否完整	资产管理现状评价报告业务现状分析是否覆盖核心业务，是否能体现横向协同、纵向贯通、闭环管理的资产管理理念	资产管理业务现状分析覆盖全部核心业务
6	现状评价能否支撑目标、策略的制订	资产管理现状评价报告中是否体现上年度目标完成情况及变化趋势，为制订本年度资产管理目标、策略提供支撑	资产管理现状评价报告中体现上年度目标完成情况及变化趋势

3. 目标计划评价细则

（1）评价内容。资产管理目标是实施资产管理业务活动所期望实现的结果，通过建立科学的目标管理，可以统一各专业、各业务环节的努力方向，形成合力更好地落实资产管理战略。

资产管理计划是资产管理活动执行的重要依据，需要承接资产战略目标、绩效目标以及管理策略，并充分考虑资产全寿命周期管理现状，如资源能力、组织架构、内外部环境等。资产管理计划应涵盖资产管理体系改进计划、中长期规划（电源规划、电网规划、技改规划、通信规划、小型基建规划等）、年度计划（年度综合计划、年度基建投资计划、年度技改投资计划、年度财务预算计划、年度物资计划、年度小型基建计划、年度运行方式、年度发电计划、年度检修运维计划、年度生产性固定资产退役计划等）。目标计划评价细则，见表 9－11。

（2）评价细则。

表 9 - 11　　　　　　　　目 标 计 划 评 价 细 则

序号	评价要点	评价方法	评价标准
1	资产管理目标纵向承接分解、横向协同情况	下属单位、基层单位目标是否体现向上承接上级单位目标，向下分解到各基层单位、各班组，横向协同是否到位	下属单位目标向上承接上级单位目标，向下分解到各基层单位；基层单位目标向上承接下属单位目标，向下分解到各班组
2	目标的实现支撑	各层级目标如何进行管控，是否设置了相应的绩效指标；指标是否覆盖全面，如线损率是否在下属单位覆盖；是否有指标遗漏不一致情况，不同地区同一指标是否有不一致	针对目标设置了完整的绩效指标，且指标覆盖基层单位
3	目标设计、分解是否合理	目标逐级分解时是否严格纵向承接，有无分解指标与总体指标不相符的情况。如检查100%的指标在下属单位、基层单位是否存在低于 100%的情况	目标逐级分解时严格纵向承接，无分解指标与总体指标不相符的情况
4	资产管理各项计划是否完整	检查中远期规划、年度计划、实施计划等；实施计划如何管控；实施计划统筹工作会议记录或其他记录，是否取得成效，如提高计划执行率或减少重复停电	资产管理各项计划完整、管控有效

4. 绩效监测评价细则

（1）评价内容。资产管理绩效监测既重视绩效结果也关注实现过程，需要建立资产管理的过程性和结果性指标，全面衡量资产管理工作水平，并通过指标分析找到影响资产管理绩效的关键因素，为资产管理改进和业务提升提供参考。应建立资产及资产管理绩效监测机制，包括绩效监测的职责、流程和考核等要求。根据资产管理目标，建立涵盖资产、资产集及资产管理体系的绩效指标，指标的设置满足对资产管理过程和结果进行监测及量化评价考核的要求，明确指标的监测方式、监测频率、采集方法和统计口径，确保常态、及时、准确、完整地采集绩效指标，并对异动指标信息及时进行分析处理，形成闭环管控。应定期开展资产管理绩效指标监测分析，编制资产、资产集及资产管理体系绩效监测分析报告，及时将监测结果向其他业务环节反馈，为管理决策和改进提供支撑。绩效监测评价细则，见表 9－12。

（2）评价细则。

表 9－12　　　　　　　　　绩 效 监 测 评 价 细 则

序号	评价要点	评价方法	评价标准
1	绩效指标	是否开展资产管理相关专题的月度绩效监测分析，是否开展指标评价和分析诊断，监测的指标是否与目标指标相契合；是否对指标异动信息发起相应监控预警，并进行闭环管控	开展资产管理相关专题的月度绩效监测分析以及指标评价和分析诊断，并对指标异动信息进行监控预警

5. 合规性评价细则

（1）评价内容。合规性评价是指为了确保资产管理各项业务遵守法律法规要求，定期对适用法律法规遵循情况开展评价的一项管理措施。通过评价资产全寿命周期管理过程中各项业务活动遵循法律法规及相关规定的符合度，发现不足并进行整改，以保证资产管理体系各项业务的合法性和规范性。合规性评价细则，见表 9－13。

（2）评价细则。

表 9－13　　　　　　　　　合 规 性 评 价 细 则

序号	评价要点	评价方法	评价标准
1	业务合规性评价记录是否完整	业务合规性评价记录是否完整，是否形成管理闭环	业务合规性评价记录完整，形成管理闭环
2	资产管理体系合规性评价是否定期开展	资产管理体系合规性评价是否定期开展，评价前是否对法律法规及规章制度进行更新、梳理，下属单位是否组织对基层单位开展合规性评价	资产管理体系合规性评价定期开展，法律法规梳理更新及时，且下属单位组织对基层单位开展合规性评价

续表

序号	评价要点	评价方法	评价标准
3	资产管理体系合规性评价记录是否完整	合规性评价方案是否合理可操作，评价活动过程符合规范要求，评价记录是否完整、可追溯	资产管理体系合规性评价记录完整、可追溯
4	不合规项闭环管理	对于合规性评价中发现的问题，是否纳入纠正和预防中，并对其后期纠正结果进行验证	不合规项纳入纠正和预防中，并对其后期纠正结果进行验证

6. 审核评价细则

（1）评价内容。资产全寿命周期管理体系审核是指系统且独立地获取相关证据，进行客观的评估，以确定审核要素是否达到规范要求的程度。针对资产管理体系进行的内部审核是保障资产管理体系有效运行和持续改进的重要手段。应建立资产管理体系内部审核机制，明确审核的目标、职责分工、审核方法、审核程序、审核人员要求、审核方式、审核时间、审核记录管理等基本要求。审核的范围应覆盖整个资产管理体系，包括资产管理战略、策略、目标、计划、过程管控、绩效评估和持续改进等。审核人员必须经过培训，且通过资质认定。审核报告包括审核执行情况、发现的不符合项、改进建议、结论等内容。审核评价细则，见表 9－14。

（2）评价细则。

表 9－14　　　　　　　　　　审 核 评 价 细 则

序号	评价要点	评价方法	评价标准
1	审核工作是否定期开展	审核是否定期开展，下属单位是否组织对基层单位开展审核工作	审核工作定期开展，组织对基层单位开展审核
2	审核记录情况	年度审核计划及相关审核记录是否合理，审核活动过程是否符合规范要求，记录是否完整、可追溯	审核活动符合规范要求，记录完整、可追溯

序号	评价要点	评价方法	评价标准
3	下属单位审核员选用情况	审核人员资格证明及审核员培训计划，是否选择合适人员开展审核工作并对其进行审核培训	审核员符合筛选条件且颁发资格证明
4	内审员培训情况	抽查 2～3 名资产管理体系审核员，就下属单位审核过程检查方式、访谈技巧等进行检查	对审核员进行了适当培训，且审核员熟练掌握审核技巧
5	不符合项闭环管理	审核不符合项整改记录，问题表述清晰，措施明确、可操作强，闭环管理完整	针对不符合项制订了适当的纠正和预防措施，且对措施的有效性进行了充分验证

7. 纠正和预防评价细则

（1）评价内容。纠正和预防是对已识别的不符合项和事故事件进行原因分析，并采取相应措施避免不符合项和事故事件再次发生的管理手段。应对纠正和预防措施的实施效果进行跟踪、验证，定期分析不符合项和事故事件，对纠正和预防措施涉及的文件更改予以记录，并与利益相关方进行沟通，以确保纠正和预防措施的有效性。纠正和预防评价细则，如表 9－15 所示。

（2）评价细则。

表 9－15　　　　　　　　　　纠正和预防评价细则

序号	评价要点	评价方法	评价标准
1	上年度资产管理体系整改情况	上年度资产管理体系纠正和预防措施清单、发现的各类问题是否整改完毕，是否形成管理闭环	上年度资产管理体系纠正和预防措施清单、各类问题整改完毕并形成管理闭环
2	本年度纠正和预防的不符合项覆盖范围	本年度纠正和预防措施清单，不符合项来源是否覆盖状态评价、绩效监测、合规性评价、审核、事件及专项检查、生产缺陷、隐患排查、客户投诉等相关业务	不符合项来源覆盖状态评价、绩效监测、合规性评价、审核、事件及专项检查、生产缺陷、隐患排查、客户投诉等相关业务

序号	评价要点	评价方法	评价标准
3	纠正和预防措施有效性验证	纠正和预防措施验证方法、过程是否合理，是否能充分证明措施的有效性	针对不符合项制订了适当的纠正和预防措施，且对措施的有效性进行了充分验证

8. 管理评审评价细则

（1）评价内容。管理评审是指为确定管理事项达到规定目标的适应性、充分性和有效性所进行的管理活动。通过资产管理评审能为决策层提供内外部环境变化信息，促使主动、及时调整资产管理目标、策略、计划，并及时发现资产管理体系存在的问题。管理评审应明确规定管理评审的范围、职责权限、组织方式、时间间隔、评审内容和评审结果等要求，形成长效管理机制，实现对管理评审的有效控制。管理评审评价细则，见表9-16。

（2）评价细则。

表9-16   管 理 评 审 评 价 细 则

序号	评价要点	评价方法	评价细则
1	管理评审是否定期开展	资产管理评审计划是否制订，工作是否定期开展，是否组织资产管理各相关部门召开管理评审会议，会议记录是否完整	制订管理评审计划且按计划定期开展，管理评审会议记录完整
2	管理评审记录是否完整	管理评审的输入、输出材料是否完整，是否根据管理评审结果制订持续改进计划	管理评审的输入、输出材料完整，并根据管理评审结果制订适当的改进计划

9. 风险评价细则

（1）评价内容。风险是指不确定性对目标的影响。风险管理的总体目的是为确定事件产生的根源、影响大小以及发生的可能性，并通过优化的管理将这些风险降低到可接受水平，防止或减少不良影响，实现资产管理体系的持续改进。按照资产全寿命周期管理活动，可以将风险分为规划风险、物资采购风险、工程建设（技术改造）风险、安全生产风险、市场营销风险、财务风险、人力资源风险、信息风险和法律合规风险等。资产风险管理主要是识别并降低资产在规划计划、采购建设、运维检修、退役处置四大业务阶段的风险。风险评价细则，见表 9 - 17。

（2）评价细则。

表 9 - 17   风 险 评 价 细 则

序号	评价要点	评价方法	评价标准
1	资产风险信息的维护与应用	是否结合电网设备等，开展相关的资产风险信息库的更新工作	结合电网设备等，开展相关的资产风险信息库的更新工作
2		资产管理活动中是否充分应用资产风险信息，有何值得推广的经验	在各项资产管理活动中充分应用了资产风险信息，有值得推广的经验

10. 法律法规与标准制度评价细则

（1）评价内容。应按照资产管理体系的要求，结合企业实际特点，将法律法规的识别和融入、沟通与宣传、更新及维护等环节作为现场评价的重点内容。在资产全寿命周期管理体系现场评价中，应关注法律法规的普及程度和落实程度，验证法律法规的识别范围是否全面、宣贯是否有效、更新是否及时，以及面临的法律风险是否得到控制。

标准制度是统一的工作准则，是组织管理过程中用以约束和协调管理行为、规定业务工作程序和方法的制度保障，是员工在生产经营活动中共同遵守的要求，是企业赖以生存的体制基础和基本保证。通过建立统一协调的标准制度，明确各项工作的标准和要求，从而实现规范化管理运作。应建立与流程、岗位相配套的、统一协调的规章制度和标准，确保各项工作有标准、有要求，制度标准相统一。应根据流程优化成果及制度标准管理要求规范，编制与标准流程相配套的制度标准框架，建立制度标准与业务流程、风险点、管控措施、岗位职责间的对应联动关系，确保规章制度、标准间不存在重叠、重复定义或者相互矛盾的情况。法律法规与标准制度评价细则见表 9 - 18。

（2）评价细则。

表 9－18　　　　　　　　　　法律法规与标准制度评价细则

序号	评价要点	评价方法	评价标准
1	法律法规常态更新	是否建立法律法规常态更新机制，是否及时更新法律法规清单（含地方性法规）	建立法律法规常态更新机制，及时更新法律法规清单
2		对法律法规、规章制度的宣贯、培训及相应记录是否完整	针对法律法规、规章制度开展了宣贯、培训，且相应记录完整
3	规章制度梳理的及时性和有效性	现行有效规章制度清单是否定期梳理并统一发布	现行有效规章制度清单定期梳理并统一发布
4		已废止规章制度名录是否有相关废止文件	已废止规章制度名录有相关废止文件

二、业务融合评价

业务融合评价是以技改大修、基建两类项目为主线，对项目涉及的规划、设计、采购、建设、运行、检修、技改、报废等全过程业务，从业务协同性、合规性、完整性以及通用技术方法的应用等方面进行评价。

1. 技改大修项目评价细则

（1）评价内容。核查项目规模的一致性，主要抽查可研批复、初设批复、投资计划下达、采购需求、采购订单、设备合同、到货、验收交接、投运、结算报告、决算报告中的设备规模，以及对应的资产规模。

核查项目金额的合规性，主要抽查可研批复、初设批复、投资计划下达、采购需求订单、设备合同、到货、物资发票、结算报告、竣工决算报告中的金额。

核查项目各个关键节点的时间合规性，主要抽查可研批复、投资计划下达、初设批复、采购需求申报、服务类（设计、监理、施工）招标中标通知书和合同、设备合同、工程实施方案和计划、开工报告、物资到货记录、竣工验收报告、投运日期、结算报告、竣工决算报告中的时间信息。

检查拆旧设备实物信息的完整性，主要抽查可研、初设、拆除、仓库、处置（再利用、报废）。通过核查技术鉴定、运输、拆卸费用，以及报废残值回收价值的分摊信息，来核查价值信息记录的完整性。抽查废旧物资保管环节的试验记录、废旧物资台账，核查是否定期进行试验、存放时间是否合规、可再利用信息是否准确、完整、及时共享。技改大修项目评价细则，见表 9-19。

（2）评价细则。

表 9-19 技改大修项目评价细则

序号	审核点	评价要点	评价方法	评价标准
1	项目可研	（1）检查可研报告内容的完整性； （2）技改或大修方案与状态评价结果一致	（1）受评价单位提供技改大修项目的可研报告； （2）检查项目可研报告是否有详细的 LCC 分析； （3）检查技改大修项目的可研或项目建议书，核对设备的状态评价是否与可研或项目建议书一致	（1）可研报告完整； （2）可研报告中的 LCC 分析详细； （3）状态评价一致
2	项目储备库编制	（1）检查储备库项目评审报告，是否对纳入项目储备库的技改大修项目进行评审，是否有评审会议纪要； （2）储备项目是否有优先级排序	（1）由生产部门提供本年度储备库项目可研评审意见及会议纪要，检查是否有经研单位、生产和财务部门的评审意见； （2）抽取本年度全口径项目储备管理系统储备项目清单； （3）检查储备库项目与全口径项目储备管理系统中，储备项目的项目名称、数量、内容及总投资是否一致； （4）检查项目储备库中的项目是否进行了优先级排序	（1）有经研单位、生产和财务部门的评审意见； （2）储备项目清单全面； （3）项目名称、数量、内容及总投资一致； （4）按照优先级排序
3	综合计划编制	（1）检查上一年度状态评价结果是否用于本年度技改大修计划制订； （2）是否对综合计划所列的技改大修项目统筹编制实施计划	（1）任意抽查综合计划中 5 条技改大修计划，检查其中的设备前一期的状态评价结果是否为危急、严重、异常； （2）检查被抽查的技改大修计划，是否有计划变更情况，如有变更，检查是否有变更说明及相关的风险分析内容	（1）前一期的状态评价结果明确； （2）按计划实施的或者有变更，相关说明及风险分析完整

序号	审核点	评价要点	评价方法	评价标准
4	物资提报	（1）检查施工图，是否有初设审查记录； （2）检查项目采购材料与施工图设计资料提出的采购需求及材料清册是否相符； （3）检查技改大修是否存在因物资供货原因导致计划延期的情况； （4）检查施工、监理、设计招标是否及时，合同流转是否及时	（1）抽查生产部门提供的本年度任意（指定）在建技改项目资料，检查是否有施工图等资料；在协同办公系统中查找对应项目初设审查意见及会议纪要，检查是否有经研单位、生产和财务部门的评审意见； （2）在ERP系统内抽取10个或规模投资较大的5个项目设备材料清册，由物资部门提供物资计划汇总表，检查对应项目的物资上报时间是否及时，检查物资到货时间是否在计划开工时间之前，检查计划开工时间是否有变更，了解变更原因； （3）查询相关项目的施工、监理、设计合同是否在经济法律系统流转，是否在中标通知书要求的时间之内流转合同	（1）有审查记录，并且有经研单位、生产和财务部门的评审意见； （2）采购材料与需求的材料清册相符，物资上报时间及时； （3）合同在时间之内流转
5	竣工验收、建转运	（1）检查竣工验收相关资料；	（1）从本年度已投运工程清单中抽取任意（指定）工程项目。检查验收资料（交接试验记录、安装调试记录、工程监理资料、设备合格证、竣工图纸、验收申请表、整改通知单、验收报告）是否齐全，是否有监理单位的确认；	（1）相关竣工验收资料齐全；

序号	审核点	评价要点	评价方法	评价标准
5	竣工验收、建转运	（2）检查设备现场交接资料是否与工程建设项目设备相符	（2）检查施工单位对项目单位验收过程中提出的整改意见，施工单位是否完成整改。对设备供应商或施工单位存在需整改的问题，是否按照约定的时间完成整改，如设备供应商或施工单位整改未及时完成整改，是否有向上反馈的记录； （3）检查 ERP 项目设备材料清册是否与现场设备实物一致	（2）整改意见及时完成； （3）材料清册与现场设备一致
6	生产实物资产新增	检查系统中账卡物是否一致	（1）检查 PM 系统设备台账、ERP 设备资产卡号与现场实物型号、数量是否一致； （2）财务部门提供增资申请单； （3）检查 PMS 系统设备投运时间与设备增资时间，记录时间差（不能超过 6 个月）	（1）PM 系统设备台账、ERP 设备资产卡号与现场实物型号、数量一致； （2）记录时间不超过 6 个月
7	资产退出计划	（1）检查是否编制资产退出计划且计划内容是否完整； （2）检查上一年度和本年度资产退出实施是否与原定的计划相符	（1）从生产部门提供的上一年度和本年度资产退出计划中抽取 5～10 条资产退出计划，资产退出计划所列项目包括了技改、拆除、事件、到期等情况，且计划中明确资产处置方式、退出时间； （2）由生产部门提供对应退出计划的"技改项目可研评审意见"，检查是否有拆旧物资处置意见； （3）抽取 PMS 系统中技改项目的设备报废、待修理清单及备品清单； （4）检查"技改项目可研评审意见"和设备报废、待修理清单及备品清单，是否与资产退出计划设备名称、数量一致	（1）处置方式和退出时间明确； （2）处置意见齐全； （3）设备报废、待修理清单及备品清单齐备； （4）清单与计划一致

续表

序号	审核点	评价要点	评价方法	评价标准
8	退出设备管理	退出设备保管	（1）从 PMS 系统中导出项目退出资产清单，查看设备是否按要求由物资管理单位保管和处置，查看设备的存放地点；（2）抽取仓库保管设备清单。检查仓库保管设备清单与退出资产清单设备名称、数量是否一致	（1）项目退出资产清单，按要求保管；（2）清单上设备名称、数量一致
9	退出设备再利用	可再利用设备清册	（1）抽取 PMS 系统中设备备品清单，统计退出设备的状态、服役年限、存放地点、退役时间、设备维护保养记录；（2）检查设备是否有设备维护保养、试验记录	设备维护保养、试验记录齐全

2. 基建项目评价细则

（1）评价内容。建设规模方面，核查项目规模的一致性，主要核查可研批复、初设批复、投资计划下达、采购需求、采购订单、设备合同、到货、投运规模、结算、决算报告中的设备规模，以及对应的资产规模。

费用（金额）方面，抽查项目金额的合规性，主要核查可研批复、初设批复、投资计划下达、采购需求订单、设备合同、到货、物资发票、结算报告、竣工决算报告中的金额。

进度方面，核查项目各个关键节点的时间合规性。主要核查可研批复、投资计划下达、初设批复、核准完成、采购需求申报、服务类（设计、监理、施工）招标中标通知书和合同、设备合同、工程实施方案和计划、开工报告、物资到货记录、竣工验收报告、投运日期、结算报告、竣工决算报告中的时间信息。

质量方面，抽查设备安装、试验、投运环节的设备质量、工程质量问题是否准确并记录。基建项目评价细则，见表9－20。

（2）评价细则。

表9－20　　　　　　　　　　　　基建项目评价细则

序号	审核点	评价要点	评价方法	评价标准
1	项目可研	检查可研报告内容的完整性	（1）受评价单位提供电网项目的可研报告； （2）检查项目可研报告是否有详细的 LCC 分析	（1）可研报告内容完整； （2）包含详细的 LCC 分析
2	项目可研评审	检查项目可研阶段建设和生产部门的参与情况	（1）从协同办公系统中任意（指定）抽取 5 条本年度电网项目的可研评审记录； （2）检查是否有建设、生产、科信等部门的评审意见，检查是否有可研评审会议记录； （3）检查基建可研评审是否考虑退出设备再利用	（1）具有建设、生产、科信等部门的评审意见，评审会议记录； （2）可研评审时考虑退出设备再利用
3	基建项目合规性	核查新建工程开工前是否办理相关工程许可	（1）任意（指定）抽取 5 个新建工程； （2）检查工程是否有项目核准文件（发展和改革委员会批文）； （3）检查工程是否有"建设用地规划许可证"（线路工程为规划红线）； （4）检查工程是否有"建设工程规划许可证"； （5）检查工程是否有"建设工程施工许可证"	（1）具有项目核准文件； （2）具有"建设用地规划许可证"； （3）具有"建设工程规划许可证"； （4）具有"建设工程施工许可证"

续表

序号	审核点	评价要点	评价方法	评价标准
4	工程质量监督	（1）核查是否有质量监督报告； （2）核查问题是否闭环处理	（1）从本年度已投运工程清单中任意（指定）抽取工程项目； （2）检查抽取工程是否有质量监督报告； （3）检查现场是否根据质量监督报告反映的问题进行整改，对原因进行分析，并制订纠正和预防措施	（1）具有质量监督报告； （2）闭环处理，制订了纠正和预防措施
5	工程验收、启动	（1）核查是否有启动委员会发文； （2）核查是否有验收报告，是否对验收发现问题进行了闭环整改； （3）核查主要设备的型号和数量是否一致	（1）从本年度已投运工程清单中任意（指定）抽取工程项目； （2）在协同办公系统中检查是否有对应工程启委会发文； （3）检查发文内是否包含建设、生产、调度、安监、设计单位、监理单位、施工单位相关人员； （4）核查物资移交清单即设备验收清册（由生产部门提供），与设备材料清册（建设部门提供）中的主要设备型号和数量是否一致	（1）具有工程启动委员会发文； （2）发文包含相关人员； （3）验收报告，验收清册与设备材料清册一致
6	增资	检查是否有项目管理部门提供的项目投运报告单和资产移交清册	（1）抽取近期投运的项目； （2）在 ERP 系统中"在建工程及转资情况查询"模块查出该项目的增资凭证编号； （3）找到对应的纸质财务凭证，检查是否附有投运报告单和资产移交清册	具有项目投运报告单和资产移交清册
7		核对增资资产卡片是否与实物资产移交清册一致	（1）在 ERP 系统中"在建工程及转资情况查询"模块查出该项目的增资卡片； （2）检查增资卡片与实物资产移交清册中的资产卡片是否一致	增资资产卡片与实物资产移交清册一致

续表

序号	审核点	评价要点	评价方法	评价标准
8	增资	检查工程转资的准确性、及时性	（1）在 ERP 系统中查询项目转资时间； （2）比对系统中项目转资时间与实际项目竣工投运时间，检查是否符合转资的时间要求（投运到转资时间差不超过6个月）	工程转资正确、及时

三、技术方法的研究与应用评价

（1）评价内容。检查资产管理相关技术方法在资产管理关键业务环节的运用情况，评价在关键业务点上应用资产管理技术方法的水平，是否具有较强的实用性和可推广性，研究成果是否已经应用到实践中，并对实际工作具有指导作用。通用技术方法的研究与应用评价细则，见表9-21。

（2）评价细则。

表 9-21　　　　　　　通用技术方法的研究与应用评价细则

序号	评价要点	评价方法	评价标准
1	LCC 方法在电网规划中全面应用	抽查 2 个电网规划项目，由被评价单位提供规划资料，检查是否应用 LCC 方法	电网规划项目应用 LCC 方法
2	LCC 方法在项目可研中全面应用	抽查 4 个可研（技改、基建各 2 个）项目，由被评价单位提供相应可研报告，检查是否有详细 LCC 分析	可研报告应用 LCC 方法
3	状态评价模型在检修计划中的应用	从 PMS 系统中抽查 3~5 条检修计划，检查检修内容、时间安排等是否与状态评价结果符合	检修内容、时间安排等与状态评价结果符合
4	开展了相关前沿理念研究	被评价单位提供本单位针对国际、国内先进资产管理理念开展的研究及成果	开展了先进资产管理理论的研究，并有研究成果

续表

序号	评价要点	评价方法	评价标准
5	研究取得成果（发表论文等）	根据论文发表等研究成果的数量及质量给予评价	研究成果质量高、数量多
6	开展了相关模型研究	被评价单位提供本单位相关模型研究的开展情况	开展了基础模型的研究，并有研究成果
7	研究取得成果并开展应用	评估模型研究取得的成果及成果的应用情况，以及模型应用取得的成效	研究成果应用情况好、取得成效

参　考　文　献

［1］舒印彪，寇伟，栾军. 电力企业资产全寿命周期管理体系建设与评价［M］. 北京：中国电力
　　　出版社，2017.

［2］刘振亚，舒印彪，帅军庆. 企业资产全寿命周期管理［M］. 北京：中国电力出版社，2015.

［3］帅军庆. 电网企业资产全寿命周期管理理论、方法及应用［M］. 北京：中国电力出版社，2010.

［4］成虎. 工程全寿命期管理［M］. 北京：中国建筑工业出版社，2011.

［5］徐文雅. 基于全寿命周期的电网工程项目风险管理研究［D］. 北京：华北电力大学，2016.

［6］李鹏飞. 价值工程在建设项目限额设计中的应用［D］. 中国科学院大学（工程建设与信息技
　　　术学院），2014.

［7］任亚琴. 智能电网建设项目风险评价模型及应用研究［D］. 北京：华北电力大学，2014.

［8］张利民. 价值工程在厦门某隧道工程设计中的研究与应用［D］. 天津：天津大学，2013.

［9］冀栓梅. 全寿命周期成本分析在变电站设计中的应用研究［D］. 北京：华北电力大学，2013.

［10］陈静. 价值工程在建筑工程设计阶段造价控制的应用研究［D］. 中南大学，2012.

［11］袁志华. 价值工程在建筑设计中的应用研究［D］. 重庆：重庆交通大学，2012.

［12］彭根堂. 价值工程在建设项目设计阶段的应用研究［D］. 合肥工业大学，2010.

［13］G Hofstede，B Neuijen and DD Ohayv et al. Measuring organizational culture： A qualitative and
　　　quantitative study across twenty cases［J］. Administrative Science Quarterly，1990，35（2）：
　　　286–316.

［14］John P. Kotter，James L. Heskett. Corporate culture and performance ［M］. New York： Free
　　　Press，1992.

［15］任长能. 价值工程理论在工程设计中的应用［J］. 建筑经济，2004，（3）：67–69.

［16］康晶. 输配电价改革背景下电网企业固定资产管理［J］. 现代商贸工业，2016，（21）：126–127.

［17］刘彤，李冰洁，樊娇，等. 电网资产管理中业务协同模型构建研究［J］. 华东电力，2014，
　　　42（1）：51–53.

［18］骆华，夏岚. 电网企业资产管理研究［J］. 管理创新，2015，（12）：69–71.

［19］闫晓军，张民楷，陈治亚. 基于MSPC的物资采购风险控制研究［J］. 数理统计与管理，2016

（2）：360 – 368.

［20］裘雁. 境外 A 工程项目物资采购风险识别及控制［D］. 华东理工大学，2016.

［21］黄杰. 南京地铁公司物资采购流程优化研究［D］. 南京理工大学，2013.

［22］王艺蒙. 国电东北电力有限公司物资采购管理模式研究［D］. 吉林大学，2012.

［23］罗云，杨仕本. 对市场经济下推动寿命周期费用技术的思考［C］. 设备寿命周期费用第四届全国年会论文集，1999（5）：1 – 2.

［24］王建国. 招标投标评标与管理［M］. 北京：机械工业出版社，2002.

［25］Milosevic D，Inman L，Ozbay A. Impact of project management standardization on project effectiveness［J］. Engineering Management Journal，2001，13（4）：9 – 16.

［26］J Priede. Implementation of Quality Management System ISO 9001 in the World and Its Strategic Necessity［J］. Procedia – Social and Behavioral Sciences，2012，58（6）：1466 – 1475.

［27］P Castka，MA Balzarova. An exploration of interventions in ISO 9001 and ISO 14001 certification context – a multiple case study approach［J］. Journal of Cleaner Production，2017.

［28］李鸿雁. 全寿命周期成本在国家电网公司招标管理中的应用研究［D］. 北京：华北电力大学专业硕士论文，2012.

［29］李云峰，张勇. 国家电网公司资产全寿命周期管理框架体系研究［J］. 华东电力，2010（8）.

［30］王树鹏. 设备寿命周期费用研究及其应用［D］. 南京航空航天大学硕士论文，2007（3）.

［31］段其昌. RFID 在电力物资管理系统中的应用研究［J］. 仪器仪表学报，2009（10）.

［32］李观红. 全生命周期成本分析在输变电设备投资中的应用［J］. 云南电业，2012（9）.

［33］刘开俊. 电网规划设计手册［M］. 北京：中国电力出版社，2015.

［34］徐源. 基于风险管理角度的送变电企业内部控制优化［D］. 西南财经大学，2014.

［35］郭林. 电网规划管理系统的设计与实现［D］. 电子科技大学，2013.

［36］肖峻，张婷，张跃，等. 基于最大供电能力的配电网规划理念与方法［J］. 中国电机工程学报，2013（10）：12，106 – 113.

［37］段军红，张华峰，赵博. 省级电网规划管理系统设计与应用［J］. 电力信息化，2012（6）：69 – 72.

［38］蔡亦竹，柳璐，程浩忠，等. 全寿命周期成本（LCC）技术在电力系统中的应用综述.

［39］苏鹏声，王欢. 电力系统设备状态监测与故障诊断技术分析［J］. 电力系统自动化，2003，27（1）：61 – 65.

［40］韩如月，李俊刚，宋小会，等. 输变电设备状态监测系统设计［J］. 高压电器，2012（1）：58－63.

［41］幸晋渝，刘念，郝江涛，等. 电力设备状态监测技术的研究现状及发展［J］. 继电器，2005，33（1）：80－84.

［42］陈卓，刘念，薄丽雅. 电力设备状态监测与故障诊断［J］. 高电压技术，2005，31（4）：46－48.

［43］何君霞. 电力设备状态监测技术的应用和思考［J］. 电气技术，2011（4）：91－95.

［44］吴凡. 状态监测和故障诊断技术的现状与展望［J］. 国外电子测量技术，2006，25（3）：5－7.

［45］罗军舟，吴文甲，杨明，等. 移动互联网：终端、网络与服务［J］. 计算机学报，2011，34（11）：229－231.

［46］刘韬，王文东. 移动互联网终端技术［J］. 中兴通讯技术，2012，18（3）：571－572.

［47］马友忠，孟小峰，姜大昕，等. 移动应用集成：框架、技术与挑战［J］. 计算机学报，2013，36（7）：375－387.

［48］［美］罗伯特. S. 卡普兰，戴维. P. 诺顿. 组织协同：运用平衡计分卡创造企业合力［M］. 北京：商务印书馆，2006.

［49］（美）艾德兰，（美）沃里尼克，王晗. 能源和电力风险管理：模型、定价和保值的新发展［M］. 北京：中国电力出版社，2008.

［50］高教银. 建设项目全寿命周期成本理论及应用研究［D］. 上海：同济大学，2008.

［51］张勇，魏纷. 电网企业开展资产全寿命周期管理的思考［J］. 企业管理，2008（8）：16－18.

［52］蔡得志. 全寿命周期费用方法在电力设备管理中的应用［J］. 湖北电力，2010，34（3）：12－13.

［53］吕建国. 基于 LCC 理论的电力工程项目成本管理的应用［D］. 北京：华北电力大学，2011.

［54］国网江苏省电力有限公司. 统一潮流控制器技术及应用［M］. 北京：中国电力出版社，2015.

［55］国网江苏省电力有限公司. 统一潮流控制器工程实践［M］. 北京：中国电力出版社，2015.

［56］黄映. 基于改进混合差分进化算法的输电网规划研究［J］. 江苏电机工程，2015，34（4）：36－43.

［57］闫安心，裴昌盛，查申森，等. 江苏配电自动化规划分析［J］. 江苏电机工程，2015，34（3）：1－4.

［58］ 姬源，黄育松. 智能电网综合评价模型与方法综述［J］. 江苏电机工程，2015，34（3）：81－84.

［59］ 周建华，孙蓉，陈久林，等. 基于改进 PSO 算法的含风电场电力系统网架扩展规划研究［J］. 江苏电机工程，2014，33（5）：28－31.

［60］ 李根臣. 电网企业固定资产管理研究［D］. 北京：华北电力大学，2007.